DAS CHRISTLICHE GEBETBUCH IM MITTELALTER

STAATSBIBLIOTHEK PREUSSISCHER KULTURBESITZ

DAS CHRISTLICHE GEBETBUCH IM MITTELALTER

Andachts- und Stundenbücher in Handschrift und Frühdruck

2. verbesserte und vermehrte Auflage
BERLIN 1987

Staatsbibliothek Preußischer Kulturbesitz
Ausstellungskataloge 13

Ausstellung und Katalog: Gerard Achten
unter Mitarbeit von Eva Bliembach

Bonn-Bad Godesberg, Wissenschaftszentrum 11. 2.–10. 4. 1988

CIP-Kurztitelaufnahme der Deutschen Bibliothek
Achten, Gerard:
Das christliche Gebetbuch im Mittelalter : Andachts- u. Stundenbücher in Hs. u. Frühdr. ; [Ausstellung : Bonn-Bad Godesberg, Wissenschaftszentrum, 11. Februar – 10. April 1988] / [Ausstellung u. Katalog : Gerard Achten]. Staatsbibliothek Preuss. Kulturbesitz. [Unter Mitarb. von Eva Bliembach]. – 2., verb. u. verm. Aufl. – Wiesbaden : Reichert, 1987.
(Ausstellungskataloge / Staatsbibliothek Preussischer Kulturbesitz ; 13)
ISBN 3-88226-410-1
ISSN 0340-0700
NE: Staatsbibliothek «Berlin, West» : Ausstellungskataloge ; HST

Kunsthistorische Beratung: Bodo Brinkmann und Andreas Fingernagel
Photos: Christine Kösser, Ruth Schacht, Gisela Voigt (Staatsbibliothek)
Jörg P. Anders (Kupferstichkabinett)
Knud Petersen (Kunstbibliothek)
Restauratorische Betreuung: Ernst Bartelt, Angelika Fechner,
Margit Hundertmark
Herstellung: Druckerei Hellmich KG, Berlin

INHALT

DAS CHRISTLICHE GEBET IM MITTELALTER

> Christen fragen oft, warum Gott nicht zu ihnen spreche, wie er es in früheren Zeiten getan haben soll. Wenn ich solche Fragen höre, denke ich immer an den Rabbi, der gefragt wurde, wie es käme, daß Gott sich früher den Menschen so oft gezeigt habe, heutzutage aber niemand ihn mehr zu sehen bekomme. Der Rabbi antwortete: »Heutzutage gibt es niemanden mehr, der sich tief genug bücken kann.«
>
> C.G. Jung, Zugang zum Unbewußten

Mönche schreiben Prachtpsalterien für den Kaiser oder offerieren regierenden Fürsten aus Dankbarkeit für bewiesene Dienste von ihnen verfaßte Gebetssammlungen; Stundenbücher werden von den besten Künstlern der Zeit illuminiert und der adligen Braut als Hochzeitsgeschenk überreicht. Gebetbücher waren noch vor der Bibel das Familienerbstück, in das wichtige Daten über Geburt und Tod eingetragen wurden. Diese exponierte Stellung des Gebetbuches im Mittelalter ist für den modernen Menschen schwer nachvollziehbar. Er erklärt gerne die starke Abhängigkeit von Gott, die im Gebet zum Ausdruck kommt, mit der Angst des mittelalterlichen Menschen vor den Elementen der Natur, vor Krankheit und Tod. Unsere Wissenschaftsgläubigkeit hat aber angesichts der Umweltkatastrophen des letzten Dezenniums sehr viel von ihrer Selbstverständlichkeit verloren.
In jeder Bibliothek, die einen größeren Bestand an mittelalterlichen Handschriften besitzt, finden sich Andachts- und Gebetbücher in bedeutender Anzahl. Diese sind bisher sehr oft auf ihren künstlerischen, aber noch zu wenig auf ihren sachlich-theologischen Gehalt untersucht worden. Wir wollen hier versuchen, aus den Beständen der Staatsbibliothek Preußischer Kulturbesitz die gesamte Entwicklung des christlichen Gebetbuches zwischen ca. 800 bis 1550 durch Handschriften und Frühdrucke zu belegen. Hinzu kommt ergänzend eine Auswahl aus den mehr kunstgeschichtlich ausgerichteten Sammlungen des Kupferstichkabinetts und der Kunstbibliothek. Um das Bild der Geschichte des mittelalterlichen Gebetbuches abzurunden, werden in der Einleitung auch die für die Frömmigkeitsgeschichte wichtigen Handschriften aus anderen Bibliotheken als eine Art »musée imaginaire« angeführt.

Die Gebetspraxis des Mittelalters kannte zwei einander ergänzende und beeinflussende Richtungen: das ordnende benediktinische Prinzip, das den Tag in die liturgischen Gebetszeiten einteilt, und das emotionale augustinische Prinzip der Zwiesprache mit Gott. Die Aufzeichnungen der für den Gottesdienst benötigten Gebete und Bibeltexte hat schon in den ersten christlichen Jahrhunderten eingesetzt und die Entwicklung des Buches als Codex nicht unwesentlich beeinflußt. Das Buch, die Bibel, wurde durch ihren Platz auf dem Altar selbst zum liturgischen Objekt. Benedikt von Nursia und die ganze benediktinische Tradition nach ihm hat das objektive liturgische Chorgebet als eine Frömmigkeitsform der Kirche entwickelt. Demgegenüber greifen die Mystiker auf Augustin zurück, der in seinen Confessiones vor Gott Rechenschaft über sein Leben ablegt – eine Form, die meisterhaft und originell für das private christliche Gebet bleibt.

Die karolingischen Gebetbücher

Die ersten privaten Gebetbücher des abendländischen Christentums sind neben dem Psalter die sogenannten Libelli precum der Karolingerzeit. Sie bringen in die kulturelle Renaissance, die im 8. Jh. in England eingesetzt und von Karl dem Großen und seinen angelsächsischen geistlichen Ratgebern auf dem Festland durchgeführt wird, einen Zug der Verinnerlichung und des persönlichen Glaubenserlebnisses, aus dem spätere Jahrhunderte immer wieder ihre Kraft schöpfen werden. Verfaßt und geschrieben wurden diese Texte in den schnell sich ausbreitenden Benediktinerklöstern und theologischen Schulen.

Eine der ältesten und wichtigsten dieser noch erhaltenen Handschriften ist das zwischen 721 und 740 für den Bischof Aethelwold von Lindisfarn geschriebene Gebetbuch, das sogenannte Book of Cerne.[1] Die 73 privaten Gebetstexte dieser Handschrift liefern nach Form und Inhalt das Modell, das den Gebetstypus im ganzen Abendland für Jahrhunderte prägte. Zu Recht schreibt Kuypers im Vorwort seiner Edition: »Solche Gebetstexte haben die englischen Missionare selbst verwandt und auf den Kontinent gebracht. Sie wurden Teil der karolingischen Erneuerung und haben das ganze christliche Frömmigkeitsdenken Westeuropas beeinflußt.«

Ein wichtiger Vermittler dieser Gebetstradition auf dem Festland war Alkuin (735–804), der kulturell-religiöse Berater Karls des Großen.[2] Als Sohn einer adligen Familie Northumbriens erhielt er in der Domschule von York Unterricht und wurde zum Diakon geweiht. Wahrscheinlich ist er nicht in den Benediktinerorden eingetreten, wie lange Zeit vermutet wurde. Um 790 verfaßte er in York ein Andachtsbuch, in dem er ältere angelsächsische und irische Gebetssammlungen des 8. Jhs verarbeitete und das seinerseits wiederum das Vorbild für die Gebetbücher in der Karolingerzeit wurde. Es ist uns nur in einer späteren Abschrift des 10. Jhs überliefert.[3] Alkuin hat eine sorgfältig durchdachte Auswahl aus der gesamten frühchristlichen Tradition getroffen. Das Andachtsbuch enthält Texte aus der Bibel, der Liturgie, Gebete aus den Märtyrerakten, den Viten der ägyptischen Mönche und den Werken der Kirchenväter. Einige in Litaneiform abgefaßte Gebete dürften auf frühkoptische Vorbilder zurückgehen. Für die große Verbreitung und Wertschätzung des alkuinischen Andachtsbuches spricht auch, daß mehrere gleichartige Sammlungen unter Alkuins Namen überliefert sind.[4]

1) Cambridge UB, Ms. 2139. – Ed. A.B. Kuypers, The Prayers-Book of Aedhelwald the Bishop, commonly called the Book of Cerne, 1902 Cambridge. A. Wilmart OSB hat vier karolingische Gebetbücher ediert (Precum libelli quattuor aevi Karolini, Rom 1940) und die ganze Gattung in vielen Studien eingehend behandelt.

2) H. B. Meyer, Alkuin zwischen Antike und Mittelalter. In: Zeitschr. f. Kathol. Theologie 81, 1959, S. 306–350; 405–454.

3) Bamberg, Stadtbibliothek, ms. Misc. patr. 17/BII., Bl. 133^r–162^v. Vgl. Constantinescu, Alcuin et les »Libelli Precum« de l'époque carolingienne. In: Rev. d'hist. de la Spiritualité 50, 1974, S. 17–56.

4) Karolingische Gebetssammlungen wurden bis ins 12. Jh. hinein abgeschrieben. Etwa 200 Handschriften aus dieser Zeit sind erhalten, vgl. P. Salmon, Livrets de prières de l'époque carolingienne. In: Rev. Bén. 86, 1976, S. 218–234. Die Verschiedenheit dieser Sammlungen macht die große Auswahl an Gebetsgut deutlich und zeigt auch die Bemühung, dem individuellen Anliegen des Betenden gerecht zu werden.

Zwei Gebetsgattungen haben sich in der Karolingerzeit selbständig entwikkelt: das Dreifaltigkeitsgebet und die sogenannte Confessio oder Apologie. Inhaltlich-theologisch sind besonders die Dreifaltigkeitsgebete gekennzeichnet durch den Kampf der irischen und angelsächsischen Kirche gegen den vor allem in Spanien verbreiteten Adoptianismus. In dieser Lehre wurde Christus als bloßer Mensch betrachtet, den Gott-Vater als Sohn adoptierte. Von Anfang an hatten die römische Kirche und die meisten Kirchenväter sich heftig gegen diese als Irrlehre erkannten theologischen Thesen gewehrt. In Spanien war der Adoptianismus unter Bischof Elipand von Toledo im 8. Jh. wieder aufgelebt. Dies veranlaßte die angelsächsischen Theologen zu Streitschriften, in denen die Gottheit Christi, seine Wesensgleichheit mit dem Vater, überbetont wurde. Die trinitarische Gebetsanrede, bis dahin noch unbekannt in der römischen Liturgie, erscheint hier zum erstenmal. Die Menschheit Christi wird nicht geleugnet, aber sie bleibt sozusagen verborgen, ist nicht unmittelbar Objekt der frommen Verehrung, sondern vielmehr Offenbarungsort der Gottheit, so wie es ein Gebet im Book of Cerne ausdrückt: »Siehe, allmächtiger Schöpfer der Gestirne, durch das leuchtende Zeugnis des Sternes hast du deine Menschwerdung kundgetan. Als die Magier das sahen, haben sie deine Majestät angebetet...« Die Dreifaltigkeitsgebete in den Libelli precum gleichen abstrakten Traktaten, weniger der Frömmigkeit dienend, als den wahren Glauben stärkend. Zwischen den in überirdische Fernen entrückten Gott-Christus und den sündigen Menschen treten Engel und Heilige als fürbittende Mächte und Vermittler. Der Mensch kann nur noch auf »Gottes unendliches Erbarmen« hoffen. Diese für die karolingische Zeit typische Glaubenshaltung kommt am stärksten in den Gebeten zum Ausdruck, die in den Gebetbüchern als Confessio bezeichnet werden. Confessio schließt sowohl Sündenbekenntnis als auch Anerkennung der Majestät Gottes ein. Dem heutigen Menschen entgeht meist der Sinn der breiten Aufzählung der Tugenden und Laster in diesen Gebeten, wie auch die nie ablassende Sündenklage. Das Namhaftmachen des Guten und Bösen, die »Unterscheidung der Geister«, wodurch die Sensibilität für die Präsenz Gottes und seiner Widersacher in der Welt geweckt wird, war schon für die frühchristlichen Einsiedler in der ägyptischen Wüste Zeichen des wahren Betens. Frucht dieses Gebetes war die Compunctio, ein religiöser Begriff, der in moderner Übersetzung besser mit »innere Umkehr zu Gott und den Menschen« als mit rein-passiver »Reue« übersetzt wird. In seinem Monologion spricht Anselm von Canterbury diese Geisteshaltung treffend aus: »Meine Seele blickt umher, und sie sieht deine Schönheit nicht, sie horcht, aber sie hört deine Harmonie nicht,... wie verstopft sind die Sinne meiner Seele durch das lange Siechtum der Sünde.« Hieraus wird der zweifache Sinn dieser geistigen Erfahrung offenbar: Der Mensch erkennt seine Sündigkeit, indem er die göttliche Anwesenheit in der Welt ahnt. Diese Gebetshaltung verinnerlicht sich in den Confessiones der karolingischen Mönche, von denen manche zu den Meisterstücken der christlichen Gebetsprosa im lateinischen Mittelalter gerechnet werden können. Bis ins 11. Jh. blüht dieser Zweig der Frömmigkeit und trägt reiche Früchte. Ein gutes Specimen dieser geistigen Literatur ist das Gebetsfragment in der Berliner Handschrift theol. lat. qu. 230. Da wird um die Liebe zu Gott und den Menschen gebetet, um den »amor dilectionis«, der das ganze Leben neu

gestaltet. Durch sie überwindet der Mensch seinen angeborenen Egoismus, aus ihr heraus erwirbt er sich die Tugenden, nicht aus Moralität und religiösem Anstand, sondern kraft einer inneren Dynamik, »damit du aus dem roten Erzklumpen das pure Gold hervorholst« (ut de adulterina plumbi commixtione aurum purissimum rutilantis educas).
Verschiedene Geistesströmungen kreuzen sich in den karolingischen Gebeten: die römisch-jüdische, dogmatische mit ihrer Präzision der Formulierungen, die irisch-angelsächsische Gefühlsdramatik mit stark subjektiven, asketisch moralisierenden Zügen und die bildhafte Formgebung der orientalischen Gebetspraxis. Die hieratische Verehrung Christi spiegelt auch die gesellschaftliche Entwicklung der Zeit wider. Das römische Kaiserreich war in der Person Karls des Großen wiedererstanden. Der vom Papst gekrönte römische Kaiser wird Verteidiger und Propagator des Christentums. Der Zerfall des Karolingerreiches änderte daran vorerst nichts, weil das Ideal Karls des Großen noch lange Zeit wirksam blieb und neue Mächte sich erst langsam bildeten. Wie der Papst war auch der Kaiser von Gott berufen und Stellvertreter Christi auf Erden. Das dürfte mit der Hauptgrund gewesen sein, weshalb Karl der Große und seine Nachfolger nach dem Vorbild der Mönche den Glauben durch die private Gebetsfrömmigkeit vertiefen wollten. Für die karolingischen Kaiser und Könige sind die ersten eigens als Privatgebetbücher abgefaßten Handschriften entstanden. Neben dem königlichen Gebetbuch par excellence, dem Psalter Davids, wurde für den karolingischen Fürsten ein Libellus precum in gleicher prunkvoller Aufmachung hergestellt. So sind uns das Psalterium und der Libellus precum Karls des Kahlen in zwei Codices erhalten geblieben,[5] für König Ludwig den Deutschen vereinigten die Mönche von St. Omer beide in einer Prunkhandschrift (Nr. 2).

Diese Privatgebetbücher wurden in Klosterkriptorien von Mönchen nach Art der liturgischen Bücher illuminiert. Denn auch die reiche Illuminierung des Buches läßt die Herrlichkeit Gottes auf Erden aufleuchten. In der üppigen Ornamentik und Goldtinte entfaltet sich die Erhabenheit der christlichen Tradition und die Macht der von Gott eingesetzten irdischen Herrscher. Gleichzeitig brachten die Künstler-Mönche in den Miniaturen die theologische Lehre der Kirche zum Ausdruck. Die Miniaturen waren Andachtsbilder. Sie dienten der bildlichen Erklärung des Textes und sollten dem Betenden den Weg zu Gott weisen. Das Unaussprechliche der göttlichen Offenbarung ließ sich durch die Irrationalität des Bildes oft besser andeuten als durch das nach Klarheit drängende Wort. So hatte die bildende Kunst, besonders aber die Buchmalerei, eine viel tiefere Bedeutung als die einer bloßen Verzierung oder, nach unserem üblichen Gebrauch, Illustration des Buches. Alle Darstellungen sind in der Theologie dieser Zeit verwurzelt. Daß die karolingische Buchmalerei die bildliche Tradition der frühchristlichen und byzantinischen Kunst wieder aufgreift, läßt sich nicht aus rein künstlerischer Motivation erklären. Die geistige Basis war die gleiche. Weil Gott-Vater als nicht darstellbar galt und die ganze Gottheit sich nach der Theologie der Kirchenväter in Christus offenbarte, erscheint Christus in den Mosaiken von Rom

[5]) Paris, BN, ms. lat. 1152; Libellus precum, München, Schatzkammer.

und Ravenna als der Pantokrator. Er steht am Anfang aller Dinge als ihr Schöpfer, er herrscht über sie als König und wird in der Endzeit Richter aller sein.
Die Majestas Domini, das Sichtbarwerden der Macht Gottes in Christus auf Erden, bestimmt das Christusbild des frühen Mittelalters im Glaubensleben wie in der Kunst. Die Gotteserfahrung des Alten Testamentes (Hes. 1,10), gedeutet im Sinne der Apokalypse (Apok. 4,2 und 5,8) bildet die geistige Grundlage dieser Darstellung. Christus thront, umgeben von einer mandelförmigen Gloriole, der Mandorla, auf der Sphaira oder dem Regenbogen, seine Füße stützen sich auf die Erdscheibe. Auch das Buch und die vier meist mit den Evangelisten gleichgesetzten Wesen gehören zum Bestand der Majestas-Domini-Darstellung (Nr. 4).
Oft wird auch die Majestas Domini rein in der Vorstellung des Buches der Apokalypse wiedergegeben, wie in dem Evangeliar aus St. Maximin in Trier (Nr. 5). Das Hochmittelalter übernimmt die Deutung der vier Wesen nicht nur als Evangelistensymbole, sondern auch ihre Interpretation als Symbole des Christus-Mysteriums, wie in einem Gedicht des Adam von St. Viktor († 1177): »... als Mensch geboren / als Stier geopfert / als Löwe den Tod überwindend / steigt er als Adler zum Himmel«. Vielleicht einmalig ist diese Deutung der Majestas Domini in dem Andachtsbild der wohl im Umkreis von Moissac entstandenen medizinischen Handschrift (Nr. 19) repräsentiert.
Auch das Kreuz Christi erscheint oft als Andachtsbild in den karolingischen Codices. Es wird vom 9. Jh. an in zunehmendem Maße Hauptthema der christlichen Frömmigkeit in Wort und Bild. Die Kreuzverehrung gelangte über die Kirche von Jerusalem nach Rom, wo sie schon im 7. Jh. in die Karfreitagsliturgie aufgenommen wurde. Dabei wird Christus noch nicht als Schmerzensmann, sondern als Erlöser der Menschheit gesehen. Bis zum 12. Jh. bleibt das Kreuz vor allem Triumph- und Siegeszeichen. So heißt es auch im Kreuzgebet des Ludwigpsalters (Nr. 2): »Das Holz deines Kreuzes soll mir, deinem Diener, ein kräftiger Panzer meines Leibes sein, das alleinige Heilmittel meines Herzens, ein schützender Helm meines Hauptes, unbezwingbare Schirm und Wehr gegen die Nachstellungen aller sichtbaren und unsichtbaren Feinde. Dieses ausgezeichnete Zeichen, Herr Jesu Christ, sei meine Zuflucht im Krieg, meine Wehr im Frieden, mein Vorreiter bei Tage und meine Leuchte bei Nacht, mein Begleiter zu Lande, mein sicherer Hafen zu Wasser...«
Die in kräftiger militärischer Bildsprache formulierten Gefährdungen führen das bewegte Leben der damaligen fränkischen Herrscher vor Augen. Ein anderes Gebet aus einem gegen Ende des 9. Jhs in Limoges geschriebenen Gebetbuch (Paris, Bibl. de l'Arsenal, Ms. 227) faßt wie auf einem schön gemalten Fresko die ganze Christusfrömmigkeit der Karolingerzeit zusammen: »Ich anbete dich, Herr Jesus Christus, ewiger Gott, Gott voller Barmherzigkeit, Liebe und Vergebung, der du ohne Anfang ewig mit Gott Vater und dem Hl. Geist unteilbar und unfaßbar bleibst; du bist herabgestiegen, für uns Mensch zu werden, hast aus der Magd Maria deinen festen Anfang genommen und bist Fleisch geworden, wodurch du leiden und sterben konntest ... Ich bitte dich, frommer Herr, der du für mich das große Werk und Leiden auf dich genommen hast ... würdige mich der Erlösung und Rechtfertigung durch dein Leiden.«

Liturgie und Bibellesung

Nach mittelalterlichem Glaubensverständnis gab es für den nach geistiger Nahrung hungernden Menschen zwei reich besetzte Tische: den »Tisch des Sakramentes« und den »Tisch des Wortes«. Der heilige Hieronymus hat in seiner bildkräftigen Sprache den Ausdruck geprägt. Er blieb für den mittelalterlichen Frommen stets gültig.

Seit den Anfängen des christlichen Glaubenslebens bis zum Konzil von Trient (1545–1563), das die liturgischen Riten für die gesamte katholische Kirche einheitlich festlegte, gab es eine fruchtbare gegenseitige Beeinflussung von privatem und liturgisch-öffentlichem Gebet. Vor allem die fränkische und gallikanische Liturgie hat neben den streng formalistischen lateinisch-römischen Sakramentaren, die seit der Merowingerzeit im Gebrauch waren, stets Raum gelassen für das private Gebet des Zelebranten, dessen spontaner Charakter dem Empfinden der Gallier und Germanen mehr entsprach. Viele solcher Gebete wurden dann schriftlich festgehalten und gesammelt. Eines der zahlreichen Beispiele hierfür ist die sogenannte Missa Illyrica, ein um 1030 geschriebener Meßordo, der auch Privatgebete enthält (Nr. 7). Auch hier bestimmt die Confessio – in den liturgischen Handschriften meist Apologia genannt – den Tenor des privaten Gebetes: das endlose Flehen um Gottes barmherzige Gnade aus der Erkenntnis der eigenen psychischen und moralischen Unzulänglichkeit heraus. Dieser Gebetstypus wird nach Erreichen seines Höhepunktes im 11. Jh. von einer feierlichen Liturgie mit Hymnen und Choralgesang abgelöst, die besonders von der monastischen Frömmigkeitsbewegung gepflegt wurde. Daß es sich hier um einen neu belebten urchristlichen Brauch handelt, geht schon aus dem Brief des jüngeren Plinius an Trajan über die Christen hervor: » ... weil sie die Gewohnheit hatten, sich morgens vor Sonnenaufgang zu versammeln und für Christus wie für einen Gott Lieder zu singen.« Auch hat das Wort des Paulus »Lobsinget Gott voll Dankbarkeit in eurem Herzen mit Psalmen, Hymnen und geistlichen Liedern« (Kolos. 3,16) im mittelalterlichen Glaubensleben einen fruchtbaren Boden gefunden. Unzählbar sind die geistlichen Lieder des Mittelalters.[6] Entstanden sind sie alle aus der frommen Inspiration einzelner Dichterpersönlichkeiten, von denen uns nur einige wenige namentlich bekannt sind, wie Rhabanus Maurus, Notker der Stammler und Petrus Damiani. Seit Ambrosius, dem eigentlichen Schöpfer des lateinischen Hymnengesangs, sind die Hymnen fester Bestandteil des Stundengebetes der Gemeinde. Obwohl der hl. Benedikt († 547) in seiner Mönchsregel sehr auf die Einfachheit des Chorgebetes bedacht war, läßt er zu jeder Hore ein Loblied singen. Immer wieder im Laufe des Mittelalters bereichert und mildert die private Frömmigkeit durch das geistliche Lied den strengen Rahmen der römischen Liturgie, in der Messe durch die Sequenzen, im Chorofflzium durch Antiphonen, Tropen und Hymnen und vom 10. Jh. an durch das sogenannte Reimoffizium, das den Hochfesten, besonders den Festen der lokalen Heiligen, zusätzlich eine eigene gefühlvolle Note verlieh. Bevor sich mit Abaelard († 1142) im 12. Jh. an der Pariser Universität eine wis-

[6]) In den Repertorien der mittelalterlichen geistlichen Liedanfänge werden von U. Chevalier und H. Walther etwa 6000 Nrn verzeichnet. Die Edition Analecta Hymnica umfaßt 55 Bde.

senschaftliche Exegese in modernem Sinn anbahnte, war das mittelalterliche Bibelstudium ganz auf das geistige Verstehen des Gotteswortes, auf seine aktuelle Bedeutung im persönlichen Leben bzw. auf die Schau des Heilswirkens Gottes in der Zeit eingestellt. Den Weg dazu bereitet die Erleuchtung des Menschen durch den Geist Gottes, der auch das Wort der Heiligen Schrift inspiriert hat. Ikonographisches Symbol hierfür war das Bild Papst Gregors des Großen mit der Taube, das auf eine mittelalterliche Legende zurückgeht und das die enorme Geisteskraft seiner Bibelkommentare, die er in Form von Predigten für das römische Volk abfaßte, illustriert (Nr. 16). Seine Erklärung des Buches Hiob (Moralia in Job) gehört zusammen mit den Psalmerklärungen Augustins (Enarrationes in Psalmos) und den Predigten Bernhards von Clairvaux über das Hohelied zu den meistüberlieferten Werken des ganzen Mittelalters (Nr. 17). Besonders die Novizen sollten daraus das biblische Beten lernen. Stufenweise erreicht der betende Mensch die Tiefen des Gotteswortes: vom Literalsinn über die allegorischen Erklärungen zu der Schau Gottes, der in seinem Wort hic et nunc gegenwärtig erfahren wird. Hieraus entwickelte sich im Spätmittelalter eine Art typologische Bibelerklärung, die auch in breiteren Kreisen Popularität erlangte, in Frankreich durch die Bibles Moralisées, in Deutschland durch die Biblia Pauperum (Nr. 32). Personen und Ereignisse im Alten Testament weisen auf die Erfüllung des göttlichen Heilsplans durch Christus hin. Diese Linie wird auch in vielen spätmittelalterlichen Leben-Jesu-Gebeten verfolgt. Im Zug der Klosterreform des 14. Jhs haben besonders die Kartäuser die ältere Tradition aufgenommen und biblische Bücher, mit Vorliebe das Hohelied und die Psalmen, interlinear und marginal mit Glossen versehen. Auf diese Weise haben inspirierte Mönche ihren Mitbrüdern im Orden und auch anderen ihre persönliche Gebetserfahrung vermittelt (Nr. 14).

Der Psalter diente von den christlichen Anfängen an den Gläubigen als Gebetbuch sowohl für den öffentlich-liturgischen als auch für den privaten Bereich. »In den Psalmenversen fanden die dunklen Jahrhunderte zwischen Antike und Mittelalter den Ausdruck ihrer eigenen Nöte und Ängste, so daß der Psalter zum Gebetbuch und – als Einzelband aus dem Zusammenhang der biblischen Texte gelöst – nicht nur in den Händen der Kleriker, sondern auch in denen der Laien zu finden war«.[7] Aber die 150 Psalmen blieben mit ihrer orientalischen Symbolsprache und alttestamentlichen Religiosität sowohl für den bibelfesten Mönch als auch für den christlichen Laien eine zu schwere, fast unverzehrbare Kost. Die einzelnen Psalmen wurden deshalb auf vielerlei Weise zum christlichen Gebet umgedeutet. Die älteste Art solcher Umdeutung war die Auswahl und neue Anordnung von Psalmtexten für bestimmte Anliegen des privaten Gebetes: Freude, Versuchung, Verlassenheit, Buße usw. Ein sehr verbreitetes Specimen solcher Auswahl sind die sieben Bußpsalmen. Es sind dies die Psalmen 6, 31, 37, 50, 101, 129 nach der Zählung der Vulgata. Der Legende nach hat sie Augustin auf seinem Sterbebett gebetet. Erstmals erwähnt werden sie von Cassiodor († 580). Sie befinden sich in der oben

7) F. Mütherich, Die verschiedenen Bedeutungsschichten in der frühmittelalterlichen Psalterillustration. In: Frühmittelalterliche Studien 6, 1972, S. 233.

genannten Missa Illyrica und fehlen fast in keinem spätmittelalterlichen Stundenbuch (Nr. 87). Eine Sammlung von Einzelversen aus verschiedenen Psalmen ist unter dem Namen Psalter des Hieronymus bekannt. Bei dem gemeinsamen Psallieren in den frühen Christengemeinden wurde aus den einzelnen Psalmen oft ein Vers, die Antiphon, als Gebetsthema dem Psalm vorangestellt und nach dem Beten des Psalms wiederholt – das sogenannte antiphonische Psalmgebet, das in dem mittelalterlichen Choroffizium die Regel wurde. Die gleiche Aufgabe der inhaltlichen Zusammenfassung eines Psalms erfüllen auch die Psalmüberschriften, die für jeden Psalm eine auf Christus hinweisende Erklärung angeben. Am Ende des Psalms wurde eine christliche Doxologie, das Gloria Patri, hinzugefügt. Ein Brauch der frühchristlichen Mönchsorden, der diese neue Sinndeutung noch weiterführt, macht die Einheit zwischen privatem und gemeinschaftlichem Beten besonders sichtbar: Nach dem Beten des Psalmes wird ein Moment der Stille gewährt, in dem ein Mönch in einem improvisierten Gebet seine momentane Gebetserleuchtung aussprach (Nr. 10). Diese Äußerung der spontanen Gebetsinspiration ist im Laufe des Mittelalters immer mehr zurückgegangen, je feierlicher das Chorgebet und die Messe gestaltet wurden. Die 150 Psalmen mußten bald einmal die Woche durchgebetet werden. Um diese Gebetpflicht geistig zu bewältigen, wurden zum tieferen Verständnis Psalmerklärungen verfaßt. Vorbild hierfür waren die Enarrationes in Psalmos Augustins und die Expositio in Psalterium von Cassiodor (Nr. 14).[8] Eine neue Entwicklung bringen die Psalmübersetzungen in der Landessprache, die – seit dem 11. Jh. auch in Deutschland – den Gebetsstil des Volkes mitprägen. Auch bringt die typologische Deutung der Psalmen neue Varianten des Psalmbetens. So wurden die 150 Psalmen in lateinischer Sprache auf Maria umgedichtet. In den älteren Editionen erscheinen sie unter den Werken Bonaventuras. Man findet sie in den verschiedenen Übersetzungen in der Landessprache in den Niederlanden, in Westfalen und am Niederrhein (Nr. 102). In den spätmittelalterlichen Gebetbüchern finden sich auch Dreiergruppen von 50 kurzen Gebeten, die entweder teilweise dem Psalter entnommen sind oder ganz anderen Inhalt haben. Die Einteilung des Psalters in dreimal 50 Psalmen stammt aus der irischen Tradition, wie auch der Reimpsalter, wobei 15 Strophen (dreimal fünf) mit den Anfangsworten der Psalmen beginnen, ein Kunstmittel, das man auch in hochmittelalterlichen Reimoffizien wiederfindet. Anfänglich haben solche Gebete den Laienbrüdern in den Klöstern als Ersatz für das Chorgebet gedient. Der Rosenkranz des 15. Jhs ist ebenfalls aus dieser Gebetstradition entstanden.

Eine Psalmerklärung ganz besonderer Art bildet die mittelalterliche Psalterillustration. Die Bilder sollen helfen, die Psalmen zu verstehen und beim Psalmbeten die fromme Phantasie durch das Bild zu erregen. Es gibt drei Arten der Psalterillustration: in den ältesten Handschriften, wie dem berühmten Utrecht-Psalter, der um 830 in Reims entstanden ist (Utrecht, UB, Ms. 32), handelt es sich um eine reine Wortillustration: einzelne Psalmwörter oder -verse werden bildlich dargestellt (Nr. 10). In anderen Psalterien findet man die

---

8) H. Boese, Die alte »Glosa Psalmorum ex traditione seniorum«. Freiburg/Br. 1982.

typologische Bilderklärung; besonders die Szenen aus dem Leben Davids, nach mittelalterlicher Auffassung der Autor der 150 Psalmen, werden mit dem Leben Christi in Verbindung gebracht. Je mehr im Hochmittelalter der Psalter ein Pretiosum wurde, das der Fürst sich zur Vermehrung seines Kunstbesitzes von Künstlern, die schon im 13. Jh. auch in weltlichen Ateliers zu suchen sind, anfertigen ließ, oder das als standesgemäßes Geschenk adligen Frauen bei ihrer Heirat oder bei ihrem Eintritt ins Kloster mitgegeben wurde, wurden besonders die Mysterien Christi neben anderen Szenen aus dem Alten und Neuen Testament als Andachtsbilder beigegeben. Daß die Bedürfnisse der privaten Frömmigkeit auch ikonographische Entwicklungen einleiten, beweisen vor allem die Bilder der Auferstehung Christi. Wo in karolingischer und ottonischer Zeit in direktem Anschluß an das Wort des Evangeliums der Engel den Frauen beim leeren Grab die Auferstehung Christi kundtut, steigt, besonders vom 13. Jh. an, Christus selbst triumphierend mit Siegerbanner aus dem Grab, die schlafenden Wächter tretend und seine fünf Wunden, ab jetzt auch die Seitenwunde, zur Verehrung darbietend (Nr. 12). Der private Psalter diente in dieser Zeit wohl mehr als frommes Bilderbuch und als Statussymbol denn als biblisches Gebetbuch. Der Übergang zum Stundenbuch kündigt sich an.

Mönchtum und Kontemplation

Einer der größten Theoretiker abendländisch-christlicher Gebetskultur war Johannes Cassianus († 430/35), Gründer mehrerer Klöster in Marseille. Auf einer Reise durch Ägypten hat er viele der dort in der Wüste lebenden Mönche besucht und ihre religiösen Erfahrungen aufgezeichnet. Das Gebet wird vor allem in den Gesprächen mit dem Mönch Isaak (Collationes 8–10) behandelt. In dieser Schrift bringt Cassian das System einer für das monachale Gebetsideal des westlichen Abendlandes charakteristischen, intellektualistischen Vollkommenheitslehre. Die griechisch-christliche Philosophie (Gnosis) lieferte ihm hierbei den äußeren Rahmen. Die Betrachtung der Schöpfung und der Christusmysterien führt den Menschen stufenweise zur Schau des einen, ewigen Gottes. Diese Kontemplation ist jedoch nicht reine Frucht des Verstandes und der Askese, das heißt der Werke des Menschen. Die Werke sollen nur den Prozeß der Sensibilisierung für die göttliche Präsenz im eigenen Leben und in allen übrigen Dingen unterstützen. Dieses Gespür für die göttliche Allgegenwärtigkeit und Wirksamkeit, das die Kirchenväter »discretio«, genaues Sehen, Unterscheiden, nannten, hat in der Gebetslehre der christlichen Tradition, besonders in den monachalen Schriften des Hochmittelalters, eine wesentliche Bedeutung. Der persönliche Verkehr (conversatio) mit Gott oder besser der göttlichen Trinität und den Heiligen ist wohl das eigenliche Wesensmerkmal der christlich-monachalen Frömmigkeit. »Wenn Gottes vollkommene Liebe, mit der er uns zuerst geliebt hat, auch aus der Leidenschaft unseres Herzens strömt«, schreibt Cassian (Collationes 10,7). Das immerwährende Gebet, zu dem schon die Bibel mahnt (1 Thess. 5,17), war von Anfang an ideale Zielsetzung in der monachalen Tradition. Es ist jedoch von ihren besten Vertretern stets als Zustand der Gottesschau und nicht als Multiplizierung der

Gebetsübungen verstanden worden. Daher lautet auch die knappe Vorschrift der Benediktinerregel über das private Gebet (Kap. 20): »Das Gebet sei kurz und ohne Schwulst (brevis et pura), nur wenn die Gnade des hl. Geistes über einen kommt, kann man länger im Gebet verweilen.« Schon die Libelli precum der Karolingerzeit enthalten Gebete, die diese monachale Glaubenserfahrung zum Ausdruck bringen. In der 2. Hälfte des 11. und im 12. Jh. erreicht dann die Theorie der Kontemplation in den zahlreichen reformierten Benediktinerklöstern und den Klöstern der neuen Orden – besonders der Zisterzienser und Kartäuser – ihren Höhepunkt. Basis bleibt immer Cassians Lehre von der Discretio und Contemplatio sowie der stufenweisen Verinnerlichung des Schauens. Unter den vielen theoretischen Schriften soll hier nur eine wegen ihrer großen Verbreitung erwähnt werden: der Brief des Kartäusers Guigo II. über das kontemplative Leben, meist Mönchsleiter, Scala claustralium genannt[9] (Nr. 35). Guigo sieht folgende Stufenleiter vor: Durch Schriftlesung (lectio divina), Meditation, das heißt das Verarbeiten – der Autor spricht von kauen, ruminari – der Texte und durch das Gebet, das sich direkt an Gott richtet, erreicht man die höchste Stufe, die Kontemplation, wobei der Geist des Menschen, seine körperlichen Grenzen überschreitend, gleichsam in Gott »hängt«.
Die größten Theologen dieser Zeit aber haben ihre Gebetserfahrung nicht nur in theoretischen Schriften, sondern auch in Gebetstexten und Meditationen niedergeschrieben. Diese meist Ordensbrüdern oder auch Laien gewidmeten Werke sollten nach Absicht ihrer Verfasser die Quintessenz der eigenen Glaubens- und Gebetserfahrung vermitteln. Solche Gebetssammlungen gehören, wie später auch die mystischen Schriften des 14. Jhs, zu den literarischen Höhepunkten der christlichen Tradition. Augustin und Papst Gregor der Große waren die stilistischen Vorbilder dieser Autoren.
Ein erster großer Vertreter dieser Gattung war der italienische Benediktiner Johannes von Fécamp († 1078). In Ravenna geboren, stiftete er zusammen mit seinem Onkel die Abtei S. Benigna in Dijon und wurde später Abt von Fécamp bei Rouen. Aus seinem großen Werk »Confessio theologica«, theologisches Glaubensbekenntnis, stellte er selbst verschiedene Sammlungen von Gebeten und Meditationen zusammen. Eine dieser Kurzfassungen widmete er der deutschen Kaiserin Agnes von Poitou († 1077), die sich seit ihrer Regentschaft für ihren Sohn Heinrich IV. besonders für die Kirchenreform in Norditalien eingesetzt hatte. Die Confessio theologica ist eine Schau der christlichen Glaubenswelt in Gebetsform. Jean Leclercq, der große Kenner monastischer Spiritualität, hat diese Erfahrungstheologie des 11. und 12. Jhs sehr zutreffend als »une théologie admirative«,[10] eine bewundernde, anbetende oder schauende Theologie definiert. Ganz besonders trifft dies auf die Schriften des Jean de Fécamp zu. Gegenüber den Gebetbüchern der Karolingerzeit stehen bei ihm auch neue Themen im Mittelpunkt, z. B. die Eucharistie, die Mitte des 11. Jhs durch die unorthodoxe Lehre des Berengarius von Tours zu

---

9) Ed. Guiges II, le Chartreux, Lettre sur la vie contemplative, Sources chrétiennes N° 163, Paris 1970.

10) J. Leclercq, L'amour des lettres et le désir de Dieu, Paris 1957, S. 216.

einem theologischen Streitpunkt geworden war. Mit Ausnahme des Meßgebetes »Summe sacerdos«, das kaum in einem mittelalterlichen Gebetbuch fehlt, sind seine Betrachtungen stets nur einem kleinen, elitären Kreis von Frommen zugänglich gewesen.
Anders dagegen die 19 Orationen und 3 Meditationen, die Anselm von Canterbury († 1109) für seine Mitbrüder im Kloster Bec in der Normandie niederschrieb[11] (Nr. 21). Auf seiner Reise nach Rom im November 1103 offerierte er diese Sammlung der Markgräfin Mathilde von Tuszien († 1115). In seinem Widmungsschreiben dankt er ihr für ihren Eifer im Dienst der Kirche. Auf ihrer Burg in Canossa hatte durch ihre Vermittlung die Begegnung Papst Gregors VII. mit Kaiser Heinrich IV. stattgefunden. Das Widmungsschreiben ist auch für die Art, wie solche Gebetsammlungen zustande kamen, und für ihren Nutzen beim Gebet sehr aufschlußreich: »Ihre Hoheit wünscht, ich möchte ihr die Gebete senden, die ich für verschiedene Brüder auf ihren persönlichen Wunsch schrieb. Darunter ist freilich manches, das für ihre Person nicht paßt; dennoch wollte ich alles schicken: so kann jemand, der an ihnen Gefallen findet, sie diesem Exemplar entnehmen. Ich habe sie verfaßt, um den Geist des Lesers anzuregen zur Gottesliebe, zur Gottesfurcht und zum Nachdenken über sich selbst. Darum darf man sie nicht oberflächlich und rasch lesen, sondern langsam und mit aufmerksamen verweilenden Nachdenken. Auch soll der Leser nicht versuchen, jedes Gebet ganz zu lesen, sondern nur so viel, als nach seiner Erfahrung genügt, um die Gebetsglut anzufachen: denn dazu sind sie geschaffen«[12]. Die Gebete Anselms führen in neuer Form die Tradition der Karolingischen Gebetbücher weiter. Neu und für die mittelalterliche Marienverehrung richtungweisend ist das 7. Gebet »zu der hl. Maria um ihre und um Christi Liebe zu erwerben«, in dem Maria als Mittlerin der Gnade angerufen wird. Die Orationen und Meditationen Anselms scheinen sich erst von Canossa aus in den Klöstern des deutschen Raumes verbreitet zu haben; im Spätmittelalter befanden sie sich – angereichert mit Gebetstexten anderer Theologen – fast in jeder Klosterbibliothek.

Gleichzeitig mit den Mariengebeten Anselms erscheint im 11. Jh., von ihm inspiriert und nach byzantinischem Muster, das Bild der Mutter mit dem Kind, eine neue Darstellung der Majestas domini. Noch als Kind, aber bar jeder kindlichen Züge, thront Christus, ganz Herrscher und König und mit der Rechten segnend, auf dem Schoß seiner Mutter, die ebenfalls noch nicht die mütterlichen Züge der Bürgersfrau des späten Mittelalters aufweist, sondern als eine Königin und Gottesgebärerin voller Hoheit und Strenge charakterisiert ist. Die Kirche, schon im frühen Christentum als neue Eva und Mutter aller Lebendigen verehrt, wird seit dieser Zeit im Denken und Beten der Gläubigen durch Maria repräsentiert. Anselms Mariengebet hätte in patristischer Zeit an die Kirche selbst gerichtet sein können: »Du hast der Welt ihren Schöpfer sichtbar gemacht, den sie vorher nicht sehen konnte. Du hast

11) Ed. F. S. Schmidt, 3. Bd, Rom 1946, S. 1–91.

12) Übers. von L. Helbling, in: Anselm von Canterbury, Gebete, Freiburg/Br. 1965, S. 5.

der Welt den Erneuerer geboren, den sie in ihrer Verlorenheit brauchte. Du hast der Welt den Versöhner gebracht, den sie aus eigener Schuld nicht besaß«. Diese Erhabenheit der Gottesmutter als Symbol der Kirche wollten die Mönche in ihrem neugeschaffenen Marienbild darstellen. Eine der frühesten autonomen Miniaturen dieser frontal thronenden Madonna mit segnendem Christuskind innerhalb der deutschen Buchmalerei befindet sich in dem Berliner Codex theol. lat. qu. 199 (Nr. 18). Ein etwas jüngeres, sehr kunstvolles Andachtsbild der thronenden Maria mit dem segnenden Kind erscheint in einer anderen Berliner Handschrift, die in der flämischen Benediktinerabtei von Affligem angefertigt wurde und nach Stil und Farbgebung der Maaskunst zuzuordnen ist (Nr. 20). Die Strenge der älteren Marienbilder fängt an sich zu lockern, was auf eine Individualisierung der Frömmigkeit deutet. Denn Maria ist auch im psychologischen Sinne Vermittlerin, die den als unendlich empfundenen Abstand zwischen Gott und Mensch überbrückt. Sie ist direkter ansprechbar und durch sie auch der göttliche Sohn. Aus der gleichen psychologischen Einstellung ist auch die in dieser Zeit sich stark entwickelnde Heiligenverehrung zu verstehen. Wie sehr sich in der Gotik das Bild von Mutter und Kind weiter vermenschlicht, ohne allerdings an religiöser Aussagekraft einzubüßen, zeigt die Zeichnung eines großen, in Frankreich geschulten Meisters am Rande des Kanonblattes des Prümer Missales (Nr. 31). Der Betrachter dieses Bildes glaubt, dazu die in dieser Zeit entstandenen innigen Marienhymnen, wie Salve Regina, Stabat Mater oder Stella maris zu hören.
Die Verehrung der Gottesmutter bricht im 11. Jh. noch in vielen anderen Formen hervor, die fast alle auf byzantinische Vorbilder zurückgehen. Im Orient war schon nach dem Konzil von Ephesos (431) eine besondere Verehrung Mariä entstanden. Große Verbreitung fand eine Marienhymne, der Hymnos akathistos, die »ungesessen«, also stehend, gebetet werden mußte, offenbar aus Ehrfurcht vor dem Geheimnis der Menschwerdung Gottes, das in der Botschaft des Engels an Maria enthalten ist.[13] Die beiden Grußworte, die der Evangelist Lukas dem Engel Gabriel in den Mund legt (Luk. 1,28), das Ave und das Gaude, bilden, in Nachahmung des Akathistosgebetes, den Anfang einer ganzen Reihe von abendländischen Marienhymnen, -gebeten und -litaneien. Maria wird mit der bildreichen Sprache einer orientalischen Phantasie wegen ihrer Schmerzen und Freuden, aber auch wegen aller der von Christus geheiligten Ereignisse ihres Lebens gegrüßt und verehrt. Diese Formen der Marienfrömmigkeit entwickeln sich besonders in den vielen spätmittelalterlichen Nonnengebetbüchern weiter und ufern dort auch manchmal bis ins Ungereimte aus. Von bleibendem Wert dagegen erwiesen sich in dem katholischen Frömmigkeitsleben das Ave Maria-Gebet und der Rosenkranz.

Im Laufe des 12. Jhs erreicht die Kontemplationslehre in den Klöstern ihren Höhepunkt. Sowohl im Bereich der Philosophia Christi, wie man in den Klosterschulen die Theologie mit Vorliebe nannte, als auch in den vielen Sammlungen von Gebeten und Meditationen entstehen literarische Meisterwerke der geistlichen Betrachtung, die damals wohl als echte Bestseller in den Klö-

13) G. G. Meersseman, Der Hymnos Akathistos im Abendland I, II, Freiburg/Schweiz, 1958.

stern gelesen und immer wieder abgeschrieben wurden. Auch sonst bekannte Autoren haben sich auf diesem Gebiet betätigt, Gebetsammlungen sind uns überliefert von Petrus Damiani, Wilhelm von St. Thierry, Eckbert von Schönau, Anselm von Lucca, Aelred von Rielvaulx, Arnauld von Bonneval. Wie sehr solche Werke noch im Spätmittelalter benutzt wurden, beweist die Sammlung der asketischen Schriften, die in dem Augustinerkloster von Lippstadt anscheinend zur Belehrung der Novizen abgeschrieben wurde (Nr. 35). Viele dieser und anderer anonymer Sammlungen wurden fälschlich dem hl. Bernhard von Clairvaux († 1153) zugeschrieben. Obwohl Bernhard selbst keine Gebetsammlung verfaßte, hat sich doch die neue Glaubensauffassung des 12. Jhs in seiner Person konzentriert. Sein Kommentar zum Hohenlied, den er in mehreren Lesungen den Zisterziensernovizen vortrug, zeichnet sich durch eine geistige Symbolsprache aus, durch die das neue, mystische Frömmigkeitsgefühl seinen adäquaten Ausdruck fand. In einem Brief an Hildegard von Bingen prägt er dafür den Ausdruck »devotionis affectu«, gefühlvolle Hingabe, und faßt damit das eigentliche Neue der Glaubenserfahrung, die sich im 12. Jh. vollzogen hat, zusammen. Wie schon in den karolingischen Gebetbüchern geben auch jetzt die Gebete die theologische Lehrmeinung wieder, aber nicht mehr das Trinitätsdogma als abstrakten Traktat in Gebetsform, sonder auf das persönliche Gefühl des Betenden bezogen; das heißt, der Mensch wird in das Geheimnis der Trinität mit einbezogen. Er tritt in Relation mit Christus und durch ihn mit Gott-Vater und dem Hl. Geist. Diese Mystik des 12. Jhs ist wie bei Bernhard gefühlvoll, aber zugleich von einer klaren Rationalität.

In den Kreisen der im 12. Jh. neugegründeten Orden wurde die Menschheit Christi in den Mittelpunkt der frommen Betrachtung gestellt. Man knüpfte damit an die Paulusbriefe und die wiederentdeckten griechischen Kirchenväter an. Der Augustinerchorherr Hugo von St. Viktor hat dabei die historische Dimension der Heilswirkung Gottes herausgearbeitet. Er spricht von einer »series narrationum«, einer Reihe von Begebenheiten, deren Sinn sich aus der göttlichen Heilsperspektive ergibt, den Menschen Schritt für Schritt mit dem Willen und Planen Gottes bekannt zu machen.[14] Großen Einfluß auf diese neue Spiritualität nahmen die Zisterzienser, besonders Bernhard von Clairvaux und sein Freund Wilhelm von St. Thierry. In seiner Epistola ad fratres de Monte Dei teilt letzterer nach dem Vorbild des Origines die Entwicklung des geistigen Lebens in die drei Stufen der Sinnlich-Wahrnehmenden (animales), der zur Glaubenseinsicht (rationales) und der zur Liebe Gottes Gelangten (spirituales) ein, wobei allerdings die Stufen im Leben des Menschen nie streng voneinander geschieden sind. Den »animales« rät Wilhelm, beim Gebet das Bild Christi in seiner menschlichen Erscheinung anzuschauen – auch er, Wilhelm, benutzt, wie er sagt, immer wieder die Bilder, »weil ich das erste Stadium der sinnlichen Wahrnehmung nie ganz übersteigen kann«. In dieser geistigen Atmosphäre hat ein unbekannter Autor, mit großer Wahrscheinlichkeit Zisterzienser, zusammen mit einem Miniaturisten ein didakti-

14) G. Achten, Die Gebete des Hildegard – Gebetbuches. In: Hildegard-Gebetbuch. Faksimile-Ausgabe des Codex-Latinus Monacensis 935 der Bayerischen Staatsbibliothek. Kommentarband, Wiesbaden 1987, S. 15–51.

sches Gebetbuch verfaßt, das die ganze Heilsgeschichte mit der Perspektive auf die Endzeit behandelt: die Schöpfung und die Auserwählung des Menschen durch die Dreifaltigkeit, die auf Christus hinweisenden Heilstaten Gottes im Alten Testament und das irdische Leben Christi. Neben Passion und Kindheit wird das öffentliche Leben Jesu ausführlich dargestellt. Das Gebetbuch war als Handbuch, als Anleitung zum rechten Glauben und Beten, gedacht für die vielen jungen Leute, die als Novizen in die neugegründeten Klöster eintraten; allein der Zisterzienserorden zählte 1152 etwa 11.600 Ordensmitglieder in 330 Abteien. Von dem Gebetbuch, dessen Urexemplar verloren ist, sind drei Abschriften bekannt; die schönste ist das um 1175/80 in Trier entstandene sogenannte Gebetbuch der Hildegard von Bingen mit besonders qualitätvollen Miniaturen.[15] Zwar ist eine direkte Nachwirkung dieses Gebetbuches nicht festzustellen, doch bleibt die Konzentration auf die Person Christi und seine Nachfolge für die Frömmigkeit der weiteren Jahrhunderte bestimmend.

Das benediktinische Mönchsideal wurde im Mittelalter gerne in der Devise »Ora et Labora« zusammengefaßt. Das delikate Gleichgewicht zwischen Arbeiten und Beten zu wahren, war bei den geistlichen Orden oft Sorge und Aufgabe von Reformbewegungen. Am Anfang einer Klostergründung verdrängte bisweilen die Notwendigkeit der Urbarmachungsarbeiten und damit die Sorge um den Lebensunterhalt das geistige Leben. Doch die größere Sorge der Ordensgründer war es, daß in den Gebetszeiten Maß gehalten wurde. Wir sahen schon, wie die Benediktinerregel für das private Gebet auf Kürze drängt – es sei denn, Gottes Geist inspiriert den Mönch. Aber mit Benedikt von Aniane bahnt sich schon im 9. Jh. eine Entwicklung an, die Gebetsübungen endlos zu vermehren, ja, sie zu einem ewigwährenden Gotteslob auszudehnen, so daß die Tagesordnung des Mönches fast nur noch aus Gebeten besteht. Neben dem normalen Kirchengebet wurden noch Offizien gebetet, die eine semi-private Verehrung des heiligen Kreuzes, der Dreifaltigkeit, der Gottesmutter und der Patronheiligen zum Inhalt hatten. Auch das Totenoffizium, das häufig für die verstorbenen adligen Stifter gebetet wurde, gehörte zu diesem Repertoire. »Die aufs höchste gesteigerte ununterbrochene Psalmodie war die Gegenleistung des Klosters, gewiß zur Ehre Gottes, aber zugleich für das geistliche Wohl der Stifter und Wohltäter« (Jungmann). Bald geben diese neuen Offizien den adligen Wohltätern und Stiftern außerdem die Möglichkeit, wenigstens teilweise selbst mit Frucht am Chorgebet teilzuhaben. Daraus entsteht das dazu passende Gebetbuch für Laien, das sogenannte Stundenbuch, das vom 14. Jh. an in Ateliers von großen Künstlern angefertigt wurde. Zentrum der Dauerpsalmodie war das Kloster Cluny in Burgund, eines der mächtigsten und einflußreichsten Klöster des Abendlandes. Gegen diese Auswüchse des Gebetes reagierte Bernhard von Clairvaux besonders heftig.

---

15) Die beiden anderen Abschriften wurden um 1200 in der Zisterzienserabtei Lilienfeld (Wien ÖNB, Cod. 2739) und um 1470 im Benediktinerkloster Wiblingen (Einsiedeln, Benediktinerabtei, Cod. 285: Gebetbuch des St. Gallener Abtes Ulrich Rösch) angefertigt.

Er erstrebte, wie auch andere Klosterreformatoren am Beginn des 12. Jhs, die absolute Rückkehr zu dem einfachen evangelischen Leben mit der dazu notwendigen Unabhängigkeit, daß heißt in damaliger Zeit: Freiheit vom Eigenkirchenwesen. Durch Handarbeit sollte der Mönch wieder für seinen eigenen Unterhalt sorgen – und damit zugleich zu einem echten kontemplativen Leben gelangen. Doch bleibt dieses Gleichgewicht zwischen Arbeit und Gebet, zwischen Körper und Geist, besonders in den älteren Orden heikel, und schließlich verschiebt sich das Gewicht doch zugunsten des geistigen, intellektuellen Elementes. Das Chorgebet entwickelt sich mehr und mehr zu einem künstlerischen Gebilde, einem Elfenbeinturm von überfeinerter Gebetskultur, die das Leben der Mönche vom Laien isoliert, die Kluft zwischen den Klöstern und dem Volk vergrößtert.

Die Kontemplation bleibt das ganze Mittelalter hindurch das hohe Ideal und die Sehnsucht der Mönche. In einem mittelniederländischen Gebetbuch (Löwen UB, Ms. A24) wird eine viel verbreitete Legende folgendermaßen erzählt: Ein Mönch bat mit großer Inbrunst, daß Gott ihm etwas von den kleinsten der Freuden des ewigen Lebens genießen ließe. Eines morgens nach dem Matutingebet machte er einen Spaziergang im Walde in der Nähe des Klosters. Da sah er auf einem Baum einen kleinen Vogel, der außergewöhnlich schön sang, und er ging näher an den Baum heran, um besser zu hören, und gebannt von der herrlichen Vogelstimme vergaß er sich einen Augenblick. Als er wieder zu sich kam, ging er zurück ins Kloster. Aber dort merkte er, daß sich alles geändert hatte: Weder erkannte er die Mönche noch sie ihn. Der herbeigerufene Abt sah in den alten Büchern nach und entdeckte, daß der Mönch dort vor 300 Jahren eingetragen war. Das war erst – so schließt der Text – die kleinste der ewigen Freuden, die der Gott schauende Mönch schon in dieser Welt genießt.

Laienfrömmigkeit

Die Gebetskultur des Früh- und Hochmittelalters blüht, soweit sie literarischen Ausdruck gefunden hat, ausschließlich in den Abtei- und Kollegialkirchen, oder in der Verborgenheit einer Mönchzelle. Inwieweit hatte aber das Volk an dieser Gebetskultur Anteil? »Volk« steht hier als Synonym für »Laienstand« im Gegensatz zu »Klerus«, d. h. allen denjenigen, die dem geistlichen Dienst geweiht sind. Dieses Volk hat an der kirchlichen Kultur des ganzen frühen Mittelalters keinen direkten Anteil. Durch die Wirren der Völkerwanderungszeit wurde seit dem 6. Jh. das Latein durch die germanischen und romanischen Volkssprachen verdrängt. Die Kirche hatte ihrerseits das Latein als Kult- und Schriftsprache bewahrt, weil es allein der schon voll ausgebildeten Theologie und Liturgie genügte. Dadurch war über die Völkerwanderungszeit hinweg die Einheit der Kirche bewahrt geblieben. Ein Hindernis, das mancherorts zum Bruch führte, wurde das Festhalten am Latein freilich erst, als sich im 13. und 14. Jh. eine gewisse kirchliche Laienkultur in der Volkssprache bildete, die nach Verstehen und Anteil an den gottesdienstlichen Handlungen drängte.

Nach Lage der Dinge ist die Frömmigkeit des Volkes im Frühmittelalter literarisch nur schwer faßbar. Ihre Wurzeln liegen im vorkarolingischen, d. h. irischen Christentum. Zwar hatte sich nach den Klostergründungen durch St. Patrick († 461) auch in Irland die Frömmigkeit besonders durch das Mönchtum geäußert. Aber das irische Mönchtum ist von Anfang an eine spontane Bewegung aus dem Volk gewesen. Die Mönche lebten auch noch nicht hinter dicken Klostermauern getrennt vom Volk, sondern in Zelten, wo sich manchmal zigtausend Männer zu einer religiösen Gemeinschaft zusammenschlossen. Sie haben direkt aus der ursprünglichen Religiosität des Volkes geschöpft und der Volksfrömmigkeit ihrerseits eine eigene Prägung verliehen. Diese irische Gebetspraxis ähnelte sehr der orientalischen und hat aus dem christlichen Orient auch ihre Anregung erhalten, in der Praxis aber den eigenen Volkscharakter bewahrt. In ihrer übersteigerten körperlichen Strenge hat sie das Volk tief beeindruckt. Eine dieser spektakulären Übungen war der »crossfigell« (Kreuzvigil), bei dem der Mönch die Arme in Kreuzform ausbreitet und sich lange Zeit, manchmal bis zur vollkommenen körperlichen Erschöpfung, ins Gebet versenkte (vgl. Nr. 2). Die Einheit von Gebet und asketischer Härte, ein Ausharren im Beten hat sich, obwohl durch das Maß der benediktinischen Mönchsregel gemildert, auch auf dem Festland unter Einfluß der irischen Missionare sowohl in den Klöstern wie in der Volksfrömmigkeit erhalten. Es sollte eine Gebetsleistung vollbracht werden.

Ebenfalls aus der irischen Tradition stammen die Gebete, die sich durch ihre besondere Form leicht dem Gedächtnis einprägten, z. B. die Reimgebete und das litaneiförmige Gebet, in dem durch ständige Wiederholung einer bestimmten Bitte Nachdruck verliehen wird. Von ganz besonderer Bedeutung ist das sogenannte Schild-Gebet oder Lorica. In der Überschrift eines der berühmtesten dieser Gebete, der Lorica des hl. Patrick, wird das Gebetsziel wie folgt formuliert: »Dies ist ein Schild des Glaubens um Leib und Seele gegen Dämonen, die Menschen und ihre Laster zu schützen«. Die Lorica war ursprünglich eine christliche Umdeutung alter, heidnischer Zauberformeln, durch die man den Schutz der göttlichen Mächte, besonders der Dreifaltigkeit, herabruft. Auch der intensive Kult von Engeln und Heiligen ist auf solche altkeltischen und altgermanischen Beschwörungsformeln zurückzuführen. Der Ausdruck »Schild des Glaubens« selber ist den Paulusbriefen entnommen (vgl. 1 Thess. 5,8). Die Loricae wurden schon früh schriftlich niedergelegt, uns ist z. B. eine solche überliefert im ältesten erhaltenen Gebetbuch in keltischer Sprache, das vermutlich für eine Nonne bestimmt war (London, Brit. Libr., Harl. ms. 7653, um 800) und in dem schon oben genannten Book of Cerne. Diese schriftliche und mündliche Tradition der Lorica-Gebete ist das ganze Mittelalter hindurch nicht abgerissen, wie die Ablaßgebete in den spätmittelalterlichen Gebetbüchern zeigen. Stilistisch gleichen sich nämlich Loricae und Ablaßgebete durch die litaneiförmige Anrufung der Heilstaten des Herrn und die realistische Aufzählung der Körperteile Christi oder des Betenden selbst, um alle Gefahren für den Leib mit allen seinen Gliedern zu beschwören. Christus selber soll die Stelle der vertriebenen Dämonen einnehmen. Wie solche Dämonenangst mit evangelischer Liebe im Gebet durchaus vereinigt werden kann, beweist wieder ein Fragment aus der oben genannten Patrickslorica: »Christus mit mir, Christus vor mir, Christus hinter mir …

Christus im Herzen jedes Menschen, der an mich denkt. Christus im Munde eines jeden der zu mir spricht«.[16] Auch hier bietet die Ausdauer im Gebet die Garantie für die Erhöhung des Betenden durch Christus. Die Oengus-Lorica besteht aus 592 vierteiligen Strophen. Wer sie jeden Tag zu Ende singt, kommt in das Reich Gottes und ist auf Erden gegen alle Gefahren gefeit. Aber solche komplizierten und härteren Formen des Betens konnten wohl nur Mönche durchführen.

Auf dem Kontinent setzte Karl der Große zur inneren Festigung und Einigung seines stark vergrößerten Reiches die zwangsweise Christianisierung der neu eroberten Stämme durch. Einem noch auf relativ niedriger Kulturstufe stehenden Volk wurde die voll ausgebildete römische Liturgie aufgestülpt. Durch Verordnung und Gesetz versuchte Karl ein Mindestmaß an einheitlicher christlicher Gebetspraxis auch bei den Laien einzuführen. Auf dem Konzil von Frankfurt wurde 794 verlangt, daß alle Gläubigen das apostolische Glaubensbekenntnis und das Vaterunser auswendig lernen müßten. Im Jahre 802 verkündete Karl der Große dies als Staatsgesetz. Auch in späterer Zeit werden diese beiden Gebete – bald kommt noch das Ave Maria hinzu – als Gemeingut aller Christen betrachtet. Sie sollten als Pflichtgebet einmal am Tage und während der Wandlung in der Messe gebetet werden; oder sie wurden dem Beichtenden als Pönitenz auferlegt. Typisch ist dabei die Multiplizierung dieser Gebete: nach Art der Feierlichkeit oder nach der Größe der Buße sollte der Gläubige siebenmal das Pater Noster, oder fünfmal das Ave Maria usw. beten, denn einerseits ließen die beschränkten Möglichkeiten des ungebildeten Volkes keine feinere Differenzierung zu, andererseits hat man sehr bald für die Frömmigkeitsübungen das Leistungsprinzip aus der irischen Tradition übernommen. Doch versucht Alkuin in Anlehnung an das Chorgebet der Mönche eine eigene feste Gebetspraxis für das Volk einzuführen. In einem Brief an Karl den Großen empfiehlt er, daß der »homo laicus«, der Laie, »der noch im aktiven, arbeitsamen Leben weilt, zu bestimmter Zeit Gott anrufen soll«.[17] Die Laien sollen nicht nur morgens und abends, sondern wie Mönche siebenmal am Tage beten. Auch die Verteilung bestimmter Frömmigkeitsübungen auf die Wochentage stammt aus karolingischer Zeit. Der Samstag ist Maria gewidmet, der Freitag ist Tag des Kreuzes. Die Verehrung der Hl. Dreifaltigkeit am Sonntag, der doch von alters her als der Auferstehungstag des Herrn gefeiert wurde, zeigt, wie sehr die Auseinandersetzung um das Wesen Gottes auch die Frömmigkeit dogmatisiert hat. Wo das Wort versagt, soll die Körperhaltung zum Gebet führen. Das Kreuzzeichen war schon den Iren bekannt; auf der Synode von Tours (813) wird von den Gläubigen außerdem das Knien, schon bekannt aus dem Lehnswesen, als religiöse Grundhaltung verlangt, »damit wir so für uns Gottes Gnade und die Vergebung unserer Sünden erbitten«.

---

16) W. Godell, Irisches Beten im Frühmittelalter. In: Zeitschrift für Kathol. Theol. 85, 1963, S. 301.

17) Es ist der Brief »Beatus igitur David«, PL. 101, Kol. 501.

Wie in den Klöstern war die Laienfrömmigkeit stark von der Buße bestimmt. Hierin kam die christliche Religion dem Volksempfinden durchaus entgegen. Der Mensch fühlte sich Dämonen und zahllosen Übeln ausgeliefert. Er suchte nach Rettung in der Not und diese bot ihm das Kreuz Christi, das bald in der Kirche wie auch in der Landschaft als Pfand einer höheren Verheißung stand. In einem Gebet der Zeit wird die Welt bezeichnenderweise ein »ager alienus«, ein fremder Acker, genannt. Pest, Krankheit, Hungersnot, die überharte Arbeit, die von allen Seiten drohende Todesgefahr warfen den deprimierten Menschen auf sich selbst zurück und schwächten ihn auch moralisch. Die Bußpraxis der Kirche fördert deshalb ein gesteigertes Sündenbewußtsein, das schon an sich als Erlösung empfunden wurde. Auch der einfache Gläubige delektiert sich an einem übermäßigen Schuldbekenntnis, wie man es in den Confessiones und Apologien der karolingischen Gebetbücher findet. Auch die Härte der Strafe wird als Zeichen der Erlösung empfunden. In dem Gebetbuch von Fleury (Orléans, Ms. 184), das im 10. Jh. vielleicht in Salzburg geschrieben wurde, befindet sich neben lateinischen Gebeten auch eines der ältesten bekannten Bußgebete in altdeutscher Sprache, die sogenannte altbayrische Beichte, die mit folgenden Worten beginnt: »Herr, Gott allmächtiger, dir werde ich gestehen alle meine Sünden und mein böses Tun, alles, was immer ich ausgesprochen und Böses getan und Böses gedacht habe, ... durch Zwang oder freiwillig, schlafend oder wachend«, usw. Solche Gebete wurden meist aus dem Lateinischen übernommen und für Beichtväter zum Vorbeten aufgezeichnet (Nr. 34). Die Praxis der Privatbeichte hat sich aus dem gesteigerten Sündenbewußtsein heraus erst in den irischen Klöstern und dann auch für das Volk in Zusammenhang mit der Verpflichtung zur jährlichen Osterkommunion weiter entwickelt. Das neugeschaffene Amt des Beichtvaters gehört seit dieser Zeit mit zu der wichtigsten Aufgabe der priesterlichen Seelsorge. Die Beichte hing mit dem katechetischen Unterricht aufs engste zusammen. Und dies war bitter nötig, denn die christliche Glaubenslehre an einen liebenden Gott drohte immer wieder unter dem Druck der Zeit in den düsteren Morast von Magie und Aberglauben zu versinken. Gegen alle Gefahren, die Menschen, Vieh und Ackerland bedrohten, tritt an die Stelle der heidnischen Dämonen, die durch allerlei Riten beschwört werden mußten, eine Schar von Heiligen. Die Heiligen sind für die täglichen Nöte zuständig. Besonders in der Verehrung ihrer Reliquien ist viel von dem vorchristlichen Dämonenglauben eingegangen, wie überhaupt die Grenze zwischen Magie und Gebet das ganze Mittelalter hindurch beim Volk vage blieb.

Der große allwöchentlich wiederkehrende Gebetstag für das Volk und den Klerus blieb nach frühchristlichem Brauch der Sonntag. An der Messe, dem Hochamt, mußte jeder gesunde Erwachsene unter Drohung geistlicher und weltlicher Strafen teilnehmen. Die eigentliche Meßliturgie vollzog sich zwischen dem Klerus im Chor. Durch ein immer mehr verfeinertes Zusammenspiel von symbolischen Gegenständen und Gesten am Altar wurde das Volk in die heilige Handlung mit einbezogen. Höhepunkt des Erlösungsdramas ist seit dem 13. Jh. der feierliche Darbietungsgestus bei der Konsekration, wo der Priester Hostie und Kelch den Gläubigen zeigt. Dadurch sollten Opfertod und Auferstehung Christi memoriert werden. Aber auch hier gewann eine geradezu abergläubische Scheu manchmal die Oberhand.[18] Um dieser entgegenzuwirken, verfaßten die Seelsorger kurze Gebete, die in den Laiengebetbüchern des Spätmittelalters selten fehlen. Oder es wurden eucharistische Hymnen gesungen, darunter das herrliche von Thomas von Aquin gedichtete Adoro te devote. Die ganze abendländische Meßliturgie des Mittelalters spielt sich auf diesen beiden Ebenen ab: im Chor beten die Kleriker die eigentliche Messe mit dem altrömischen Kanon, für das Volk wird eine Art Drama oder Spiel des Glaubens vorgeführt. Beide haben als gemeinsame Komponente, die das Wesen der Eucharistie darstellt, das Gedächtnis des Opfertodes Christi.

Die Meßallegorie im Stowe-Missale (Dublin, Kgl. Akademie), das am Anfang des 9. Jhs in Irland geschrieben wurde, setzte voraus, daß das Volk sich noch in der Nähe des Altars aufhielt und das Geschehen dort verfolgen konnte. Die Hostie auf dem Altar wird mit dem Leichnam Christi auf dem Schoß Mariens verglichen, die Mischung des Weins mit dem Wasser wird gedeutet als Bild der Menschwerdung Christi usw. Mit der Entwicklung im romanischen und besonders im gotischen Kirchenbau wird die Trennung zwischen Volk und Klerus zunehmend strenger durch den schmaleren, erhöhten und später sogar abgeschlossenen Chor, wo sich nur die Mönche oder die Angehörigen des Domkapitels versammelten. Von jetzt an versucht man durch die gesamte Kunst des Kirchengebäudes, die Bilder, Glasfenster und Fresken, die die Wände und oft sogar die Decke schmückten, das Heilsgeschehen auch dem Laien nahezubringen. In der Kathedrale von Chartres sind etwa zehntausend Figuren abgebildet, die alle direkt oder indirekt auf die zentrale Wahrheit des Glaubens hinweisen. Emile Mâle[19] nennt dies zutreffend eine christliche Enzyklopädie. Um das Volk noch mehr zu beteiligen, zeigte ein Priester manchmal während der Messe auf die einzelnen Bilder; diesem Zweck diente offenbar auch der Reliefstein in der Michaeliskirche zu Fulda mit den Leidenswerkzeugen Christi. Mit der Betrachtung solcher Bilder wurden dann auch wieder Gebete und Ablässe verbunden, die in den Gebetbüchern als Meß- und Kommunionsgebete gesammelt wurden. Seit dem 13. Jh. verselbständigt sich auch die Verehrung der Eucharistie außerhalb der Messe. Die Einführung des Fronleichnamsfestes mit seiner Prozession findet beim Volk großen Anklang, manchmal bis zum Aberglauben. Auch die Wallfahrten intensivieren die Frömmigkeit des Volkes; zumal die Kirche sich sehr bemüht hat, den Wallfahrtsbetrieb zu disziplinieren. In einer katalanischen Handschrift, in der Pilgerlieder und -gebete kopiert sind, das sogenannte »Llibre Vernell« (Montserrat, Ms. 1), heißt es: »Da die Pilger manchmal, wenn sie in der Kirche der Jungfrau Marie Nachtwache halten, den Wunsch haben zu singen und zu tanzen und dies auch tagsüber auf dem Kirchplatz zu tun wünschen, so wurden nun einige angemessene Gesänge aufgeschrieben«. Anschließend werden die Gläubigen ermahnt, unanständige Lieder zu unterlassen. Um ihnen dabei entgegenzukommen, wurden die Melodien der weltlichen Schlager gern für das fromme Lied verwendet.

---

18) H. B. Meyer, Die Elevation im deutschen Mittelalter und bei Luther. In: Zeitschr. f. Kath. Theol. 85, 1963, S. 165.

19) E. Mâle, L'art religieux du XIIe siècle en France, Paris 1947.

Die Kultur einer Zeit und eines Volkes soll man nicht an der Kunst von Lesen und Schreiben messen. Im Mittelalter wurden die geistigen Wahrheiten besonders durch Symbol und Allegorie vermittelt. Wie auch Idealismus, Romantik, Existenzialismus nicht nur philosophische Lehren sind, sondern die Geisteshaltung einer ganzen Epoche, so ist im Mittelalter der Symbolismus das jedem zugängliche Medium zum Glaubensverständnis. In einer der ältesten Märchen- und Legendenbücher des christlichen Mittelalters, der Gesta Romanorum, wird erzählt, daß ein einfacher Mann nach seinem Eintritt in ein Kloster drei Buchstaben lernt, von denen der erste schwarz, der andere rot und der dritte weiß war: der erste aber bedeutete das Gedächtnis seiner Sünden, der andere die Erinnerung an das rote Blut seines Heilands und der dritte die Sehnsucht nach den himmlischen Freuden. Vieles von dem tieferen Sinn der mittelalterlichen religiösen Kunstwerke, den wir mit Hilfe eines Reiseführers mühsam zu verstehen suchen, war dem mittelalterlichen Menschen – Laien und Theologen – selbstverständlich. Auch hat er tiefer in die Miniaturen der Handschriften hineingeschaut als es unsereinem je möglich sein wird.

Seit dem 12. Jh. wurde in zunehmenden Maße immer wieder versucht, die Kluft zwischen Klerus und Volk, zwischen »religion d'élite« und »religion populaire« wenigstens teilweise zu überbrücken. Durch den rapiden Anstieg der städtischen Bevölkerung entstand in den aufsteigenden Berufsständen des Handwerks, des Handels, der Krankenversorgung, wie in den Bereichen der Kultur (die Kunst des Schreibens und Malens wurde jetzt auch in Laienskriptorien praktiziert!) und des Schulbetriebs an den Universitäten ein neues Bewußtsein. In diesen Kreisen wurde nach einer intensiven Glaubenspraxis bzw. nach dem Laienstatus angepaßten Gebetsformen gesucht. Es kam schnell zu Spannungen zwischen den nach religiöser Erneuerung suchenden Bürgern und einer im Papsttum immer straffer organisierten Kirche. Die von der Amtskirche zur Häresie erklärten geistigen Bewegungen lassen sich wegen weitgehender Vernichtung der Textzeugen in einer dem christlichen Gebetbuch gewidmeten Ausstellung nicht mehr belegen. Viele der mittelalterlichen Häresien waren am Evangelium orientiert. Ihre Anhänger suchten nach einer Erneuerung der »vita apostolica«, ein Leben in Liebe und Gütergemeinschaft, wie es die frühchristlichen Gemeinden vorgelebt hatten. Aber auch innerhalb der Kirche setzten sich kraft dieses Ideals bei den Laien Formen der Glaubenserneuerung durch, sowohl in den alten Klöstern als auch in den Städten. Besonders in den neugegründeten Orden des 12. Jhs nahm der Status der Konversen an Bedeutung zu. Im Vergleich zu den Laienbrüdern der älteren Orden hatten die Konversen einen höheren Bildungsstand. Da sie nicht die strenge Verpflichtung zum Chorgebet der Professen teilten und meist des Lateins unkundig waren, suchten sie nach neuen, ihrer Arbeit angepaßten paraliturgischen Gebetsformen. In noch stärkerem Maße traf dies für die Gruppe von Gläubigen zu, die sich in Gemeinschaft mit praktischen Aufgaben zusammenschlossen, z. B. die Hospitalbrüder, oder die, die sich in freiem Verband gegenseitig bei der Vertiefung des Glaubenslebens helfen wollten, z. B. Drittorden, Beginen, die spätmittelalterlichen Bruderschaften oder die Brüder und Schwestern vom Gemeinsamen Leben in den Niederlanden. In allen diesen Fällen wurde kirchenrechtlich eine »via media« zwischen Mönchtum und Laientum gesucht, die sehr variable Formen annehmen konnte.[20] Für diese Kreise, teilweise auch durch sie, entwickelte sich seit Beginn des 14. Jhs eine neue, nicht an die Liturgie gebundene, private Frömmigkeit, die in immer zahlreicheren anfänglich noch in Latein – von der Kirche befürwortet – mehr und mehr auch in den Landessprachen geschriebenen Gebeten und Andachten ihren Niederschlag fand. Die im 13. Jh. gegründeten Bettelorden gaben dieser Bewegung Auftrieb und geistigen Halt.

Mystik und Devotio Moderna

Mit Franz von Assisi vollzieht sich im mittelalterlichen Geistesleben eine tiefe Wende. Schon in seiner Lebensgeschichte offenbart sich eine neue Zeit. Er stammte aus einer der neu aufgestiegenen, durch Großhandel reich gewordenen, städtischen Familien, die eine Klasse zwischen Adel und Volk bildeten. Durch die Familie der Mutter stark von französischer Kultur geprägt, interessierte er sich in seiner Jugend für die provenzalische Liebeslyrik, deren Einfluß sich rasch in den literarischen Kreisen Europas zu verbreiten begann und die auch die mystische Bewegung im 13. Jh. inspirierte. Nach seinem Ausstieg aus der neureichen bürgerlichen Gesellschaft bewirkt Franziskus durch seine Klostergründung einen radikalen Wandel des Ordenswesens. Statt sich zur eigenen geistigen Vervollkommnung aus der Welt zurückzuziehen, sollen die »fratres minores« als wahrhafte »kleine Brüder« der Menschen unter ihnen weilen und das Evangelium Christi nicht nur predigen, sondern auch vorleben. Deshalb bedeutet auch die Armut bei Franziskus mehr als nur Verzicht auf Besitz und Erwerb. Sie ist eine neue Einstellung zur Welt. Nichts soll den Menschen vom evangelischen Leben ablenken. Dieses hochgesteckte Ideal, das sich wohl nur im Leben des Poverello selbst vollkommen realisiert hat, fand seine Begrenzung in der kirchlichen Gesetzgebung und in der menschlichen Schwäche. Doch hat das franziskanische Ideal eine Woge geistiger Kräfte freigesetzt, die bald die gesamte abendländische Christenheit erfaßte. Die Frömmigkeit des späteren Mittelalters wird durch die gleiche innere Spannung getragen, wie die des Franz von Assisi: zwischen der jauchzenden Lebensbejahung des Sonnenliedes und dem gekreuzigten Mit-Leiden an der Passion Christi, mit dessen fünf Wunden er auf dem Alverna-Berg stigmatisiert wurde.

Von diesem franziskanischen Geist erfüllt, verfaßt Bonaventura, der mit Thomas von Aquin einflußreichste Theologe des 13. Jhs, seine theologisch-mystischen Schriften. In seinem meist verbreiteten Werk, dem »Itinerarium mentis ad Deum« (Weg der Seele zu Gott) ist nicht die erkennende Schau, sondern der liebende Genuß Gottes Gipfel des geistigen Aufstieges. Nicht durch den Intellekt, sondern durch den Affekt »berührt« der Mensch Gott. Dieser geistige Weg verläuft in drei Stufen, die auch die allmähliche Vertiefung des Gebetslebens markieren: durch die Läuterung zum inneren Frieden, durch die

[20]) K. Elm, Die Bruderschaft vom Gemeinsamen Leben. In: Ons Geestelijk Erf 59, 1986, S. 470–496.

Erleuchtung zur höheren Wahrheit, durch die Einigung zur Liebe. Auch verfügt der Mensch in der Auffassung der mittelalterlichen mystischen Philosophie neben Verstand und Willen über eine dritte geistige Kraft, die der Memoria (Gedächtnis): er trägt in sich von Natur aus das Bild Gottes, das es ihm ermöglicht, durch die Kraft der göttlichen Liebe zu seinem Ursprung zurückzukehren. Diese Lehre übernimmt Bonaventura, wie auch schon die Theologen des 12. Jhs vor ihm, aus den Schriften des Ps. Dionysios Areopagites (um 500). Nur ist er mehr noch als seine Vorgänger auf die Einheit von Glauben und Leben bedacht. So liefern seine Werke die Grundgedanken für die mystische Frömmigkeitsbewegung des ganzen 14. Jhs.
Die Seele dieser Frömmigkeit ist, wie bei Franziskus, eine persönliche Freundschaft mit Christus. Nach seiner Betrachtungsmethode empfiehlt Bonaventura, sich das Leben Jesu lebhaft vorzustellen, »das Auge des Herzens« möge Christus in Palästina lebend und am Kreuz sterbend sehen. Von diesem Gedanken inspiriert, erscheinen um 1300 in Italien zwei Andachtsbücher, die das Leben Jesu zum Inhalt haben. Besonders verbreitet waren die Meditationes vitae Christi, die oft unter dem Namen des Bonaventura überliefert sind, die aber einen unbekannten toskanischen Franziskaner zum Verfasser haben (Nr. 23). Ubertino da Casale folgt in seinem »Arbor vitae crucifixae Jesu« mehr der spiritualistischen Richtung der Franziskaner (Nr. 24). Aus der gleichen Quelle schöpft Ludolf von Sachsen, als er um die Mitte des 14. Jhs in der Mainzer Kartause sein Leben Christi schrieb, das für das ganze spätere Mittelalter bis in die Neuzeit das maßgebliche Andachtsbuch des frommen Christen sein wird. (Nr. 25). Auch faszinieren die schon im 13. Jh. entstandenen Heiligenlegenden des Jakobus de Voragine, die Legenda Aurea, jetzt immer mehr die Phantasie von Künstlern und frommen Menschen (Nr. 22).

Das geistige Schrifttum des Mittelalters wird im 13. und 14. Jh. durch die Aufzeichnung von mystischen Erfahrungen bereichert. Schon in den populären Franziskuslegenden ist eine ganz persönliche Note gegenwärtig. Diese »Sprachwerdung der Innerlichkeit« (K. Ruh) bringt, gefördert durch die spezifische Veranlagung der germanischen Völker, die ersten großen literarischen Werke, besonders in Deutschland und den Niederlanden, in den nun schon voll ausgebildeten Landessprachen hervor. In den Kreisen der religiösen Frauenbewegung verfassen theologisch gebildete Frauen die ersten großen mystischen Werke. In Brabant schreibt um die Mitte des 13. Jhs die Begine Hadewijch ihre mystische Minnedichtung im Stil des provenzalischen Troubadours. Ihre »Strophischen Gedichte« (Brüssel KB, Ms. 2879–80) gehören zu den Meisterwerken der geistlichen Dichtung. In Deutschland ist das Zisterzienserkloster von Helfta bei Eisleben gegen Ende des 13. Jhs Zentrum einer mystischen Bewegung, deren überragende Persönlichkeit die hl. Gertrud die Große († 1302) ist. Sie verzeichnet die Visionen ihrer Mitschwester Mechthild von Hackeborn und verfaßt selber mystische Werke, aus denen eine ganz neue gefühlvolle Frömmigkeit spricht, in deren Mittelpunkt die Verehrung des durchbohrten Herzens Jesu als göttliche Liebesoffenbarung steht. In Erfurt und Köln schreibt der Dominikaner Meister Eckhart die grundlegenden Werke einer spekulativen Mystik, z. T. in mittelhochdeutscher Sprache. In Groenendael bei Brüssel offenbart Johannes Ruusbroec in verschiedenen mittelniederländischen Traktaten seine mystische Christus- und Dreifaltigkeitslehre (Nr. 26). Mehr von seelsorglichem Interesse geprägt und deshalb auch stärker die Laienfrommigkeit beeinflussend sind die Werke der beiden großen Dominikaner Johannes Tauler und Heinrich Seuse. Besonders Seuses »Büchlein der ewigen Weisheit« (Nr. 27) und die daraus zusammengestellten Tagzeiten (Nr. 51) finden rasch Verbreitung. Ebenfalls geprägt von der dominikanischen Frömmigkeit sind die Revelationes der hl. Birgitta von Schweden, deren Bedeutung in der Fähigkeit zu bildhaften Synthesen mystischer Gotteserfahrung liegt (Nr. 93).

Auch in der Kunst fand die mystische Bewegung ihren entsprechenden Ausdruck, z. B. in Darstellungen von Franziskus' Stigmatisierung (Nr. 36) und der Legende von Bernhards Umarmung des gekreuzigten Christus (Nr. 33). Ebenso gehört das im alemannischen Raum volkstümlich gewordene Andachtsbild der Johannes-Jesu-Gruppe dazu, das schon im 13. Jh. in Handschriften abgebildet ist (Nr. 30).

Das Hauptmotiv dieser mystischen Literatur lautet nach dem Schlußvers von Dantes Divina Commedia: »die Liebe, die die Sonne und die anderen Sterne bewegt«. Dieses Urerlebnis der Gottes- und Menschenliebe kommt in einer von schweren Krisen geschüttelten Zeit zum Durchbruch. Seuchen, wie die Pest von 1348 in Florenz, die Boccaccio am Anfang des Decamerone so dramatisch schildert, fanden in den engen Städten ihre größte Beute. Aber noch mehr trifft die moralische Krise des Papsttums im 14. Jh. die Christenheit: die sogenannte babylonische Gefangenschaft der Kirche in Avignon und das darauf folgende Schisma (1378–1409), wo der Kampf der Faktionen um die oberste Kirchenleitung sogar drei Päpste hervorbringt, die sich gegenseitig zum Antichristen erklären. Aber aus dieser Verweltlichung und Spaltung der kirchlichen Hierarchie »gingen das Laientum und der Staat mit einem lebendigerem Gefühl für ihre Selbständigkeit auch in spiritueller Hinsicht hervor« (E. Iserloh). Eine breite Frömmigkeitsbewegung von Laien entsteht, die sich einerseits von den mystischen Schriften inspirieren lassen, andererseits, in Abkehr von der gängigen scholastischen Theologie, sich auf die Quellen des Christentums, Bibel und Patrologie, zurückbesinnen. Solch ein Zentrum ist z. B. Straßburg, wo Dominikaner wie Tauler und Seuse Impulse für die Bildung von Laienkreisen, wie die »Gottesfreunde«, geben, zu denen auch die Mystikerin Maria Ebner († 1351) und der Bankier Rulman Merswin († 1382) zählen.

Eine sehr breite Ausstrahlung bis nach Nord- und Ostdeutschland fand die Bewegung der Devotio Moderna, die von dem Niederländer Geert Grote († 1384) und der Windesheimer Augustinerkongregation ausging. Man kann hier erstmalig von einer den Komplex des ganzen Lebens umfassenden Laienfrömmigkeit sprechen. Die modernen Devoten, die sich ohne Gelübde abzulegen mitten in der Stadt in eigenen Häusern zusammenschließen, erteilten Jugendunterweisung, verfaßten theologische Schriften oder sammelten und übersetzten Texte aus der gesamten christlichen Tradition, die sie in ihren Skriptorien systematisch abschrieben und von dort aus verbreiteten. So

[21]) G. Müller, Zur Bestimmung des Begriffs »altdeutscher Mystik«. In: Altdeutsche und altniederländische Mystik, Darmstadt 1964, S. 1–34.

erscheint ein Stundenbuch von Geert Grote selbst übersetzt, und diverse Gebetbücher in der Landessprache. Das bekannteste und nach der Bibel am weitesten verbreitete geistliche Werk ist die im Kreise der Devotio Moderna entstandene »Imitatio Christi«, die Nachfolge Christi, die meist Thomas von Kempen zugeschrieben wird (Nr. 37). Die Originalität dieses einzigartigen Andachtsbuches besteht in der Art, wie hier in der verinnerlichten Sprache des mittelalterlichen Latein ein geistlich erfahrener und hochbegabter Autor die erworbene Kenntnis der christlichen Tradition mit der Präzision von Sentenzen und der Lyrik eines Chorals ausgesagt hat. In jüngster Zeit ist die Vermutung geäußert worden, die Imitatio Christi könnte das Werk eines rheinischen Kartäusers sein. In der Tat haben sich seit der Mitte des 14. Jhs die Kartäuser in Deutschland und in den Niederlanden in der Nähe der Städte angesiedelt und aus der Geborgenheit ihrer Zellen eine ungemein starke Anziehungskraft ausgeübt. Durch die totale Absonderung von der Welt ähneln sie den frühchristlichen Wüstenvätern. Die meisten ihre Schriften sind nach innen gerichtet: sie sind die Niederschrift der eigenen Glaubenserfahrung und sollen den Mitbrüdern bei der Betrachtung dienen – aber gerade dadurch war ihr Einfluß auch auf die Laienfrömmigkeit bedeutend. Vielleicht muß man von der besseren Kenntnis solcher wenig spektakulären, aber in das geistige Leben der Zeit tief eingreifenden Bewegung her das etwas verzerrte Bild des ausgehenden Mittelalters korrigieren (Nr. 14).

Stundenbücher

Der Betrachter des Stundenbuches der Maria von Burgund (Wien, ÖNB Cod. 1857, Bl. 43^{v}) blickt auf die Szene der Kreuzaufrichtung durch ein prachtvolles mit Marmorsäulen verziertes Palastfenster. Auf dem Fenstersims liegen die Kostbarkeiten einer vornehmen Dame, die, wie das Kissen andeutet, ihren Platz am Fenster nur für einen Augenblick verlassen zu haben scheint. Neben Schmuck in einem reich verzierten Kästchen, dem Rosenkranz aus echten Perlen und einem Parfumflakon liegt ein aufgeschlagenes Stundenbuch mit einem Andachtsbild. Ein Stundenbuch gehörte zu den Kostbarkeiten einer vornehmen Dame, wobei zwischen Schmuck und Andachtsbuch kein Unterschied sichtbar wird. Die Dame beobachtet die Kreuzigung Christi durch das Fenster wie die Aufführung eines Mysterienspiels auf dem Platz vor ihrem Palast. Das Fenster schafft Distanz zu dem Geschehen. Die Dame ist nicht unmittelbar an der Passion beteiligt, sie schaut nur zu. Welcher Unterschied zu dem Andachtsbild im Psalter König Ludwigs des Deutschen, wo der betende Mann das Kreuz umschlingt (Nr. 2)!
Aus solchen Bildern der spätmittelalterlichen Stundenbücher erkennt man, was Victor Leroquais[22] mit »Reichtum und Armut des Stundenbuches« umschreibt. Reichtum ist der künstlerische Schmuck, der ästhetische Wert; Armut der stereotype, unveränderliche Inhalt. Das Bedürfnis nach einem privaten Andachtsbuch bestand, zumindest beim Adel, seit der Karolingerzeit.

22) V. Leroquais. Les livres d'heures manuscrits de la bibliothèque nationale, 2 Bde mit Bildband, Paris 1927.

Die karolingischen Fürstengebetbücher, meist individuell für einen Herrscher geschrieben, wurden dann durch das mit Andachtsbildern illuminierte Psalterium abgelöst. Inzwischen hatten sich in den Klösten seit dem 9. Jh. mannigfaltigere Formen des Betens entwickelt. Neben dem normalen Chorgebet wurden zusätzliche Offizien der Gottesmutter und des hl. Kreuzes, außerdem die Totenvigil und die sieben Bußpsalmen gebetet. Diese semiprivaten Andachten dienten dem gesteigerten Bedürfnis der privaten Frömmigkeit und waren gleichzeitig das obligate Gebet für das Seelenheil des adligen Stifters und Wohltäters. Die Chorgebete wurden für die Mönche, die seit dem 11. Jh. auch häufig auf Reisen waren, in einem Brevier zusammengefaßt, das man auch unterwegs beten konnte. Als Anhang waren in den Brevieren auch die oben genannten zusätzlichen Offizien und die Bußpsalmen mit Allerheiligenlitanei aufgenommen. Aus diesem Anhang entwickelte sich Anfang des 14. Jhs ein klar komponiertes Gebetbuch für den Laien, das sogenannte Stundenbuch (franz.: livre d'heures; niederl.: getijdenboek), das sich, von der Kirche zunächst zögernd akzeptiert, rasch ausbreitet und mit vielen lokalen Varianten bis zur Mitte des 16. Jhs vor allem in Frankreich und den Niederlanden in Gebrauch bleibt. Auch heute ist es die bekannteste Form des mittelalterlichen Gebetbuches, aber zugleich die schwächste. Das Stundenbuch war aus dem Bedürfnis der Laien entstanden, es den Mönchen gleichzutun.
Doch der übernommene Gebetstypus war am Chorgebet orientiert, er verlangte nach einer Gebetsgemeinschaft, nach einander respondierenden Chören; für den eigentlichen Zweck des privaten christlichen Gebets, Zwiesprache mit Gott und Verinnerlichung des Lebens waren diese starren Formen weniger geeignet. Bezeichnenderweise erfuhren die Stundengebete fast keinerlei Weiterentwicklung. Meist wurde die lateinische Sprache beibehalten, als es längst schon üblich war, Gebetstexte in die Landessprache zu übersetzen. Eine Ausnahme bildet das Geert-Grote-Stundenbuch, das weiter unten noch eingehender behandelt wird. Wenn dennoch die Stundenbücher das meistverbreitete Laiengebetbuch wurden, ist das ein Symptom dieser gewissen Profanierung des religiösen Lebens im Spätmittelalter, wie sie Huizinga [23] beschreibt: »Das ganze Leben war so von Religion durchtränkt, daß der Abstand zwischen dem Irdischen und dem Heiligen jeden Augenblick verlorenzugehen drohte. Empfängt einerseits jede Verrichtung des gewöhnlichen Lebens in heiligen Augenblicken höhere Weihe, so bleibt andererseits das Heilige durch seine unlösbare Vermischung mit dem täglichen Leben ständig in der Sphäre des Alltäglichen«. Im folgenden sollen die wichtigsten Texte des Stundenbuches kurz besprochen werden.
Das Offizium parvum b. Virginis Mariae, die kleinen Horen zu Ehren Marias, sind das wichtigste Element, nach dem das Stundenbuch seinen Namen erhielt. Das früheste Zeugnis für den Gebrauch der kleinen Horen bietet Bischof Ulrich von Augsburg († 973), von dem überliefert ist, daß er in seinen letzten Lebensjahren die kleinen Offizien Mariä und des hl. Kreuzes betete. Papst Urban II. ließ die Kleriker für den Erfolg des ersten Kreuzzuges (1066–1099) das kleine Marienoffizium beten. Die Offizien waren, wie das liturgische Chorgebet, nach den kanonischen Tagesstunden eingeteilt und setzten

[23]) J. Huizinga, Herbst des Mittelalters, 10. Aufl., Stuttgart 1969, S. 217.

sich aus festgelegten Psalmen, Hymnen, Antiphonen und Lesungen aus der Bibel, gefolgt von Te Deum, zusammen. Die Auswahl dieser Stücke war nicht überall die gleiche; obwohl sich »der Gebrauch von Rom« nach und nach durchsetzte, gab es in Frankreich noch den »Gebrauch von Paris« und andere Besonderheiten.
Aus dem Brevier übernommen wurde auch das Kalendarium, das ein rasches Auffinden der Festtage einzelner Heiliger ermöglichen sollte und uns heute durch die besonders hervorgehobenen Lokalheiligen wichtige Aufschlüsse über die Herkunft des Stundenbuches gibt. Auch die Allerheiligenlitanei, eine der ältesten liturgischen Gebetsformen, und die Fürbitten an die Heiligen (Suffragien) sind in diesem Zusammenhang wichtig. Freilich ist gerade bei der Benutzung des Kalendars Vorsicht geboten, weil hier, besonders bei künstlerisch wertvollen Stundenbüchern, aus Gründen der Ästhetik häufig Heilige erfunden wurden. Das seit dem 10. Jh. überlieferte Totenoffizium enthält die Gebete und Texte, die am Sarg rezitiert wurden, solange der Tote während der Nachtwache (Vigil) vor dem Begräbnis in der Kirche aufgebahrt war; im 15. Jh. entstand daraus ein kostspieliger öffentlicher Ritus mit Trauergemeinde und Kerzen, der sicherlich die tägliche Begegnung mit dem Tod durch Seuchen und Pest widerspiegelt (Nr. 71, 83). Schließlich wurden in das Stundenbuch kleinere Abschnitte aus der Bibel aufgenommen, die Evangelienperikopen und die Passionsgeschichte nach Johannes, die die ganze Heilsgeschichte zusammenfassen sollten. Fast nie fehlen die Mariengebete »Obsecro te« und »O intemerata«; oft erscheint auch das Meßgebet des Jean de Fécamp »Summe Sacerdos«.

Die religiösen Reformbewegungen des 14. Jhs – die »Devotio moderna« in Norddeutschland und den Niederlanden, die »Gottesfreunde« in Süddeutschland – haben der privaten Gebetsfrömmigkeit neue Wege gewiesen. Während sich in Süddeutschland speziell unter dem Einfluß der »Gottesfreunde« das Gebetbuch zu seiner spätmittelalterlichen Ausprägung, dem »Hortulus animae« hinentwickelte, übersetzte Geert Grote, der Gründer der modernen Devoten, die Stundengebete ins Mittelniederländische, als er 1383 vom Papst wegen fehlender Priesterweihe ein Predigtverbot bekam. Wie er im Vorwort zu den Tagzeiten Mariä betont, übersetzt er der kirchlichen Vorschrift gemäß präzise aus dem Lateinischen, doch bemüht er sich um eine lebendige, dem Sprachgebrauch angepaßte Ausdrucksweise; außerdem trifft er eine wohlüberlegte Auswahl aus den ihm vorliegenden Tagzeiten, die er verschiedenen Vorlagen entnimmt. Das Grote-Stundenbuch enthält die Tagzeiten Mariä, die langen und kurzen Tagzeiten vom hl. Kreuz, die Tagzeiten vom hl. Geist, die sieben Bußpsalmen mit Allerheiligenlitanei und die Totenvigil. Aufgenommen sind fast immer die Tagzeiten von der Ewigen Weisheit (Cursus aeternae sapientiae) des Dominikaners Heinrich Seuse. Mit Seuse ist die Verbindung zur Süddeutschen, oberrheinischen Mystik hergestellt. Hinzu kommen allmählich auch Einzelgebete: Morgen- und Abendgebete, Marien- und Heiligengebete, Meß- und Kommuniongebete. Manchmal werden persönliche Wünsche der Besteller offensichtlich, z. B. beim Gebet über den verlorenen Sohn (Nr. 64). In dieser Form wurde das Grote-Stundenbuch von 1400 bis ins 16. Jh. hinein zum Volksbuch und Frömmigkeitsfundament des Laien im mittelniederländischen und norddeutschen Sprachgebiet, etwa 800 Exemplare sind heute noch bewahrt. – Auch in Frankreich und Italien bleibt das Stundenbuch das Gebetbuch für den Laien. Von Italien aus wird ein von den Franziskanern verfaßtes Stundenbuch verbreitet, das spezielle Stundengebete (Horen) für jeden Wochentag vorsieht, z. B. in dem Stundenbuch der Herzogin Sibylle von Kleve (München BSB, Cgm. 84). Wie schon erwähnt, wird das Stundenbuch in Süddeutschland zögernder übernommen und dann mehr auf dem Wege der Kunst, die aus den Niederlanden importiert wurde (Nr. 78, 84). Die liturgischen Reformbewegungen machten auch das Brevier für Laien attraktiv; manche ließen es für ihren Privatgebrauch abschreiben (Nr. 44, 77) oder gar übersetzen (z. B. Brüssel KB, Ms. IV 334).

Ein wichtiger Bestandteil des Stundenbuches ist das Andachtsbild, für das sich nach und nach eine feste Ikonographie und ein bestimmter Kanon herausbildet, der bald auch für alle anderen Privatgebetbücher eine gewisse Gültigkeit erlangt. E. Panofsky hat in seinem großen Werk über die frühe flämische Malerei gezeigt, wie zu Beginn des italienischen Trecento das religiöse Bild sich aus der Erstarrung byzantinischer Ikonen löst und die neue, von franziskanischem Geist inspirierte Kunst eines Giotto, Duccio und Simone Martini entsteht. Letzterer hat auch für die Päpste in Avignon gearbeitet, und bald macht sich der italienische Einfluß auch in der französischen Buchmalerei am Hofe König Karls V. und seines jüngeren Bruders Jean Duc de Berry († 1416) bemerkbar. Im Kreise dieser Fürsten bestand reicher Bedarf an historischen und religiösen illuminierten Büchern typischer Hofkunst, bei der prächtige Ausstattung das Wichtigste war. Höhepunkt dieses »weichen Stiles« der neuen gotischen Buchkunst sind die Werke des französischen Meisters Jean Pucelle und der Brüder Jean, Hermann und Pol Malouel, bekannt unter dem Namen »Brüder Limburg«. Denn bald führen flämische und geldrische Maler ihre stilistischen Erneuerungen in die französische Kunstmetropole ein, großzügig unterstützt von dem Duc de Berry. Zwei der fünf für ihn angefertigten, prachtvoll ausgestatteten Stundenbücher sind von den Brüdern Limburg gemalt. Auch die Brüder Jan und Hubert van Eyck haben in Paris als Buchmaler angefangen; das Stundenbuch, an dem sie mitgearbeitet haben, wurde 1904 bei einem Großbrand der Turiner Königlichen Bibliothek zerstört. Fraglich, ob der Duc de Berry diese »très riches heures« und »très belles heures« zum Beten benutzte. Die lateinischen Texte enthalten zum Teil haarsträubende Fehler. Auch bei den Andachtsbildern verdeckt raffinierte Farbgebung und »elegante Routine« (Panofsky) manchmal den Mangel an religiöser Aussagekraft. Von anderen französischen Adligen, wie dem Marschall Jean de Boucicaut, der auch ein eigenes Kunstatelier unterhielt (Nr. 41), ist freilich bekannt, daß er seine Stundengebete gewissenhaft verrichtete.
Diese Spitzenstücke mittelalterlicher Miniaturkunst waren auch Schrittmacher für die Herausbildung einer ikonographischen Tradition, nach der es feststand, welche Andachtsbilder den einzelnen Abschnitten beigegeben werden konnten. Dem Künstler blieb jetzt nur noch die Wahl unter bestimmten Motiven. Am reichsten ausgestattet wurden immer die Tagzeiten Mariä. Hier standen zwei Zyklen zur Verfügung, die Kindheit Jesu, wo Maria im Vordergrund steht, oder die Passion, in der Maria als mitleidende Mutter zumindest

indirekt anwesend ist. Bisweilen werden Passionszyklus und Kindheitszyklus so miteinander verknüpft, daß die Bilder eines Zyklus als ganzseitige Miniatur, die des anderen als historisierte Initiale auf der Seite gegenüber erscheinen.[24] Den Horen des hl. Kreuzes ist nicht nur der Crucifixus (Nr. 43), sondern auch der Schmerzensmann (Nr. 45) oder die sogenannte Engelspietà (Nr. 54) mit den Leidenswerkzeugen beigegeben. Zur Totenvigilie stehen Motive zur Verfügung, die die einzelnen Stationen der Bestattung auf dem Friedhof (Nr. 71, 83) wiedergeben, aber auch der Totenschädel (Nr. 73) als Symbol der Vergänglichkeit und Michael mit der Seelenwaage (Nr. 69) werden gern verwandt. Zu den sieben Bußpsalmen gehörte ein Andachtsbild des büßenden David (Nr. 85) oder des Jüngsten Gerichts (Nr. 52, 62). Um so mehr verdienen die Andachtsbilder, die außerhalb diese Kanons stehen, unsere Aufmerksamkeit, denn sie verraten etwas über persönliche Wünsche des Bestellers (Nr. 64). Wirkliche Gestaltungsfreiheit hatte der Künstler nur beim Randdekor, das mit phantasievollem Rankenwerk, naturalistisch gezeichneten Blumen und Tieren, Genreszenen und bisweilen an Hieronymus Bosch gemahnenden Drôlerien (Nr. 78) noch heute unser Auge erfreut. Dieses Entzücken des modernen Menschen mag die Frage provoziert haben, ob die Blumen, Tiere und Drôlerien nicht tatsächlich als pure Verzierung ohne tieferen Sinn erdacht und gezeichnet wurden. Eine solche Fragestellung verkennt jedoch die symbolbezogene Geisteshaltung des mittelalterlichen Menschen, für den die Vermischung des Heiligen mit dem täglichen Leben selbstverständlich war. Die so schön und naturalistisch gezeichneten Rosen und Lilien kehren in den Gebeten wieder, wo sie die Tugenden Mariä verherrlichen (Nr. 78). Auch die Tiere und Drôlerien haben ihre auf die Heilsgeschichte bezogene und moralisierende oder zeitkritische Bedeutung. Man soll nicht übersehen, daß die enzyklopädischen Sammlungen, aus denen die Künstler ihre Bilder bezogen, eigentlich der Predigt und der Moraltheologie dienten.

Ein Gemälde des Antwerpener Malers Quinten Matsijs (Paris, Louvre) zeigt ein Geldwechslerpaar in seiner Wohnstube an einem großen Tisch sitzend, der zur Hälfte mit Münzen bedeckt ist, die der Mann kritisch prüft und auf einer Goldwaage abwiegt. Seine Frau sieht ihm dabei sachverständig zu und ist mit ihrer Aufmerksamkeit ganz bei dem Geschäft ihres Mannes. Dem aufgeschlagenen Stundenbuch vor ihr auf dem Tisch, in dem sie blättert, schenkt sie kaum Beachtung – doch es gehört zur Selbstverständlichkeit ihres Alltags wie die Münzen, der Kristallpokal und die Zinnschale auf dem Wandbord, die Zeichen ihrer Wohlhabenheit und Solidität.

Die Auswirkungen des hundertjährigen Krieges (Mitte 14. Jh. bis 1453) ließen Paris nicht lange Kunstzentrum bleiben. Neue Zentren werden zuerst die Gegenden, aus denen die hervorragenden Künstler nach Paris gekommen waren, Gelder, Kleve, Jülich, deren Herzöge auch über direkte Verbindungen nach Paris verfügten. Zugleich erhält die Miniaturkunst neue Impulse durch die Reformbewegung der Klöster und die Devotio Moderna, die sich auch um die Texte, mit Übersetzungen und neuen Gebete bemühen – Bestrebungen,

---

[24]) Vgl. F. O. Büttner, Komposite Programme der Stundenbuchikonographie in den südlichen Niederlanden bis gegen 1480. In: Miscellanea Neerlandica. (Opstellen voor Dr. Jan Deschamps). Tl. 1, Leuven 1987, S. 311–341.

die im Falle Gelderns von den Herzögen besonders aktiv gefördert werden. Ein Spitzenstück dieser Hofkunst ist das Gebetbuch der Maria von Geldern (Nr. 45)
Im Laufe des 15. Jhs wächst auch bei dem selbstbewußten Bürgertum der reichen flämischen und holländischen Städte der Bedarf an Stundenbüchern. Die Künstler sind meist unbekannt geblieben. Die Kunstgeschichte muß sich mit Notnamen begnügen. Für den Besteller liegen in den Ateliers verschiedenen Vorlagen an Andachtsbildern zur Auswahl bereit. Man geht dazu über, auf Vorrat zu arbeiten. Der Wettbewerb der einzelnen Werkstätten untereinander war groß. In Brügge versuchten die in Zünften organisierten Künstler die Konkurrenz durch ein Einfuhrverbot für Stundenbücher aus den Nachbarstädten auszuschalten. Deshalb siedelte der berühmte Miniaturist Wilhelm Vrelant um 1450 aus Utrecht nach Brügge über. Die Mode bestimmte auch den Stil. Kleinere Werkstätten hatten nur Chancen, wenn sie die größeren Vorbilder, wie Wilhelm Vrelant oder den Meister mit den Goldranken kopierten (Nr. 62, 53). Einigen dieser kleineren Meister gelang jedoch trotz Massenproduktion eine gewisse Originalität (Nr. 58, 59, 61).
Im Zuge dieser Massenproduktion machte man auch die neu aufkommenden Techniken des Kupferstiches nutzbar. Die Stiche wurden eingeklebt (Nr. 70), zusätzlich übermalt, um eine Miniatur vorzutäuschen (Nr. 71) oder nachgezeichnet (Nr. 33, 75). Besonders häufig verwandte man Kupferstiche in den für Schwesternklöster hergestellten Andachtsbüchern. Der bürgerlichen Sphäre, der sie entstammen und für die sie bestimmt sind entsprechend, zeigen die Kupferstiche oft mit erstaunlicher Detailtreue handwerkliche Verrichtungen und Werkzeuge (Nr. 70).
Die Residenz der burgundischen Herzöge in Brügge und deren großzügiges Mäzenatentum zieht besonders gegen Ende des 15. Jhs viele große Künstler an, die in Brügge oder dem benachbarten Gent arbeiteten. Die Buchmalerei erlebt einen neuen Aufschwung durch den Einfluß der flämischen Tafelmalerei, vor allem des Hugo van der Goes und des Gerard David. Durch das, was man den mystischen Realismus der flämischen Malerei genannt hat, erhalten auch die Miniaturen eine höhere Intensität. Die religiöse erzählende Literatur erneuert oft die Bildinhalte.[25] Das erwachende Naturempfinden dient bei Malern, wie dem Meister der Maria von Burgund und Simon Marmion (Nr. 76), ganz dem Inhalt des christlichen Mysteriums. Die burgundische Schule endet mit dem Tod der Herzogin Maria von Burgund (1482), der Gemahlin des deutschen Kaisers Maximilian I. und einzigen Tochter Karls des Kühnen. Die Tradition der burgundischen Schule lebt in der sogenannten Gent-Brügger Malerschule weiter (ca. 1480–1530), die in der Zusammenarbeit des Simon Bening und Gerard Horenbout im berühmten Brevarium Grimani (Venedig, Biblioteca Marciana) ihren Höhepunkt erreicht. Ein gutes Spezimen aus dieser Schule liefert das lateinische Brevier, das in Namur geschrieben, aber in Brügge oder Gent von zwei unbekannten Künstlern illuminiert wurde. Die neuen Bordüren »à trompe l'œil« mit den Streublumen und den Tieren, vor

25) Vgl. J. H. Marrow, Passion Iconography in Northern European Art of the late Middle Ages and Early Renaissance, Kortrijk 1979.

allem Vögel und Insekten, nehmen manchmal in ihrer präzisen Naturbetrachtung die Stilleben der holländischen Maler des 17. Jhs vorweg. Von Flandern aus verbreitet sich die neue Kunstrichtung der Gent-Brügger Buchmalerei seit Ende des 15. Jhs, ähnlich wie der Pariser »internationale« Stil zu Beginn desselben Jahrhunderts, nach Italien, England, Spanien, Deutschland – sogar in Polen finden sich Spuren ihres Einflusses.[26] In Deutschland hatte besonders Nürnberg als Handelsstadt enge geistige Verbindungen mit den flämischen Städten. Nürnberger Künstler – Albrecht Dürer ist nur das bekannteste Beispiel – haben dort gelernt und zurückgekehrt die freie Reichsstadt bis in die Neuzeit hinein zu einer deutschen Kunstmetropole gemacht (Nr. 84, 85).

Die neue Richtung der Buchmalerei wird im 16. Jh. mehr und mehr durch die geistigen Strömungen der Renaissance inspiriert. War bisher Abbildung des Menschen und der Natur einem tieferen, mystischen Sinn untergeordnet gewesen, so entdecken die Künstler von jetzt an die Persönlichkeit des Menschen, die sich in den individuellen Gesichtszügen ausdrückt, die nun auch Stimmungen, Freude und Schmerz wiedergeben (Nr. 86, 87). Die Natur ist nicht mehr nur Beiwerk der heiligen Szenen, sie erlangt immer mehr Eigenständigkeit. Sibylle von Kleve erhält bei ihrer Heirat im Jahre 1527 mit dem späteren Kurfürsten Johann Friedrich von Sachsen ein Stundenbuch mit Andachtsmotiven in der klevischen Landschaft (München BSB, Cgm. 84). In dem 1546 entstandenen Stundenbuch des Kardinals Allessandro Farnese (New York, Pierpont Morgan Libr., M 69) ist Rom mit Tiber, Engelsburg und Petersdom in präziser topographisch genauer Darstellung wiedergegeben.

Während viele Gönner sich weiterhin ihre Stundenbücher von Hand herstellen ließen, wurden ab 1490 Stundenbücher auf Papier oder auf kostbarem Pergament gedruckt. Verziert mit Holz-, später auch Metallschnitten in der sogenannten »manière criblée«, Punktmanier auf schwarzem Grund, waren sie bald »Bestseller« der Renaissance. Zunehmende Verweltlichung der Thematik in Bildern und Bordüren bringt neue, in den Stundenbüchern noch kaum gebrauchte Motive: der Mensch als Mikrokosmos, David beobachtet Batscheba im Bade (Nr. 113), aber auch Jessebaum und Kelch. Die Bordüren schmücken Bauerntänze und andere ländliche Aktivitäten. Der Druck von Stundenbüchern wird bald ein eigenständiger, spezifisch französischer Zweig der Buchproduktion. Bekannte Verleger-Drucker sind z. B. Verard, Vostre, Pigouchet, Petit und Kerver in Paris. Als Zubehör einer modischen Frömmigkeit sind Stundenbücher noch rund 200 Jahre im Gebrauch.

Die spätmittelalterlichen Gebetbücher

Seit dem 12. Jh. paßt sich die Gebetspraxis den Bedürfnissen des neu entstehenden gebildeten Laienstandes an, der nicht wie die Mönche an das litur-

26) G. Dogaer, »L'Ecole Ganto-Brugeoise«, une fausse appellation. In: Miscellanea codicologica F. Masai dicata, Gent 1980, S. 511–518.

gische Gebet gebunden war. Die Gebetsinhalte und -methoden waren der Form nacht alt. Irische Traditionen, die ihrerseits auf orientalische Überlieferungen zurückgingen, werden für die Belebung des persönlichen Gebets wieder aufgenommen. Die Schöpfung neuer Gebetstexte für den Laien wirkt wiederum befruchtend auf das Gebet der Mönche, deren Orden diese Entwicklung auch wesentlich mitgetragen haben. Hierbei lassen sich zwei Höhepunkte, das 14. Jh. und die Zeit von 1470–1525, feststellen. Die große Kreativität ging zunächst von den Zisterziensern, dann von den Bettelorden, den Franziskanern und Dominikanern, und den mit letzteren verbundenen Gottesfreunden in Süddeutschland aus. Im 15. Jh. waren auch die Kartäuser an der Gebetserneuerung beteiligt. Der Devotio Moderna kommt in dieser Bewegung anfänglich nicht so sehr eine schöpferische als vielmehr eine vermittelnde und weiterleitende Rolle zu.

Eine heute in Trier, Stadtbibliothek, aufbewahrte Gebetssammlung (Hs. 1149/451) ist um 1300 im Zisterzienserinnenstift St. Thomas an der Kyll entstanden.[27] Das umfangreiche von ca. 25 verschiedenen Händen geschriebene Andachtsbuch enthält hauptsächlich Gebete in lateinischer Sprache. Fünf der beteiligten Schreiber lassen gelegentlich Texte in moselfränkischer Mundart einfließen. Neben den schon aus karolingischer Zeit bekannten Confessiones, einem »Psalterium de Trinitate«, Gaude-Gebeten etc., erscheint Bl. 214^v ein Ave Maria-Zyklus über das Leben Christi, der als Vorläufer des Rosenkranzgebetes anzusehen ist.[28] Nach einer Hymne mit Responsorien über die Trinität wird der Betende ermahnt, die »beneficia incarnationis« (die Wohltaten der Menschwerdung Christi) zu betrachten. Hierzu verhelfen die 98 kurzen Klauseln, in denen die gesamte Erlösungsgeschichte behandelt wird. Wie im Hildegard-Gebetbuch des 12. Jhs spannt sich der Bogen von der Schöpfung und den alttestamentlichen Heilstaten über die Offenbarung Gottes im Leben Jesu Christi bis zur Perspektive auf die Endzeit. Jede Klausel ergänzt den Namen Jesu am Schluß des Ave Maria-Gebets, das damals nur aus dem Gruß des Engels und der Elisabeth (nach Luk. 1,28 und 42) bestand. Der Anfang lautet: »Ave Maria gratia plena, dominus tecum; benedicta tu in mulieribus et benedictus fructus ventris tui/Jesus/quia nos ad imaginem et similitudinem suam creavit« (Gegrüßt seist du, Maria, voll der Gnaden, der Herr ist mit dir, gesegnet bist du unter den Frauen und gesegnet ist die Frucht deines Leibes/Jesus,/weil er uns nach seinem Bild und Gleichnis geschaffen hat). Diese Gebetsform hat Rainer Scherschel zurecht als das »Jesusgebet des Westens« bezeichnet.[29] Sie nimmt eine alte, im orientalischen Mönchtum verwurzelte Gebetweise wieder auf. Nach dem Wort des Apostels Paulus (1 Thess. 5,17: Betet ohne Unterlaß) praktizierten schon die Wüstenväter das »immerwährende« Gebet durch kurze Wiederholungsformeln, in denen der

---

27) W. Jungandreas, Ein moselfränkisches Zisterzienserinnengebetbuch im Trierer Raum um 1300. In: Archiv f. mittelrheinische Kirchengeschichte 9, 1957, S. 195–213.

28) A. Heinz, Die Zisterzienser und die Anfänge des Rosenkranzes. In: Analecta Cisterciensia 33, 2, 1977, S. 262–309.

29) R. Scherschel, Der Rosenkranz – das Jesusgebet des Westens, Freiburg/Br. – Basel – Wien 1979.

Name Jesu und seine Heilstaten ständig in Erinnerung gerufen wurden. Während in der Römischen Kirche das Rosenkranzgebet sich in der Neuzeit unter Fortfall der Klauseln zu einer Form der Marienverehrung entwickelte, blieben in der russisch-orthodoxen Kirche Praktiken des früh-christlichen Jesus-Gebets erhalten.

Auch das Memento-Gebet, das sich schon im eben erwähnten Trierer Gebetbuch in deutscher Fassung und ebenso in frühen süddeutschen Gebetssammlungen findet, fußt auf orientalisch-irischer Tradition. Der Betende bringt vor Gott, Christus oder Maria das Heilsgeschehen in Erinnerung, um sich der Bedeutung dieser Heilstaten Gottes für seine eigene Person bewußt zu werden. Die christliche Philosophie des Mittelalters lehrte im Anschluß an die neuplatonisch-augustinische Tradition, daß die Vereinigung der Seele mit Gott durch drei Kräfte Erkenntnis, Wille und Memoria (das tiefere Gedächtnis), zustande kommt. Wenn in jedem Menschen durch göttliche Auserwählung die »Idee« des Heilsgeschehens angelegt ist, kann sie durch die ständige Übung der Memento-Gebete wirksam werden. Das Memento-Gebet ist nicht strebend-voluntaristisch, sondern empfangend-aufrufend; der mittelhochdeutsche Ausdruck ist »mahnen«. »Uenseres herren manunge« lautet der Titel einer in bayerischem Dialekt geschriebenen Gebetsübung aus einer Handschrift des 1. Viertels des 14. Jhs (München BSB, Cgm 73, Bl. 25^{v}–37^{v}).

In einem obersächsischen Gebetbuch aus der 2. Hälfte des 14. Jhs steht ein ähnliches Gebet, in dem sich litaneiartige »Ermahnungen«, mit Pater Noster und Ave Maria abwechseln (Nr. 36). In den gleichen Zusammenhang gehört auch noch ein Gebetbuch mit Gebeten allemannischen Ursprungs (Breslau UB, Hs I Q 234). In dem »Gebet der 15 Pater Noster« wird an das Leiden Christi erinnert.

Eine für den modernen Menschen besonders schwer zu verstehende Gebetsübung sind die Salutationes ad membra Christi et Mariae (die Grüße an die Gliedmaßen Christi und Mariae), die nach altchristlichen Vorbildern auch in den irischen Lorica-Gebeten auftauchen und in der spätmittelalterlichen Gebetsliteratur recht häufig Nachahmung fanden. In einem mittelniederländischen Gebet, in dem auch die Ohren, der Mund, das Herz, die Brüste, der Schoß und die Arme Mariä gelobt werden, heißt es: »O Mutter der Barmherzigkeit, ich bitte dich ob deiner gesegneten Augen, mit denen du deinen lieben Sohnen geschaut hast in der Stunde seiner Geburt, als du ihn nackt auf der Erde liegen sahst vor deinen gesegneten Füßen, strahlender als die Sonne, ich bitte dich ob dieses liebevollen Anschauens, daß du mir hilfst in der Stunde meines Todes, daß ich ihn dann mit meinen Augen schauen möge« (Antwerpen, Stadtbibl., Ms. B. 141155). Solche Gebete werden in der Buch- und Tafelmalerei bildlich dargestellt. Gebet wie Bild sollen bewirken, daß der Betende ganz konkret zu einer persönlichen Erfahrung der Gegenwärtigkeit Gottes findet.

Charakteristisch für diese älteren Gebetsübungen sind die eingestreuten Vorschriften für paraliturgische Handlungen wie Kerzenanzünden oder für bestimmte Körperhaltungen während des Gebets; auch wird auf die Notwendigkeit hingewiesen, das Gebet durch Werke praktischer Nächstenliebe zu ergänzen. Graf Dürckheim hat in seinen Schriften des öfteren nachgewiesen, daß auch im japanischen Zen-Buddhismus die Praktiken zur Lebensvertiefung als ein totales Körper und Geist umfassendes exercitium (Übung) aufgefaßt

werden, wobei Körperhaltung und die Wiederholung einfacher aber sinnvoller Handlungen und Worte eine wesentliche Bedeutung haben.[30]
Im Zuge der Reformen, die in vielen Orden vom Ende des 14. Jhs ab durchgeführt werden, beginnt man in den Klöstern Gebet- und Andachtstexte aus der gesamten christlichen Tradition abzuschreiben und zu exzerpieren. Solche Texte werden, eventuell in Übersetzung, zu einem persönlichen Gebetbuch vereinigt. Ein Beispiel für diese Sammel- und Exzerpiertätigkeit bietet eine Berliner Handschrift, die Ende des 14. Jhs für die Notizen des Augustinerklosters in Lippstadt zusammengestellt wurde (Nr. 35). Sie umfaßt, vollständig oder als Auszug, alle gängigen Gebet- und Meditationsbücher des Hochmittelalters. Die Frucht solcher Sammlungen ist z. B. das ein Jahrhundert später in Kölner Mundart für die Laienbrüder und Konversen der Kölner Kartause abgefaßte Gebetbuch (Nr. 90). Von 1460 bis 1462 arbeiteten in der Zisterzienserabtei Altencamp am Niederrhein mehrere Mönche an einem umfassenden lateinischen Gebetbuch, das sie selbst Orationale Magnum nannten (Darmstadt Hs. 521).[31] Die bei einem Brand verlorengegangenen Lagen der Handschrift wurden im Jahre 1478 erneut sorgfältig abgeschrieben. In dem Prolog heißt es: »Vorliegendes Gebetbuch wurde für die tägliche Andachtsübung zusammengestellt. Neben dem für alle Mönche obligaten, kirchlichen Offizium im Chor sollte dieses Buch dazu dienen, daß sich der Einzelne während der verbleibenden Zeit in eifrigem Bemühen sozusagen mit dem Schild des Gebets wappnet. Um die Frömmigkeit zu fördern, sollte man Gebetstexte zur Hand haben, die die Verehrung Gottes und der Heiligen wecken«. Das »Große Gebetbuch« ist nach den Kalenderfesten eingeteilt und enthält auf 291 kleinbeschriebenen Folioseiten ein nahezu vollständiges Arsenal von Gebeten, Hymnen, Andachten und Privatoffizien aus der gesamten mittelalterlichen Überlieferung. Auch die Devotio-Moderna-Bewegung bemühte sich um die Frömmigkeit der älteren, christlichen Tradition. Neben dem Stundenbuch des Geert Grote existiert eine ins Niederländische übersetzte Sammlung privater Gebete älterer Autoren (Den Haag KB, Hs. 76 G 24). Gut durchkomponiert, beginnt es mit Dreifaltigkeits- sowie Morgen- und Abendgebeten, um sich dann ganz auf Christus und Maria zu konzentrieren. In den gleichen Kreisen werden auch neue Gebetbücher verfaßt, z. B. von Thomas von Kempen (Nr. 96).
Schon früher hat in Böhmen Johann von Neumarkt, Kanzler am Prager Hof, und von 1364 bis 1380 Bischof von Olmütz, Gebete ins Deutsche übersetzt und – zum geringeren Teil – auch neu gedichtet.[32] Mittelpunkt des um ihn sich bildenden Kreises frommer Frauen ist die Markgräfin Elisabeth von Mähren, die Enkelin Kaiser Albrechts I. Dieser vornehmen und gebildeten Frau widmet Johann von Neumarkt eine Sammlung deutscher Gebete vom Leiden Christi und Mitleiden Mariä. Auch seine übrigen Gebete wurden zunächst unter den Damen des Prager Hofes verbreitet, fanden dann aber rasch Eingang in die Frauenklöster Süddeutschlands, mit denen der Prager Hofkanzler

30) K. Graf Dürckheim, Hara die Erdmitte des Menschen. 11. Aufl., Bern – München – Wien 1985.

31) G. Achten, L. Eizenhöfer, H. Knaus, Die lateinischen Gebetbuchhandschriften der Hess. Landes- und Hochschulbibl., Darmstadt 1972, S. 47–64.

32) J. Klapper, Schriften Johanns von Neumarkt IV. Gebete des Hofkanzlers und des Prager Kulturkreises. Vom Mittelalter zur Reformation 6. Bd., 4. Tl., Berlin 1935.

auch selbst in Verbindung stand, z. B. mit dem Katharinakloster in Nürnberg. In ähnlicher Weise wie Johann von Neumarkt hat der Kartäuser Adolf von Essen um 1400 für die Herzogin Margarete von Bayern ein »Rosengärtlein Unser Lieben Frau« verfaßt, das von Klinkhammer als der eigentliche Ursprung des Rosenkranzgebetes betrachtet wird.[33] Obwohl sich Helmich die Lewe nur als Schreiber des Gebetbuchs der Herzogin Maria von Geldern (Nr. 45) vorstellt, ist aus der Kenntnis der Schreibertätigkeit in der Devotio Moderna anzunehmen, daß sich seine Aktivität nicht auf das bloße Abschreiben beschränkt hat, vielmehr wird er in selbständiger Arbeit die Texte in einer stark kölnisch gefärbten mittelniederländischen Kunstsprache im Auftrag der Herzogin zusammengestellt haben.
Für den katechetischen Unterricht des Volkes kannte man schon seit Ende des 13. Jhs Merkverse und Reimgebete, die durch ihre leichte Faßlichkeit dem besseren Verständnis der Heilswahrheiten dienten und nun auch in die Gebetbücher aufgenommen wurden. Bis zur Mitte des 15. Jhs entwickelte sich ein Gebetbuchtypus mit lateinischen Gebeten neben Gebeten in der Landessprache in Reimen oder Prosa. Charakteristisch ist z. B. eine Handschrift von 1451, die in Zisterzienserkreisen in Brügge entstanden ist (Köln, Stadtarchiv, Hs. W 8° 91).

Im Laufe des 15. Jhs wandten sich viele Theologen unbefriedigt vom scholastischen Universitätsbetrieb ab, um innerhalb der Orden im Anschluß an die ältere monachale Tradition eine »theologia affectiva«, eine mehr auf das Gebet und die Glaubenserfahrung gerichtete Theologie anzustreben. Allein in die Kartause Gaming treten zwischen 1440 und 1458 zwölf Magistri artium und elf Bakkalare der Universität Wien ein.[34] Gerade in den neugegründeten Kartausen entfaltete sich eine rege literarische Tätigkeit, die dem Austausch geistiger Erfahrungen unter den Klosterbrüdern dienen sollte. Die Schriften erreichten – übersetzt in die Landessprache – die nach geistiger Erneuerung strebenden Laien. So werden u. a. die Werke des Priors der Basler Kartause, Heinrich Arnoldi von Alfeld (1407–1487) unter dem Titel »Orationes et Meditationes« gesammelt (Nr. 40). Der Prior der Kartause zu Lüttich, Jacobus von Gruitrode († 1475), verfaßt in Nachahmung älterer Autoren Dialoge zwischen Christus und dem Sünder, Meditationen über das Leben Jesu und Mariä und eine Coronula laudis Mariae (Nr. 94).

In den spätmittelalterlichen Gebetbüchern werden auch die sogenannten Ablaßgebete gesammelt. Um die literarisch meist unkundigen Laien zum persönlichen Gebet anzuhalten, hat die Kirche schon in karolingischer Zeit kurze, leicht faßliche Gebete mit Ablässen versehen. Dem Gebet wurde eine quasi sakramentale Wirkung aus »dem Schatz der Verdienste Christi und der Heiligen« zuerkannt. Es sind dies Morgen- und Abendgebete, Meßgebete

---

33) K. J. Klinkhammer SJ, Adolf von Essen und seine Werke. (Frankfurter theologische Studien, Bd. 13), Frankfurt a. M. 1972.

34) B. Hamm, Frömmigkeitstheologie am Anfang des 16. Jhs (Beiträge zur historischen Theologie 65), Tübingen 1982, S. 139.

sowie Gebete zu Maria und den Patronheiligen. Um die Wirkung dieser Gebete noch zu verstärken, wurden sie mit einem Andachtsbild verbunden. Solche Votivbilder erfüllten anfänglich die gleiche Funktion wie die Ikonen in Byzanz. Am meisten verbreitet waren die Kreuzigungsszene mit Maria und Johannes (Nr. 2, 43), die Imago pietatis (Christi Leichnam sich aus einem Sarkophag erhebend),[35] die Madonna mit Kind (Nr. 31, 82, 84), Maria im Strahlenkranz (Nr. 38, 45, 52, 99), die Pietà (Nr. 72). Das Andachtsbild wurde im 15. Jh. von der Kirche auch als eine Art »Programmkunst« (Belting) benutzt, um eine umstrittene Lehrmeinung zu bekräftigen. Das Bild der Gregormesse, das im 15. Jh. bis ins erste Drittel des 16. Jhs eine unerhörte Verbreitung findet, bringt die Wandlungs- oder Transsubstantiationslehre in eine klare Formel: die Hostie wird vor dem gemarterten Leib Christi zur Anbetung erhoben; auf manchen Bildern fließt das Blut aus der Seitenwunde Christi in den Kelch (Nr. 66). Durch die Abbildung der Sippe Annas, oder der Anna selbdritt sollte die Lehre von der Unbefleckten Empfängnis Mariä propagiert werden (Nr. 82). Gegen Ende des Mittelalters steigert sich die Zahl der Ablässe manchmal ins Unermeßliche. Zu dem religiösen trat nun ein ökonomischer Zweck, weil nach allgemeiner Auffassung das Gebet nur nach einer geleisteten Geldspende in einem dafür in der Kirche aufgestellten Opferstock wirksam wurde.

Zwischen 1475 und 1525 erlebt die mittelalterliche Gebetsliteratur in den reformierten oder neugegründeten Frauenklöstern eine letzte Blüte. Soweit die Gebetssammlungen erhalten sind, erstaunen immer wieder Quantität und Qualität der Handschriften. Aus dem niederrheinischen Franziskanerinnenkloster Sonsbeck, das Ende des 15. Jhs die Regel der Schwestern vom Gemeinsamen Leben annahm, werden allein in der Landes- und Hochschulbibliothek zu Darmstadt 18 Codices aufbewahrt. Axel Mante und Walter Lipphardt haben schon auf die große Menge neuer Lieder und Gebetstexte in den Weihnachts- und Osterorationalien aus den Zisterzienserinnenklöstern Medingen und Wienhausen hingewiesen (Nr. 103, 104). Auch die Birgittinnen im Mutterkloster Vadstena verfassen im Geiste ihrer Ordensgründerin ein ausführliches Gebetbuch in lateinischer und schwedischer Sprache (Nr. 93). Diese Gebetbücher dienten einem neuen Zweck: den Schwestern (und auch den Laien!) ein Buch in die Hand zu geben, durch das sie ihr eigenes Gebet während des Tages das ganze Jahr hindurch gestalten konnten. Deshalb werden auch längere Zyklen über das Leben und die Passion Jesu verfaßt oder die Gebete werden nach den Hochfesten des Kirchenjahres gegliedert. Die Sprache war anfänglich noch Latein, aber ein Großteil der Gebete sind Neuschöpfungen in der Landessprache – die, weil sie noch kaum verzeichnet sind, in jeder Literaturgeschichte fehlen. Man kann geradezu von einem Wiederaufblühen der Frauenmystik am Ende des Mittelalters sprechen. Als Verfasser der Texte wird man sich zwar Lesemeister, Beichtväter oder Pröbste der Klöster denken müssen, zweifelsohne waren aber auch die Schwestern selbst an der Abfassung der Gebetbücher beteiligt. Die Zusammenarbeit von Theologen mit religiösen Frauen hat seit dem Hochmittelalter immer wieder

[35]) H. Belting, Das Bild und sein Publikum im Mittelalter, Berlin 1981.

Werke von großer literarischer Qualität und mystischer Tiefe hervorgebracht. Die Abschrift der Codices wie auch die Illuminierung wurde von den Klosterschwestern selbst vorgenommen. Sie entwickelten hierbei neue ikonographische Themen (vgl. Nr. 93, 95, 101, 103, 104).
In einem einzigen Fall ist eine solche Gebetssammlung und ihr Verfasser durch eine moderne textkritische Edition gewürdigt worden. Es handelt sich um das Gebet- und Andachtsbuch in französischer Sprache, das der Franziskanerguardian Jean Vitrier (1456– um 1515) für die Klarissen von Saint-Omer verfaßt hat (St. Omer, Bibl. Municipale, Ms. 300).[36] Am Anfang der Sammlung schreibt er, daß es in der Religion die schwerste Übung und Arbeit (»excercite et labeur«) erfordert, zu einem Gebet mit reinem Herzen (»de ceur net«) zu gelangen. Seine Gebetsquellen sind eine auf das wesentliche beschränkte Liturgie und die Bibel. In seinen Predigten kritisierte er die päpstlichen Ablaßpraktiken und den übertriebenen Heiligenkult. Er prangerte das dumme (»sotte«) Vertrauen von Leuten an, »die meinen, daß sie von ihren Sünden geheilt werden, wenn sie in einen Opferstock Geld werfen«. Dies trug ihm Schwierigkeiten mit der Inquisition ein. Sein Freund Erasmus von Rotterdamm aber meint in einem Brief, »daß Paulus ihn als seinen Weggefährten erwählt hätte«.

Neben den Klöstern der Drittorden werden auch Laienbruderschaften mit dem Ziel der Vertiefung der Frömmigkeit gegründet. Fünf Jahre nach ihrer Gründung in Douai führte der Dominikanerpater Jakob Sprenger die Rosenkranz-Bruderschaft in Köln ein. Im Jahre 1481 hatte sie im ganzen Abendland ca. 100.000 Mitglieder. Das Rosenkranzgebet, das auf eine ältere Gebetspraxis zurückgeht, erhält in der Rosenkranz-Bruderschaft eine einfache, festgefügte und für die Leseunkundigen brauchbare Form. 150 Ave Maria werden in Verbindung mit den Klauseln über Kindheit, Leiden, Tod und Auferstehung Jesu, unterbrochen von 10 Vaterunsern, mit Hilfe einer Gebetsschnur gebetet (Nr. 108). Das Schema des Rosenkranzes findet auch in den Gebetbüchern Eingang und ist neben den Tagzeiten eine weitere Technik der Vertiefung der religiösen Andacht. Neben dem Leben-Jesu-Rosenkranz werden besonders in den Kölner Handschriften noch das ganze 16. Jh. hindurch Gebete für die Hochfeste des Kirchenjahres in Rosenkranzform verbreitet.

Am Oberrhein begann man Gebetbücher zu drucken. Bei Johann Grüninger in Straßburg erschien 1484 das von Nicolaus Salicetus verfaßte Gebetbuch »Antidotarius animae« (Nr. 109). Ebenfalls in Straßburg entstand, ungefähr 10 Jahre später, in den Laienkreisen der Gottesfreunde der »Bestseller« der Gebetbuchliteratur in Deutschland, der »Hortulus animae« (Nr. 111; vgl. auch Nr. 112) oder Seelengärtlein, wie die bald erscheinenden deutschen Übersetzungen hießen – eine Zusammenstellung aus den wichtigsten Teilen des Stundenbuches, daneben Beicht-, Kommunion- und Meßgebete, viele Heiligengebete sowie Gebete für alle Gelegenheiten des Tages. Der große Erfolg dieser gedruckten Gebetbücher barg andererseits die Gefahr der Einseitigkeit und

---

36) A. Godin, L'Homéliaire de Jean Vitrier. (Travaux d'Humanisme et Renaissance. 116), Genf 1971.

Verarmung der Gebetskultur in sich. Es ist bezeichnend, daß Martin Luther in seinem Vorwort zum »Betbüchlein« (Nr. 114) mit der namentlichen Aufführung der beiden Drucke »Hortulus animae« und »Paradisus animae« die gesamte Gebetbuchliteratur seiner Zeit zu treffen sucht. Luther wendet sich gegen die Unzahl der Gebete, das »Sünden zählen« und die mit »Zusagungen« verbundenen Ablässe. Seiner Ansicht nach sind die jedem Christen geläufigen zehn Gebote, das Vaterunser und die Glaubensartikel ausreichend für das Gebet zu Gott, denn in ihnen ist »alles was einem Christen not zu wissen gründlich und überflüssig begriffen und mit solcher Kürze und Leichte verfasset, das niemand klagen noch sich entschuldigen kann, es sei zu viel oder zu schwer zu halten, was immer not ist zur Seligkeit«. Luthers Betbüchlein ist in seiner ursprünglichen Fassung eine Anleitung zum persönlichen Gebet. Später haben Luther und andere Reformatoren auf die Tradition zurückgegriffen, bzw. Gebete neu verfaßt, weil auch in protestantischen Kreisen der Wunsch nach vorformulierten Texten bestand. Ein Ausdruck dieser Strömung ist die Aufnahme ausgewählter und neu übersetzter Psalmen in das Betbüchlein. Die Kirchenlieder, die von Luther nach alten Vorbildern übernommen oder umgedichtet wurden, sollten dem Gebet eine lebendige, sowohl für den Gottesdienst als für die private Andacht gültige Form geben.
Während die ersten Drucke von Luthers Betbüchlein erschienen, schrieb Ignatius von Loyola 1522/23 in der nordspanischen Stadt Manresa die Erfahrungen seiner geistigen Umkehr nieder. Sie bilden den Grundstock seiner geistlichen Übungen (Exercitia spiritualia). Der Zweck der Niederschrift war ebenfalls ein apostolischer: dem Mitmenschen zu helfen, unter den vielen Dingen und Möglichkeiten seines Lebens »allein die zu verlangen und auszuwählen, die ihn eher zu dem Ziel führen, für das er geschaffen ist«. Gebetsinhalt und -praxis der Exerzitien schließen an die Tradition der Zisterzienser und Kartäuser an. Im Zentrum steht die Betrachtung der Evangelien, die zur Nachfolge Christi führen soll. Neu ist aber, daß der Mensch sich im Gebet zu einer Wahl durchringt. Die Geistesströmungen der Zeit stürmen von allen Seiten auf ihn ein und stören den von Stunde zu Stunde geregelten Tagesablauf des christlichen Lebens. Die neue Zeit drängt auf persönliche Entscheidung.[37]

Der Gedanke, diesen Aspekt abendländischer Geistesgeschichte an dem Bestand der Berliner Handschriften und Frühdrucke zu dokumentieren, ist aus einem Gespräch mit dem Leiter der Handschriftenabteilung, Dr. Tilo Brandis, entstanden. Der Katholikentag in Berlin 1980 war der Anlaß, diese Idee in die Tat umzusetzen. Die Wiederholung dieser Ausstellung im Wissenschaftszentrum zu Bonn-Bad Godesberg ermöglichte eine gründliche Neubearbeitung des Kataloges. Dreizehn Objekte konnten zusätzlich aufgenommen werden.[38] Die Literaturangaben zu jeder Beschreibung bestehen meist

37) Über die weitere Entwicklung des christlichen Gebets in der Neuzeit, s. A. Schrott SJ, Das Gebetbuch in der Zeit der katholischen Restauration. In: Zeitschr. f. Kathol. Theologie 61, 1937, S. 1–28; 211–257; F. Schulz, Gebetbücher III: Reformations- und Neuzeit. In: Theologische Realenzyklopädie 12, S. 109–119.

38) Es sind dies die Nrn 40. 47. 58. 59. 70. 78. 79. 91. 103. 106. 107. 112. 114; drei Nrn des 1. Druckes wurden ausgelassen: 87. 102. 105.

aus zwei Teilen: zuerst werden Werke angeführt, die das ausgestellte Stück nennen; unter »Lit.« folgt weitere Literatur zum Thema. Für die Unterstützung bei der Vorbereitung der Ausstellung und der Drucklegung des Kataloges möchte ich Herrn Brandis danken. Herrn Prof. Dr. Alexander Dückers und Herrn Prof. Dr. Bernd Evers danke ich, daß sie wertvolle Handschriften aus den Beständen des Kupferstichkabinetts und der Kunstbibliothek als Leihgaben zur Verfügung gestellt haben. Besonderen Dank bin ich Frau Dr. Eva Bliembach schuldig, die die Bearbeitung der Drucke vorgenommen und bei den sonstigen Ermittlungen und Nachforschungen wie auch an der Organisation der Ausstellung maßgeblich mitgearbeitet hat. Herr Bodo Brinkmann, Berlin, hat die französischen und flämischen Stundenbücher des 15. Jhs kunsthistorisch eingeordnet und beschrieben; Herr Dr. Andreas Fingernagel lieferte für die karolingischen und romanischen Handschriften wertvolle Hinweise. Auch Frau Paula Väth verdanke ich wertvolle Anregungen für die kunsthistorische Beschreibung einiger Stundenbücher (besonders zu Nr. 82). Frau Eva Ziesche hat durch die Erforschung der Wasserzeichen mehrere Handschriften genauer datiert und wichtige Hinweise bei der Durchsicht des Kataloges gegeben. Frau Christa Briem danke ich für die sorgfältige Herstellung des Manuskriptes. Den Mitarbeitern der Druckerei Hellmich zu Berlin, Herrn Wolfgang Zoar und Herrn Henri Pienkoß gilt mein besonderer Dank. In diesen Katalog sind viele Gedanken und Anregungen eingeflossen, die ich im Gespräch mit meiner Frau und meinen Freunden erhalten habe. Große Anregung erhielt ich auch durch die Tagungen über Ordensgeschichte und -spiritualität, die Prof. Dr. Kaspar Elm, Berlin, und Dr. James Hogg, Salzburg, veranstalteten.

Gerard Achten

1

Kanonessammlung

Corbie, Anfang des 9. Jhs · Pergament,
264 Bl., 37,5 x 26,5 cm
Staatsbibliothek, Ms. Ham. 132

In einer kirchenrechtlichen Sammlung von Konzilsbeschlüssen erscheint Bl. 248v–251v ein Traktat, der die adoptianistische Lehre, wonach Christus nur als Mensch von Gott-Vater als Sohn adoptiert wurde, bekämpft. Die Wesensgleichheit von Gott-Vater und Sohn wird durch diese Streitigkeiten in der theologischen Lehre der Karolingerzeit stark betont und beeinflußt auch die Frömmigkeit der Zeit. Deshalb beginnt der Traktat auch mit einem spanischen Vorbildern nachempfundenen Dreifaltigkeitsgebet, das durch die Federzeichnung des Anfangsbuchstabens noch hervorgehoben wird. Das Gebet kommt in verschiedenen Varianten in mehreren karolingischen Gebetbüchern vor. Im nachfolgenden Text wird Karl der Große schon als Imperator tituliert; der Traktat dürfte also kurz nach 800 im Umkreis Karls des Großen, möglicherweise von Alkuin selbst, verfaßt sein.

Boese S. 72–75 · Zimelien Nr. 17 · R. Constantinescu, Alcuin el les »Libelli precum«, in: Rev. Hist. Spir. 50, 1974, S. 24, Anm. 21 · K. Bierbauer, Die Ornamentik frühkarolingischer Handschriften aus Bayern, München 1979, S. 70, Anm. 238.

2

Psalter Ludwigs des Deutschen

St. Omer (Nordfrankreich), 2. Drittel des 9. Jhs. ·
Pergament, 120 Bl., 29,5 x 24,5 cm
Staatsbibliothek, Ms. theol. lat. fol. 58
Tafel 1 (s. Seite 46)

Der Psalter ist als Privatgebet für den König des Ostfränkischen Reiches und Enkel Karls des Großen, Ludwig den Deutschen (843–876) angefertigt worden, wie aus einer Widmung auf der ersten Seite der Handschrift hervorgeht. Jeder Psalm wird von einer grüngoldenen Initiale im irisch-angelsächsischen Stil eingeleitet, jedes Blatt umgibt ein ornamental gestalteter Zierrahmen. Auf Psalter und Cantica folgt in gleicher Ausstattung und von derselben Hand eine Gebetssammlung. Die Heiligen der Litanei deuten auf eine Entstehung in dem westfränkischen Benediktinerkloster St. Bertin in St. Omer. Auf den ursprünglich leeren Seiten 119–120 ist ein Gebet zum gekreuzigten Christus mit einem dazugehörigen Andachtsbild nachgetragen worden. Ein Andachtsbild mit gleichem Motiv und in fast identischer Komposition und Farbgebung, jedoch weniger qualitätvoll, erscheint in der Evangelienharmonie des Otfried von Weißenburg (Wien ÖNB, Cod. 2687, Bl. 153v), die ebenfalls im Elsaß entstanden und König Ludwig dem Deutschen gewidmet ist. Das stark mit Symbolik durchsetzte Andachtsbild zeigt einen Mann von königlicher Statur in anbetender Haltung (Proskynese) auf einem durchbrochenen Gebetsschemel (oder Gebäude als Symbol für die weltliche Macht?). Er umklammert ein Kruzifix in der grünen Symbolfarbe des von Christus neu geschenkten Lebens. Das Kreuz ist als karolingisches Reliquien- oder Prozessionssteckkreuz, jedoch ungewöhnlicherweise mit getrepptem Sockel, gearbeitet. Dieser Sockel ist entweder die Nachbildung eines plastischen Kreuzfußes oder Symbol des Golgothahügels bzw. der vier Paradiesflüsse. Einen ähnlich gebildeten Kreuzfuß zeigt der romanische Bildstein in der Pfarrkirche Ernstkirchen (Schöllkrippen, Spessart). Der Gekreuzigte ist nach romanischer Art als jugendlicher Held gestaltet, d. h. gerade, aufrecht und ohne Nimbus. Das aus den vier Nagelwunden strömende Blut ist als Hinweis auf die sakramentale Bedeutung des Erlösertodes zu werten. Um das Kreuz stehen Maria und Johannes in expressiv trauernder Haltung, die durch den Klagegestus der stark vergrößerten Hände hervorgehoben ist. Oben im Bild erscheinen die personifizierten Halbfiguren von Sonne und Mond als Hinweis auf die Endzeit – hier zusätzlich mit dem Füllhorn, dem Symbol der Gnade und des Überflusses ausgestattet; denn am Tage des Jüngsten Gerichts werden nach der Weissagung Christi Sonne und Mond ihren Schein verlieren, der Gekreuzigte aber wird alle und alles mit seinem Gnadenlicht erfüllen. Inhalt des Gebetes und Haltung des Betenden auf dem nebenstehenden Andachtsbild zeigen Verwandtschaft mit der irischen Tradition: der

Tafel 1 Die Anbetung des Kreuzes (Kat. Nr. 2)

asketischen Übung der »Crossfigell« (Kreuzvigil) und dem Lorica-Gebet: »Redemptor mundi et inluminator venientium in hunc mundum, recrea in me creaturam tuam, pro qua pretiosissimum sanguinis tui pretium tradidisti in crucis pendens patibulo. Lignum crucis tuae fiat mihi, famulo tuo, lorica fortis in corpore, sit totum medicamen in corde et sit galea salutaris in capite, sit mihi scutum et arma invictissima contra omnes visibilium et invisibilium inimicorum insidias. Hoc signum insigne, domine Jesu Christe, sit refugium meum in proeliis, sit fortitudo mea temporibus pacis ...« (Erlöser der Welt und Erleuchter aller, die zur Welt kommen ... erquicke in mir deine Schöpfung, für welche du den kostbaren Preis deines Blutes gespendet hast am Pfahl des Kreuzes hängend. Das Holz deines Kreuzes sei mir, deinem Knecht, auf dem Leib ein starker Panzer, im Herzen ein umfassendes Heilmittel, auf dem Kopf ein rettender Helm, es sei mir Schild und unbezwingbare Waffe gegen alle Nachstellungen sichtbarer und unsichtbarer Feinde. Dies ausgezeichnete Zeichen, mein Herr Jesus Christus, sei meine Zuflucht in Schlachten, meine Wehr im Frieden ...). Das Gebet erscheint auch in einem Psalter des 11. Jhs, der sich heute in der Biblioteca Nazionale in Rom befindet (Farfensis 4, 56ᵛ).

Rose Nr. 250 · H. J. Hermann, Die frühmittelalterlichen Handschriften des Abendlandes, Leipzig 1923, S. 126–131 (Die illuminierten Handschriften und Inkunabeln der Nationalbibl. in Wien, Bd. 8, 1) · Zimelien Nr. 23 · R. Constantinescu, Alcuin et les Libelli precum. In: Rev. Hist. Spir. 50, 1974 S. 20, Anm. 12 · Kostbare Hss. und Drucke Nr. 3 · R. Kahsnitz, Der Werdener Psalter in Berlin, Düsseldorf 1979, S. 273 · F. O. Büttner, Imitatio pietatis, Berlin 1983, S. 208 · W. Fitzgerald, Ocelli nominum: names and shelf marks of famous familiar manuscripts. 1. In: Mediaeval Studies 45, 1983, S. 254b · O. Pächt, Buchmalerei des Mittelalters, München 1984, S. 72. – Lit.: A. Wilmart, Prières médiévales pour l'adoration de la croix. In.: Ephemerides liturgicae 46 (N. S. 6), 1932, S. 31–33 · H. Hoffmann, Buchkunst und Königtum im ottonischen und frühsalischen Reich, Stuttgart 1986, S. 8, Anm. 7.

3

Gebetbuch Karls des Kahlen

Trier, St. Maximin, 1. Hälfte des 10. Jhs · Pergament, 141 Bl., 30 x 23 cm
Staatsbibliothek, Ms. lat. fol. 759

Der erste Teil dieses Codex Bl. 1–48 umfaßt eine Sammlung theologischer Schriften, darunter auch Bl. 25ʳ–27ᵛ Gebetstexte, die den Titel tragen: »Gebetbuch, das Karl, gleichnamiger(!) Sohn des Kaisers Ludwig, für sich hat sammeln und in handlichen Format abschreiben lassen«. Der Trierer Codex ist eine Abschrift des Gebetbuches Karls des Kahlen, das 858 entstanden ist und heute in der Münchener Schatzkammer aufbewahrt wird. Die Abschrift ist unvollständig; ca. zwei Drittel der Gebete des Münchener Originals fehlen. Das Gebetbuch enthält die typischen Merkmale einer karolingischen Gebetssammlung: eine Zusammenstellung von Psalmenversen für spezielle, persönliche Anliegen, die Allerheiligenlitanei, Meß- und Kommuniongebete und die Confessiones – eine Gebetsform, die sowohl Sündenbekenntnis als auch Anerkennung der Majestät Gottes bedeutet. Typisch hierfür ist das Gebet Bl. 25ᵛ, das angeblich Alkuin für Karl den Großen geschrieben hat und das fast in keiner karolingischen Gebetssammlung fehlt: »Deus inestimabilis misericordiae, deus immensae pietatis, deus conditor et reparator humani generis, qui confitentium tibi corda purificas ...«. (O Gott von unschätzbarer Barmherzigkeit, O Gott von unendliche Liebe, Schöpfer und Erhalter des Menschengeschlechts, der du die Herzen der Gläubigen läuterst ...). Der Codex ist in karolingischer Minuskel (Fuldaer Schrift) geschrieben.

F. Schillmann S. 109 · H. Hoffmann, Buchkunst und Königtum im ottonischen und frühsalischen Reich. Textband, Stuttgart 1986, S. 142 (Schriften der Mon. Germ. Hist. Bd. 30,1). – Lit.: Druck: Felicianus, Ingoldstadt 1583 · W. Meyer, Über das Gebetbuch Karls des Kahlen in München. In: Sitzungsberichte der phil.-hist. Kl. der bayer. Akademie 1883, S. 424–436.

4

Evangeliar aus Prüm

Tours, um 850 · Pergament, 234 Bl.,
29,5 x 23,5 cm
Staatsbibliothek, Ms. theol. lat. fol 733
Tafel 2 (s. Seite 49)

Die Darstellung der Majestas Domini (Bl. 17ᵛ) ist, wie öfter in der karolingischen Buchmalerei, dem Bibeltext vorangestellt, um dem Gläubigen in einem Andachtsbild den Inbegriff des Evangeliums und die eindrucksvolle bildliche Formulierung des Dogmas der Wesensgleichheit von Gott-Vater und Sohn zu geben. Auch in diesem Bild zeigt sich wieder das Zusammenfließen der verschiedenen biblischen Visionen (Daniel 7, Hesekiel 1, Apok. 4) und ihre selbständige Verarbeitung durch den Künstler. Der jugendliche, bartlose Christus in weiß-blauer römischer Kaisertoga, die mit goldenen Faltenlinien und roten Flammenstrahlen die von Christus ausgehende Lichtfülle und Dynamik wiedergibt, erscheint in seiner ewigen, göttlichen Existenz auf dem Weltall thronend in einer blauen Wolken-Sternen-Mandorla (vgl. Hesekiel 1,26). Die Füße, nach byzantinischem Vorbild mit Sandalen bekleidet, stützt er auf die Erdscheibe. Nur der goldene Kreuznimbus erinnert an seine menschliche Existenz. In der rechten zum Sprech- und Segensgestus erhobenen Hand hält Christus eine kleine goldene Scheibe, Symbol für die zukünftige Welt der Verheißung. Die Linke stützt er auf das aufgeschlagene Neue Testament, auf das sich die vier mit den Evangelistensymbolen gleichgesetzten Wesen (vgl. Apok. 4,7) beziehen, die, aus dem Wolkenmeer tauchend, jedes ein geschlossenes Buch halten und damit die Einheit des Evangeliums demonstrieren. Die Majestas Domini und die vier ebenfalls in dieser Handschrift enthaltenen Evangelistenbilder sind, ebenso wie die Handschrift selbst, ungefähr zur gleichen Zeit im Skriptorium von Tours entstanden und gehören zu den besten Erzeugnissen dieser Schreibschule.

Zimelien Nr. 24 · H. L. Kessler, The illustrated Bibles from Tours, Princeton 1977, S. 153.

5

Evangeliar aus St. Maximin in Trier

Trier, 9. Jh. und 1. Viertel des 11. Jhs · Pergament, 180 Bl., 29 x 18 cm
Staatsbibliothek, Ms. theol. lat. fol. 283

Die Majestas-Domini-Darstellung (Bl. 11ʳ), der Eingangsvision der Apokalypse (1, 12–20) nachempfunden, steht als Titelbild den vier Evangelien voran, Quelle und Ziel des Neuen Testaments gleichsam in einem Bild begreifend. Christus als körperliche Inkarnation Gottes, das jugendliche, bärtige Haupt vom Kreuznimbus umgeben, thront im Himmelsbogen. Seine Füße stützen sich auf die Erdscheibe, in der Johannes, der Apostel, in visionärer Entrückung sitzt. Auf dem linken Knie hält Christus das geschlossene Buch, dessen Verzierung – Kreuz und vier Steine – die Einheit des von ihm ausgehenden Evangeliums symbolisiert. Das Buch ist eine dem Evangeliar sinnentsprechende Abwandlung gegenüber dem Text der Apokalypse (1, 10), wo Christus sieben Sterne als Symbole der Schutzengel der sieben kleinasiatischen Christengemeinden in der Hand hält. Die Christuserscheinung wird von sieben Leuchtern flankiert, deren Flammen den strengen Rahmen des Bildes nach oben sprengen. Die Leuchter sind hier nicht so sehr Symbole der sieben kleinasiatischen Christengemeinden, wie im Text der Apokalypse, als vielmehr Zeichen der Allmacht Christi, dessen Lichtgestalt selbst die hellen Flammen der Kerzen dunkel erscheinen läßt. Die Darstellung ist in zarten graublauen und rosa Farbtönen gehalten, die die Luft und das Feuer, die Ursubstanzen der Schöpfung, versinnbildlichen sollen. Die Miniatur wurde zusammen mit vier Apostelbildern im 1. Viertel des 11. Jhs., als das Bedürfnis nach bildlicher Erklärung der Texte zunahm, dem schon im 9. Jh. im mittelrheinischen Raum (Mainz?) geschriebenen Evangeliar beigegeben. Die fünf Miniaturen sind unter Beimengung karolingischer Elemente nach Vorbildern des Trierer Gregor-Meisters (10. Jh.) komponiert, doch verraten sie den leicht vergröbernden Einfluß der stilistischen Entwicklung im 11. Jh. Sie dürften wohl im Kloster St. Maximin, Trier, wo sich die Handschrift bis zum Ende des 16. Jhs befand, entstanden sein.

Rose Nr. 262 · Zimelien Nr. 28 · Ornamenta Ecclesiae. Kunst und Künstler in der Romanik. Ausstellungskat. Bd. 1, Köln 1985, 1, Nr. 35.

Tafel 2 Majestas Domini (Kat. Nr. 4)

Tafel 3 Maria mit Kind als Pantokrator (Kat. Nr. 20)

6

Gebet um innere Umkehr

Frankreich (?), 1. Hälfte des 11. Jhs · Pergament, 2 Bl., 24,5 x 23,5 cm
Staatsbibliothek, Ms. theol. lat. qu. 230

Im Jahre 1875 übernahm die Staatsbibliothek Fragmente alter Handschriften, die in preußischen Archiven meist als Umschläge für Archivalien benutzt worden waren; darunter auch dieses Fragment einer wohl französischen Handschrift des frühen 11. Jhs. Es enthält ein sonst unbekanntes Gebet, inhaltlich und stilistisch den Gebeten gleichend, die Johannes von Fécamp nach Art der karolingischen Confessiones verfaßte. In Erwartung des Jüngsten Gerichts, in für modernes Gefühl ungewöhnlich überschwenglicher Sprache, aber nicht ohne literarische Kraft, fleht der Betende um Erlösung von seiner Sündhaftigkeit und um innere Umkehr. Seinem Sündenkatalog stellt er die Tugenden gegenüber, die er nur mit Gottes Hilfe erreichen kann, vor allem Güte (benignitas), Demut (humilitas), Enthaltsamkeit (continentia). Diese Aufzählungen vieler Tugenden und Laster soll die Sensibilität des Betenden für das Gute und Böse wekken.

Achten S. 152–153.

7

Widmungsbild aus einem Messordo

Bamberg, um 1030 · Pergament, 14 x 9,5 cm
Staatsbibliothek, Ms. theol. lat. qu. 3, Fragment

Die Miniatur zeigt, laut Umschrift, den Mindener Bischof Sigebert (1022–1036) im Meßgewand, umgeben von zwei Geistlichen. Das Widmungsbild kam samt einem Einbanddeckel aus Elfenbein (mit gleicher Darstellung) mit anderen kostbaren Handschriften nach dem Westfälischen Frieden auf Anweisung des Großen Kurfürsten aus dem Mindener Domarchiv nach Berlin. Beide waren schon früher aus einem Meßordo – ein Buch, das die für den Bischof bestimmten Meßgebete enthält – gelöst. Diese Handschrift, die in der Herzog-August-Bibliothek in Wolfenbüttel aufbewahrt wird (Helmst. 1151) kam im 16. Jh. in den Besitz des Reformators und Historikers Matthias Flacius Illyricus. Flacius ließ die Handschrift drucken, weil er hier Gebete der von Rom unverfälschten alten Liturgie wiederentdeckt zu haben glaubte. Tatsächlich bietet der Meßordo neben der römischen Liturgie nach fränkischer Art viele Privatgebete, Apologien genannt, die der Zelebrant während der Liturgiefeier leise für sich beten sollte. Sie gleichen nach Form und Inhalt den Confessiones der karolingischen Gebetbücher. – Das Widmungsbild ließ Bischof Sigebert nach Vorbildern der Reichenauer und der St. Gallener Schule ebenso wie das Elfenbein in Bamberg anfertigen (R. Meyer). Die Miniatur zeigt in zarten Pastellfarben den Bischof mit seinem Meßbuch während der Epistellesung. An seiner rechten Seite hält der Diakon das goldene Evangelienbuch zur Segnung bereit. Das Buch in den Händen des Subdiakons links ist ein Epistolar. Die drei Bücher dürften für die Handschriften stehen, die Bischof Sigebert dem Mindener Dom stiftete. Die Gruppe wird im Hintergrund durch einen Purpurvorhang räumlich abgeschlossen. Auf der Randleiste die Inschrift: Nomine sacra tuo Sigeberte dicatur imago, quae suffulta suo presidet officio (In deinem Namen, Sigebert, sei das heilige Bild geweiht, das erhoben seinem Amte vorstehe). Haltung und Aufstellung der Figuren, die Farbgebung und die Goldlinien der Gewänder bringen die Feierlichkeit des liturgischen Gebetes zum Ausdruck. Ikonographisch vergleichbar sind die Widmungsbilder deutscher Kaiser, z. B. Ottos III., in seinem Evangeliar (München BSB, Clm 4453) oder die Eingangsminiatur des Codex Egberti, die den Trierer Erzbischof Egbert mit den Schreibermönchen Heribert und Geralt zeigt (Trier StB., Ms. 24).

Zimelien Nr. 41 · A. Jungmann, Missarum Sollemnia, Bd. 1, Wien, Freiburg, Basel 1962, S. 104 · H. Butzmann, Die Missa Illyrica und Adoratio Crucis von Minden, in: Wolfenbütteler Beiträge 3, 1978, S. 35–42 · Kostbare Handschriften und Drucke, Nr. 8 · Ornamenta Ecclesiae. Kunst und Künstler der Romanik. Ausstellungs-Katalog Bd. 1, Köln 1985, S. 155–156.

8

Hymnar

Minden, zwischen 1022 und 1036 · Pergament, 101 Bl., 18 x 13 cm
Staatsbibliothek, Ms. theol. lat. oct. 1

Die Hymnensammlung beginnt mit dem üblichen Prolog des Isidor von Sevilla († 636), der Sinn und Ziel der mittelalterlichen Hymnendichtung zusammenfaßt: »Fest steht, daß zuerst David, später dann die Propheten Hymnen gedichtet und gesungen haben. Aber Christus selbst und die Apostel haben uns beherzigenswerte Lehren über die Hymnen erteilt, um die Seelen zum frommen Eifer nach göttlicher Liebe zu entflammen.« Die Handschrift stammt aus dem Domarchiv in Minden, wo unter Bischof Sigebert (1022–1036) für kurze Zeit die Buchmalerei blühte. Die Titelseite ist mit größeren Goldrankeninitialen auf blauem Grund verziert. Bl. 3^{*v} erscheint der Titel der Sammlung: »Im Namen des Herrn. Hier beginnen die Hymnen, die man an den Festtagen während des ganzen Jahres singen soll«. Bl. 1^r beginnt die Hymne für die Sonntagsnokturnen: »Am ersten aller Tage, an dem die Welt geschaffen und der Schöpfer, auferstanden, uns befreit vom Tod, den er besiegt...«. Dem Einband des 19. Jhs ist eine Elfenbeinskulptur eines Hymnendichters (11. Jh.) eingefügt, die wohl dem ursprünglichen Einband, zu dem noch weitere Elfenbeinarbeiten und silberne Beschläge gehört haben sollen, zuzuordnen ist.

Rose Nr. 692 · Zimelien Nr. 42 · H. Hoffmann, Buchkunst und Königtum im ottonischen und frühsalischen Reich. Textband, Stuttgart 1986, S. 376.

9

Psalterium

Süddeutschland, um 1150 · Pergament, 129 Bl., 14 x 10 cm
Staatsbibliothek, Ms. theol. lat. qu. 102

Da der Psalter nach mittelalterlicher Auffassung eine Prophezeiung des Messias war, gab man ihm häufig ganzseitige Andachtsbilder aus dem Leben Christi bei. In dieser Handschrift sind vier naiv anmutende, aber aussagekräftige Miniaturen vor dem Textteil eingeheftet: Verkündigung, Geburt, Kreuzigung, Majestas Domini. Aufgeschlagen ist das Doppelblatt (Bl. $1^v/2^r$) mit Beginn und Ende des irdischen Daseins Christi: Geburt und Kreuzigung. Die Geburtszene links zeigt in der aktiven Gestaltung der Rolle Josephs deutlich byzantinischen Einfluß. Joseph sitzt wach als Prophet und Heiliger am Wochenbett Marias und deutet auf das Jesus-Kind, das unperspektivisch, wie ausgeklappt, als Mensch gewordener Gott über ihren Köpfen liegt und, gewärmt von den Tieren des Stalles, seine Mutter anschaut, die betend ihre Hände erhebt. Diese Auffassung Josephs ist vom Matthäusevangelium (1, 18–24) inspiriert, während im westeuropäischen Kulturbereich nach dem Evangelium des Lukas meist Maria die Hauptrolle zugewiesen wird und Joseph als Unbeteiligter an der Zeugung des Kindes schlafend dargestellt ist. Den Raum in der linken Ecke füllt fast schon in spätmittelalterlich-bürgerlicher Manier das Zubehör des Wochenbettes: Wasserkrug und Badezuber. Auf dem rechten Bild neigt Christus am Kreuz sterbend sein Haupt. Sonne und Mond werden zum Zeichen der Trauer der Schöpfung von Wolken verhüllt (vgl. Luk. 23, 45; 21, 25). Unter dem Kreuz steht links Maria in starrer königlicher Trauer, rechts, das Haupt mit Trauergestus stützend, der Apostel Johannes. Nach Stil und Gestaltung der Miniaturen, besonders der Geburt, ist anzunehmen, daß der Psalter im süddeutschen Raum, im Einflußgebiet der sogenannten Salzburger Malerschule, entstanden ist (vgl. z. B. München BSB, Clm 8771).

Rose Nr. 252 · M. J. Husung, Bucheinbände aus der Preuß. Staatsbibliothek zu Berlin, Leipzig 1925, S. 9 · H. Hornung, Daniel Sudermann als Handschriftensammler. Phil.-Diss., Tübingen 1956, S. 193.

10

Psalter mit Orationen

Mittelitalien (Farfa?), Mitte 12. Jh. · Pergament, 136 Bl., 27,5 x 18,5 cm
Kupferstichkabinett, 78 A 5

Die Handschrift bietet ein hervorragendes Beispiel, wie der Psalter im 12. Jh. für das Studium, das für die Mönche immer zugleich Vorbereitung zum Gebet ist, benutzt wird. Den einzelnen Psalmen sind die in der Vulgata üblichen Überschriften beigefügt. Die über 180 lavierten Federzeichnungen geben dagegen in Motiven des Alten und Neuen Testaments und roten Beischriften die typologische Deutung des Psalms auf Christus wieder. Die Zeichnungen dienen in ihrer knappen, komprimierten Darstellung als Bildkommentar; ihre sehr unterschiedliche Qualität, hervorragende Linienführung neben ungeübten Händen, zeigt das eindeutig auf den Inhalt gerichtete Interesse der Benutzer. Vergleichbar im Stil wie in der unterschiedlichen Ausführung ist der nach katalanischen Vorbildern in der Benediktinerabtei Farfa entstandene Apokalypsekommentar des Beatus von Liébana (Staatsbibliothek, Ms. theol. lat. fol. 561). Ganz im Sinne der christologischen Deutung sind den Psalmen noch Gebete hinzugefügt, die den Psalm im Hinblick auf das Heilswirken Christi zu Ende führen. Diese Kollekten gehen auf eine ältere monachale Tradition zurück, die nach jedem im Chorgebet gesungenen Psalm einen Moment der Stille vorschrieb für ein persönliches Gebet, das dann in ein spontanes (bald jedoch schon normiertes) Gebet (Kollekte) ausklingen sollte. Die Kollekten, hier die sogenannten römischen, sind in mittelalterlichen Handschriften eher selten überliefert. – Aufgeschlagen Bl. 65ᵛ/66ʳ: zu Ps. 75, Moses und Aaron mit den Juden am Roten Meer; zu Ps. 76, die Berufung von Petrus, Matthäus und Lucas zur Nachfolge Christi.

Wescher S. 21–24 · Boese S. 266–267 · Zimelien Nr. 62. – Lit.: A. Wilmart – L. Brou, The Psalter Collects from V-VI Century Sources, London 1949 · A. M. Triacca, Cristologia nel »Liber orationum psalmographus«, Rom 1981.

11

Lateinischer Psalter der Margarete von Norwegen

England (London?), um 1220 · Pergament, 158 Bl., 28,5 x 19,5 cm
Kupferstichkabinett, 78 A 8

Der Psalter, der stilistisch einem heute in Cambridge, St. Jones College D 6, befindlichen Psalter ähnelt, hat eine interessante Besitzgeschichte, die sich anhand der Eintragungen verfolgen läßt. Der Codex wurde 1225 für Margret Skulesdatter anläßlich ihrer Hochzeit mit dem norwegischen König Hakon Hakonsson (1217–63) in England, wahrscheinlich London, angefertigt; zwischen dem norwegischen und dem englischen Königshaus (Heinrich III. von England) bestanden enge Verbindungen. Die nekrologischen Notizen deuten darauf hin, daß der Psalter generationenlang im Besitz des norwegischen Königshauses blieb. Im 14. Jh. gelangte er in den Besitz der schwedischen Herzogin Ingeborg Hakonsdatter († 1360), deren Tochter Eufemia Eriksdatter sich 1336 mit dem Herzog Albrecht I. von Mecklenburg vermählte. Wahrscheinlich nahm Eufemia den Codex mit nach Norddeutschland und trug Bl. 158ᵛ eigenhändig ein Gebet für ihren Großvater Hakon V. Magnusson und ihre Eltern ein. 1362 schenkte der Ritter Heinrich von Itzendorp die Handschrift dem Benediktinerinnenkloster Buxtehude. Das Kupferstichkabinett erwarb den Psalter 1835 aus der Sammlung des Generalpostmeisters Karl Ferdinand Friedrich von Nagler. Das Gebet der Eufemia dokumentiert die innere Haltung, aus der heraus das Psalmgebet verrichtet wurde: »Möge deine göttliche Dreieinigkeit die Psalmen dieses Buches erhören, die ich armselige Sünderin zu Ehren deines Namens, der hl. Jungfrau Maria und aller Heiligen absinge für mich elende Sünderin, für die Seele des Königs Hakon und für die Seele meines Vaters und meiner Mutter... nimm diese Psalmspende (oblacio psalmorum) gnädig und barmherzig an ...«. Das Gebet endet mit dem in mittelalterlichen Privatgebeten häufig vorkommenden Gedanken: »Du kennst die Herzen der Menschen, du weißt, was mir frommt ...«. Aufgeschlagen Bl. 104ᵛ: Historisierte Initiale mit der üblichen Darstellung zu Psalm 109. Die hl. Dreifaltigkeit, Gott-Vater und Sohn thronend, als Symbole der Wesensgleichheit gestaltet, zwischen ihnen der Hl. Geist als stilisierte Taube. Das Bild gibt die im Abendland von den Kirchenvätern übernommene christologische Deutung der Anfangsworte wieder: »Der Herr sprach zu meinem Herrn: Setze dich zu meiner Rechten, bis ich deine Feinde zum Schemel deiner Füße lege«. Die Miniaturen des im 2. Drittel des 14. Jhs hergestellten Einbandes zeigen auf dem Vorderdeckel die Majestas Domini mit Engeln und Evangelisten, auf dem Hinterdeckel die thronende Maria mit Jesuskind, in den Feldern unbekannte Märtyrerinnen. Die durchsichtigen Hornplatten sowie die aufgenagelten Leisten des Einbandes wurden bei einer Restaurierung im 19. Jh. ersetzt.

Wescher S. 46–48 · Zimelien Nr. 184.

12

Psalter der Mechthild von Anhalt

Hildesheim, um 1245 · Pergament, 194 Bl., 20,5 x 15,5 cm
Staatsbibliothek, Ms. theol. lat. qu. 31

Diesem Psalter sind vier Andachtsbilder aus dem Leben Christi beigegeben, die über den Text verteilt sind: Kreuzigung, Auferstehung, Himmelfahrt, Majestas Domini. Aufgeschlagen ist das Bild der Auferstehung (57v), das zusammen mit der vorstehenden Kreuzigung eine Einheit bildet. Christus entsteigt, die Rechte zum Segensgestus erhoben, mit der Linken den Fahnenschaft fassend, als Sieger und Weltenrichter der Gruft, die durch die Auferstehung des Herrn nicht länger ein Grab ist, sondern sich, wie bei einer zweiten Schöpfung, mit Blumen schmückt. Die Gewalt der Auferstehung wird durch die schräg liegende Grabplatte, den wehenden roten Mantel und die roten Flammenstrahlen, die aus dem Sarg schießen, unterstrichen. Von den oberen halbkreisförmigen Ausbuchtungen der Umrahmung greifen drei Engel aktiv in das Ostergeschehen ein: Der linke scheint mit sprechender, hochziehender Gebärde die Auferstehung zu verkünden, der mittlere hält den Nimbus hinter Christi Haupt, der rechte berührt das Fahnentuch. Unten am entgegengesetzten Ende schlafen die drei schwergerüsteten Wächter, durch ihre Ungläubigkeit können sie das Heilsgeschehen nicht wahrnehmen. Bemerkenswert ist, daß hier der wiedererstandene Christus mit der in dieser Zeit zuerst auftauchenden Seitenwunde als Person der devotio (Verehrung) dargestellt ist und nicht, wie in karolingischer Zeit, das leere Grab als Mysterium der Auferstehung. Rechts in der Initiale die in vielen Psalterien übliche Darstellung zum 51. Psalm: David erschlägt Goliath. – Der Psalter wurde, wie die Wappen zu Beginn der Handschrift nahelegen, für die Prinzessin Mechthild von Braunschweig anläßlich ihrer Hochzeit mit Herzog Heinrich von Anhalt in einer großen Miniatorenwerkstatt des damals künstlerisch führenden Hildesheim angefertigt. Mit Psalterien dieser Art beginnt die Entwicklung des Gebetbuches als Luxusgegenstand und Kunstobjekt, die beigefügten Andachtsbilder werden wichtiger als der Text. Damit sie stets betrachtet werden können, erhält der Psalter auch ein kleineres, handliches »Reiseformat« – alles Merkmale, die solche Psalterien zum Vorläufer des spätmittelalterlichen fürstlichen Stundenbuches machen.

Rose Nr. 253 · Zimelien Nr. 60 · R. Kroos, Sächsische Buchmalerei 1200–1250. In: Zeitschr. f. Kunstgeschichte, 41, 1978, S. 287 · W. Hansen, Kalenderminiaturen der Stundenbücher, München 1984, S. 196.

13

Psalter

Nordfrankreich (Paris?), um 1250 · Pergament, 146 Bl., 9,5 x 7 cm
Staatsbibliothek, Hdschr. 68

Taschenpsalterien, wie der hier ausgestellte, entstanden im 13. Jh. vor allem in Paris und Nordfrankreich, wo seit der Pariser Revision des Bibeltextes (1230) das Interesse der Geistlichkeit und der Laien am Psalter als Privatgebetbuch gleichermaßen erwacht war. Weltliche, fabrikmäßig arbeitende Skriptorien konnten den wachsenden Bedarf kaum decken. Das führte auch zu einer Vereinheitlichung der hauptsächlich auf liturgischem Prinzip beruhenden Einteilung und Illustration des Psalters. Der Psalter wird in (meist 8, 9 oder 10) Abschnitte gegliedert, die man täglich beten sollte, so daß innerhalb einer Woche der ganze Psalter einmal durchgenommen war. Die Abschnitte markiert eine historisierte Initiale. Beim 38. und 68. Psalm illustriert sie meist direkt den Wortlaut des ersten Psalmverses (sogen. Wortillustration) in Verbindung mit Christus. Aufgeschlagen ist Bl. 32r die Initiale zum 38. Psalm. David, nach mittelalterlicher Auffassung Dichter des Psalters, steht vor Christus und weist auf seinen Mund; der erste Vers des 38. Psalms lautet: »Meine Wege will ich bewahren, daß ich nicht schuldig werde durch meine Zunge«. Die Neunteilung des Psalters und einige Besonderheiten der Illustration weisen auf eine Entstehung in Nordfrankreich, wahrscheinlich Paris, um die Jahrhundertmitte. Die Handschrift wurde von der Bibliothek 1971 bei der Auktion Karl & Faber, München, erworben.

Karl und Faber, München, Auktionskat. 126, 1971, Nr. 16 a.

14

Lateinischer Psalter mit Kommentar

Erfurt, um 1430 · Pergament und Papier, 228 Bl., 21,5 x 15,5 cm
Staatsbibliothek, Ms. lat. qu. 634

In der 2. Hälfte des 14. Jhs breiteten sich in Deutschland die Kartäusergründungen sehr schnell aus, meistens am Rand der Städte, zuerst im Rheinland. Obwohl sie nach dem Vorbild ihres Ordensstifters, des hl. Bruno, wie die Wüstenväter lebten und ihr Tagespensum zwischen Gebet, geistlichem Studium und der Arbeit in einem kleinen Gemüsegarten aufteilten, war ihre Ausstrahlung auf das Glaubensleben der anderen Klöster und der Laien enorm. Auch die Kartause auf dem Salvatorberg in Erfurt hatte großen Anteil an der Reformbewegung, die der Mainzer Bischof Dietrich von Erbach in Erfurt eingeleitet hatte. Obwohl einflußreiche Theologen aus der Erfurter Kartause hervorgegangen sind, war die eigentliche geistige Arbeit nach innen gerichtet: die Schreibertätigkeit sollte vor allem das Gebetsleben der Mitbrüder anregen. Hierzu werden Psalterien mit Interlinear- und Marginalglossen versehen, die dem tieferen geistigen Verständnis dienen und das Psalmgebet vertiefen sollten. Die Glossentexte verknüpfen älteres augustinisches Gedankengut mit aktueller theologischer Interpretation. So wird einerseits durch die paulinisch-augustinische Lehre der Incorporatio des Einzelnen in die als Corpus Christi begriffene Kirche der kirchliche Gehorsam vermittelt, andererseits aus dem augustinischen Gedanken der Iustificatio (Rechtfertigung) durch den Glauben die Idee der persönlichen Verbundenheit des Einzelnen mit Christus entwickelt. Ausdruck dieser Verbundenheit ist das Gebet, das Gespräch des Gläubigen mit Gott; diese persönliche Gotteserfahrung wird als wesentliches Element des Glaubens gegenüber dem kirchlichen Gehorsam verstanden. Der Schreiber und Verfasser des Kommentars ist Jakob Pulmann von Jüterbog († 1451), der auch andere Andachtstexte für den internen Kreis der Kartause gesammelt, verfaßt und abgeschrieben hat.

Fr. Schillmann, Wolfgang Trefler und die Bibliothek des Jakobklosters zu Mainz, Beih. z. Zentralbl. f. Bibliothekswesen, S. 126–128 · P. Lehmann, Mittelalterl. Bibliothekskat. 2, München 1928, S. 237, 284 (Nr. 34) · G. Achten, Eine Psalmerklärung aus der Erfurter Kartause im 15. Jahrhundert. In: Die Kartäuser und die Reformation. Internationaler Kongreß vom 24. bis 27. August 1983, Bd. 1, Salzburg 1984, S. 150–159.

15

Mittelniederländischer Psalter

Hasselt, Belgien, um 1475 · Pergament, 250 Bl., 10 x 7 cm
Staatsbibliothek, Ms. germ. oct. 331

Der Psalter, der neben 150 Psalmen auch die biblischen Cantica und das Symbolum Athanasianum enthält, beweist, daß in den in der 2. Hälfte des 15. Jhs neugegründeten Frauenklöstern der Psalter in der Landessprache als Gebetbuch benutzt wurde. Es sind mehrere, selbständig bearbeitete mittelniederländische Psalterübersetzungen bekannt. Vorliegender Text wird auch noch in folgenden Handschriften überliefert: Brüssel KB, Mss. II 3738, II 7238; Gent UB, Ms. 1736; Philadelphia, Univ. of Pennsylvania, Ms. Dutch 1 (Mitteilung von Jan Deschamps, Löwen). In der Handschrift sind Notizen eingetragen, die etwas über die Entstehung und den Gebrauch solcher Bücher aussagen. Danach hat Schwester Katharina van der

Holen, die erste Subpriorin des Klosters St. Catharinadal in Hasselt, Belgien, den Psalter an den Sonntagen geschrieben. Er blieb im Besitz des Klosters. Die Handschrift gehörte zu der Sammlung J. H. Bormans, Lüttich, der sie 1880 der Preußischen Staatsbibliothek verkaufte.

Degering 3, S. 114 · J. Deschamps, Mittelnederlandse Bijbelhandschriften uit het klooster Sint-Catharinadal te Hasselt. In: Liber amicorum Jan Gruyters, Hasselt 1957, S. 211–217 · J. A. A. M. Biemans, Middelnederlandse Bijbelhandschriften, Leiden 1984, S. 291–92; S. 295–96 (Nr. 283).

16

Elfenbeinrelief: Gregor der Große

Utrecht (?), 1. Hälfte des 11. Jhs · 15,3 x 10,5 cm
Staatsbibliothek, Ms. theol. lat. qu. 2, Elfenbein

Die Elfenbeintafel ist Reststück des Prachteinbandes eines Sakramentars aus der 1. H. des 11. Jhs, das ebenfalls zum Bestand der Staatsbibliothek gehört (Ms. theol. lat. qu. 2). Papst Gregor der Große († 604) im Meßgewand thront nach Art des antiken Autorenbildes auf einem Schemel und taucht die Schreibfeder in das Tintenfaß. Die Taube auf seiner Schulter, die mit ihrem Schnabel sein Ohr berührt, symbolisiert die Inspiration des Hl. Geistes. Gregor der Große war für die abendländische Kirche ein Glücksfall. In seltener Ausgewogenheit vereinigt er antiken und christlich-monastischen Humanismus, byzantinische mit römischer Tradition. Er stammte aus einer alten römischen Senatorenfamilie und verwaltete ein Jahr lang das Richteramt des Stadtpräfekten. Um 575 wird er in dem Andreas-Kloster auf dem Caelius-Berg selbst Mönch. Als Botschafter des Papstes Pelagius II. lebt er 6 Jahre am byzantinischen Kaiserhof in Konstantinopel. Als Papst tritt er in enge Beziehungen zu den fränkischen Königen, die ihn bei der Christianisierung der Angelsachsen unterstützen. Besonders durch seine theologischen Werke ist Gregor der Große Inspirator der abendländischen Kirche geworden, der das Glaubensleben auch in den kommenden Jahrhunderten in tiefgreifender Weise beeinflußt und prägt. – Die Elfenbeinskulptur, die deutlich maasländischen und kölnischen Einfluß zeigt, wurde wahrscheinlich um die Mitte des 11. Jhs in Utrecht oder Minden geschnitzt. Später gehörte sie mit der oben genannten Hs zu dem Teil des Mindener Domschatzes, den der Große Kurfürst 1683 nach Berlin bringen ließ. Der Einband wurde während der Kriege Friedrichs des Großen auseinandergenommen, als man die Beschläge aus Edelmetall wegen Materialknappheit einschmelzen ließ.

Rose Nr. 691 · A. Goldschmidt, Die Elfenbeinskulpturen 2, Berlin 1914–18, Nr. 144,b.

17

Gregorius Magnus: Moralia in Job

Ottobeuren, um 1170 · Pergament, 200 Bl., 26,5 x 17 cm
Staatsbibliothek, Hdschr. 88
Tafel 4 (s. Seite 57)

Die Schriften Papst Gregors des Großen gehören zu den am häufigsten abgeschriebenen Codices in den mittelalterlichen Klöstern des Abendlandes. Besonders beliebt war sein allegorischer Kommentar zu dem Buch Hiob, der aus einer Reihe von Vorträgen besteht, die er während seines Aufenthaltes am kaiserlichen Hof in Konstantinopel vor Mönchen gehalten hat. In den Moralia in Job, die schon bald in den mittelalterlichen Klosterschulen als moraltheologisches Erbauungsbuch Eingang fanden, entwickelt Gregor die geistigen Grundlagen des christlichen Lebens. In dem prägnanten Ausdruck »compunctio contemplationis«, durch Selbstverleugnung zur göttlichen Schau, faßt Gregor seine Lehre, die vor allem eine Lehre des lebendigen Glaubens und des Gebets ist, zusammen. Genau diese Haltung will der Künstler in der Federzeichnung zu Beginn des Textes (Bl. 1^v) bildlich festhalten. Die Darstellung ist dem 2. Kap. des Buches Hiob entnommen. Der nackte, mit Schwären bedeckte Hiob – in der Rechten hält er einen Kamm zum Kratzen der juckenden Wunden – hebt die Hand zum Zeichen seines Glaubens und Vertrauens in Gott, dessen Wege nur dem demütigen Menschen sichtbar werden. Bei Hiob stehen seine Frau, die ihn wegen seiner Ergebenheit im gottgesandten

Tafel 4 Der leidende Hiob (Kat. Nr. 17)

Unglück schmäht: »Ehre deinen Gott und stirb« und seine Freunde, die, fassungslos über sein Leid, ihm zureden: »Willst du auch jetzt noch verharren in deiner Einfältigkeit?« Bl. 200r stellt sich in einem Distichon als Schreiber des Textes der Mönch Reinfridus vor, der um die Mitte des 12. Jhs in der Benediktinerabtei Ottobeuren bei Memmingen nachzuweisen ist. Noch im Mittelalter gelangte die Handschrift in die Bibliothek des Zisterzienserstiftes Stams, Tirol (Cod. 17). Die Staatsbibliothek hat den Codex 1974 bei dem Antiquariat Otto Haas, London, erworben.

H. J. Hermann, Die illuminierten Hss. in Tirol, Wien 1905, S. 242 · G. Swarzenski, Die Salzburger Malerei, Stuttgart, 1969, S. 69, Anm. 4; S. 116, Anm. 4 · Zimelien Nr. 64 · H. Schwarzmaier, Studien zur Ottobeurer Alexandertranslation. Anhang: Ergänzungen zum Katalog der mittelalterl. Handschriften Ottobeuren. In: Studien und Mitteilungen zur Geschichte des Benediktinerordens und seiner Zweige 79, 1968, S. 252–255.

18

Regel des hl. Benedikt

Regensburg, um 1040 · Pergament, 119 Bl., 23,8 x 19 cm
Staatsbibliothek, Ms. theol. lat. qu. 199

Die Regula des hl. Benedikt von Nursia (480–547) hat nicht nur auf das abendländische Mönchtum, sondern auch auf das Frömmigkeitsleben des mittelalterlichen Menschen einen ungemein starken, prägenden Einfluß ausgeübt. Die Regel stellt eine »scola divini servitii« dar, eine Schule des Gottesdienstes, durch die das Opus Dei, das gemeinsame »Gebetswerk« im Namen der Kirche, nach festen Riten und Zeiten geordnet wird. Für das persönliche Gebet steht in der Regula eine kurze, aber sinnvolle und für die Gebetsauffassung des christlichen Abendlandes aufschlußreiche Anweisung (Kap. 20): »Et ideo brevis debet esse et pura oratio, nisi forte ex affectu inspirationis divinae gratiae protendatur«, das Gebet sei kurz und ohne Schwulst, nur wenn die Gnade des Heiligen Geistes über einen kommt, kann er länger im Gebet verweilen. Diese »discretio« kennzeichnet das Frömmigkeitsideal der Benediktiner und verleiht dem Gebetsleben der Mönche in der hohen Zeit monastischer Frömmigkeit den persönlichen, kreativen Charakter. Die vorliegende Benediktinerregel wurde in Regensburg kurz nach 1040 für die Benediktinerinnenabtei in Niedermünster geschrieben. Der Regula ist ein Schmuckblatt vorgeheftet, das auf seiner Rückseite das übliche Dedikationsbild zeigt. Der hl. Benedikt übergibt das Regelbuch der knienden Äbtissin. Die hier ausgestellte Miniatur der Vorderseite, eine thronende Maria mit segnendem Christuskind, gehört nicht zum nachfolgenden Text und ist keine für die Regel typische Illustration. Stilistisch gleichen sich beide Darstellungen: rechteckiger Goldrahmen auf dreiteiligem, grünviolettem Grund, eingespannt in spitzovale Inschriftenbänder. Die Rückseite weist jedoch blassere Farben und eine schematische Linienführung auf. Das legt die Vermutung nahe, daß die Miniatur auf der Rückseite später entstanden und der Vorderseite mit gekonnter Perfektion angeglichen ist. Doch wurde die thronende Maria, »eine der frühesten autonomen Darstellungen der frontal thronenden Madonna« (Köllner), sicher nicht ohne Grund für die Regula verwandt. Die Miniatur ist ein Andachtsbild, das den Nonnen die Aufgabe Marias als Mater ecclesiae, Mutter der Kirche, und ihr Eins-Sein mit Christus als Sohn und Weltenherrscher, verdeutlichen und damit Hilfe für das Gebet und das rechte Verstehen der Ordensregel geben sollte.

Herbert Köllner, Eine wiedergefundene Handschrift aus Muri. In: Studien zur Buchmalerei und Goldschmiedekunst des Mittelalters. Festschrift für K. H. Usener, Marburg 1967, mit Abbildungen und weiterer Literatur · Zimelien Nr. 35 · Achten S. 129–131.

19

Medizinische Sammelhandschrift

Südfrankreich, 1132 · Pergament, 321 S., 19 x 12 cm
Staatsbibliothek, Ms. lat. qu. 198
Tafel 5 (s. Seite 59)

Die beiden hier aufgeschlagenen Miniaturen bilden den Schluß einer medizinischen Sammelhandschrift, die nach der überlieferten

Tafel 5 Kreuzigungsgruppe (Kat. Nr. 19)

Datierung in spanischer Ära, umgerechnet 1132, in Südfrankreich entstanden ist. Der Auftraggeber ist sicher ein Arzt mit umfassendem Hochschulstudium gewesen, der sich für seine Berufspraxis dieses Kompendium mit Interessenschwerpunkten Pharmakologie und Diätetik zusammenstellte. Es ist anzunehmen, daß er im Raum Montpellier tätig war, wo seit Anfang des 12. Jhs in Konkurrenz zu Salerno eine neue medizinische Schule entstand. Die Handschrift wurde mit qualitätvollen lavierten Federzeichnungen ausgestattet als Illustrationen zu den Texten und drei Andachtsbildern, neben den hier gezeigten noch eine Wunderheilung. Die Herstellung der Handschrift erfolgte sicher im monachalen Bereich, vielleicht in dem von Cluny reformierten Benediktinerkloster Moissac, an dessen Skulpturen die Zeichnungen stark erinnern. Das Bild links zeigt eine Kreuzigungsszene. Das Kreuz umgeben Maria und Johannes in trauernder Haltung. Oberhalb des Querbalkens trauern Sonne und Mond (vgl. Luk. 23,44). Am Fuße des Kreuzes streckt Adam die Hände nach Christus aus. Schon in den Apostelbriefen wird der durch den Sündenfall verursachte Tod der Menschen der Erlösung durch Christus gegenübergestellt. Die Apokryphen und die Kreuzlegenden identifizieren dann Golgotha mit dem Grab Adams. Rechts und links stehen Tote aus ihren Gräbern auf (Matth. 27,52), die Beischriften in ihren Händen – links: Levoius; rechts: »Carinus, qui surreris (= surrexeris) cum multa corpora (!) sanctorum« – könnten einen aktuellen Bezug nahelegen. Auf dem rechten Bild erscheint Christus als ewige Existenz, als Majestas Domini in einem Tetramorph, dem vierköpfigen Wesen, gebildet aus den vier Evangelistensymbolen nach Hesekiel und der Apokalypse. Hauptfigur des Tetramorphs ist der heraldisch gestaltete Adler, das Symbol des Evangelisten Johannes, der nach der Tradition wegen seiner Deutung Christi als Geist und Wort, als Logos, eine Vorrangstellung unter den Evangelisten einnimmt. Die übrigen Evangelistensymbole sind an Flügel und Schwanz des Adlers geheftet und bilden mit ihm eine Einheit. Christus ist das Herz dieses Tetramorphs, die Hand lehrend und segnend erhoben, hält er das Buch (die Evangelien) auf den Knien. Zugleich symbolisiert der Tetramorph das viergestaltige Heilswerk Christi, eine Tradition, die auf Hieronymus und Papst Gregor den Großen zurückgeht. Der Mensch stellt die Menschwerdung Christi dar, der Stier die Passion, der Löwe die Auferstehung, der Adler schließlich die Himmelfahrt. Die Darstellung dürfte in ihrer Verdichtung und Eindringlichkeit wohl einmalig dastehen. Die Handschrift wurde 1855 von der Kgl. Bibliothek aus dem Antiquariatshandel erworben.

Zimelien Nr. 85 · H. Grabe-Albers, Spätantike Bilder aus der Welt des Arztes, Wiesbaden 1977, S. 5, 122, 124.

20

Algerus von Lüttich: De corpore et sanguine domini

Affligem (Belgien), um 1120/30 · Pergament, 135 Bl., 18,5 x 12,5 cm
Staatsbibliothek, Ms. theol. lat. qu. 120
Tafel 3 (s. Seite 50)

Diese Handschrift, die Traktate des Algerus von Lüttich über die Willensfreiheit und Eucharistie in Auseinandersetzung mit der spiritualistischen Auslegung des Berengar von Tours enthält, hat der Mönch Osto aus der Abtei Affligem für seine Confratres im Kloster Maria Laach abgeschrieben. Im Auftrag seiner Abtei hatte er die Mönche in Maria Laach bei der Durchführung der cluniazensischen Klosterreform unterstützt und übersendet nun die Handschrift nach seiner Heimkehr aus Dank für die genossene Gastfreundschaft und zur Aufklärung über aktuelle theologische Themen. Beigebunden ist eine Miniatur und ein Begleitbrief Ostos – ein gutes Beispiel der Littérature épistolaire, wie sie die abendländischen Mönche als Ausdruck ihrer geistigen Verbundenheit pflegten. Die Miniatur, Maria, die Patronin des Laacher Klosters, mit Christus als Pantokrator auf dem Schoß, ist ein Andachtsbild, das dem meditierenden Mönch die überkommene Sicht der Rolle Marias als Mutter Kirche und Mittlerin der Gnade mit den Ausdrucksmöglichkeiten der Kunst verdeutlichte. Die weich fließende

Darstellung der Jungfrau steht im Gegensatz zu dem hieratischen, gnadenspendenden Christus. Diese hervorragende Miniatur, die noch frei ist vom Formalismus der späteren Zeit, zeigt enge Verwandschaft mit der Kunst des Maaskreises. Aus dem Inhalt des Begleitbriefes geht hervor, daß die Handschrift noch zu Lebzeiten des Algerus, also zwischen 1120 und 1130 geschrieben wurde.

Rose Nr. 358 · C. Coppens, Het begleidend schrijven van Osto, monnik van Affligem, bij het tractaat »De sacramentis corporis et sanguinis Domini« van Algerus van Luik. In: Ons Geestelijk Erf 21, 1947, S. 92–98 · A. van Euw, in: Rhein und Maas. Ausstellungskatalog. Bd. 2, Köln 1972, S. 353–355 · Zimelien Nr. 63.

21

Anselm von Canterbury: Meditationes et Orationes

Himmerod, um 1200 · Pergament, 111 Bl., 17 x 12 cm
Staatsbibliothek, Ms. lat. oct. 234

Der hl. Anselm von Canterbury, Abt des Benediktinerklosters Bec in der Normandie, hat am Beginn des 12. Jhs die theologische Lehre in den schnell sich ausbreitenden Klöstern am nachhaltigsten beeinflußt. Diese Theologie wollte nicht nur das Wissen der Mönche um den wahren Glauben erweitern, sondern auch ihre Lebenshaltung, besonders die Kontemplation, fördern und anregen. Deshalb hat Anselm seine Lehre in Form von Gebeten und Meditationen zusammengefaßt. Eine Sammlung dieser Texte überreichte er anläßlich einer Romreise der Markgräfin Mathilde von Tuszien. Die Besitzungen dieser im Investiturstreit um die römische Kirche sehr verdienten Adligen dehnten sich bis nach Luxemburg aus. So ist es wohl zu erklären, daß die meisten älteren Handschriften Anselms in Deutschland entstanden sind. Gegen Ende des Mittelalters fehlte die Sammlung Anselms, meist noch angereichert mit Gebeten und Betrachtungen anderer Autoren, in keiner Klosterbibliothek. Die Gebete Anselms setzen die karolingische Tradition fort. Auch hier wird »die Spannung zwischen Heiligkeit und Sündennot mit fast barockem Redeschwung« (Jungmann) ausgedrückt. Doch das theologische Fundament hat sich erneuert. Die Glaubensmysterien werden zugleich rationeller und gefühlvoller ausgedrückt. Der Autor, der in seinen theologisch-philosophischen Schriften die rationelle Methodik der Scholastik begründete, hat zugleich durch die innere Kraft seiner Sprache die mittelalterliche Mystik und Gebetsliteratur maßgeblich beeinflußt. Aufgeschlagen Bl. 48^r der Anfang der 7. Oratio, worin Maria als Mittlerin der Gnade verehrt wird; es inspirierte die mittelalterliche Marienverehrung sowohl im Wort als im Bild: »Maria, tu illa magna Maria... Genitrix vitae animae, altrix reparatoris carnis meae, lactatrix salvatoris totius substantiae meae« (Denn Du, Gebärerin des Lebens meiner Seele, hast den Erlöser meines Fleisches genährt, den Heiland meines ganzen Wesens an Deiner Brust gelabt).

Schillmann S. 116 · Wilmart, Auteurs spirituels, S. 168. – Lit.: S. Anselmi opera omnia, ed. F. S. Schmitt, Bd. 3, Edinburgh 1946, S. 1–91.

22

Legenda Aurea

Hagenau, um 1440 · Papier, 236 Bl., 37 x 26 cm
Staatsbibliothek, Ms. germ. fol. 495

Die Legenda Aurea (goldene Legende) des Dominikanermönchs und späteren Erzbischofs von Genua, Jacobus de Voragine († 1298) war das populärste religiöse Volksbuch des Mittelalters. Die große Leistung dieses Autors bestand darin, erstmals das verschiedenartigste Quellenmaterial aus Bibel, Märtyrerakten, überlieferten Heiligenlegenden usw. durch Sprachgewalt, Volkstümlichkeit und Phantasie zu einem einheitlichen Ganzen verschmolzen zu haben. Durch die Einteilung des Werkes nach den Heiligenfesten des Kirchenjahres kann man es als eine Art Laienbrevier betrachten. Schon im Mittelalter gab es kritische Stimmen über den Wahrheitsgehalt der Legenda Aurea, z. B. von Nikolaus von Kues. Ihr Einfluß auf Kunst, Volksfrömmigkeit und Heiligenverehrung ist jedoch unbestritten. Die vorliegende Handschrift in mittelhochdeutscher Übersetzung stammt aus der bekannten Werkstatt des Diebolt

Lauber in Hagenau (Elsaß), der in seinem manufakturartigen Betrieb religiöse und weltliche Werke für das Bürgertum und den Adel auf Vorrat herstellte. Laubers Handschriften sind alle mit handwerklich perfekten, aber konventionellen Illustrationen geschmückt. – Aufgeschlagen Bl. 73^v die Legende des hl. Antonius, des Einsiedlers. Das für diesen Heiligen charakteristische Attribut, das Feuer, lodert grell hinter ihm auf; es ist das Symbol für eine pestartige Krankheit, die Antonius nach mittelalterlichem Glauben zur Strafe verhängen, aber auch heilen konnte. Vor ihm steht der Teufel in Bocksgestalt, mit dem der Heilige in der Wüste erfolgreich gekämpft hat. Auf seinen Knien liegt das Buch, meist als die Bibel oder die Satzung des vor allem in Frankreich verbreiteten Antoniusordens gedeutet.

Degering 1, S. 54–55 · R. Kautzsch, Diebolt Lauber und seine Werkstatt in Hagenau. In: Zeitschr. f. Bibliothekswesen 12, 1895, S. 67, Nr. VIII. – Lit.: K. Kunze, Jacobus de Voragine. In: VfL^2 4, Sp. 448–466 · Über Diebolt Lauber: P. J. Becker, Handschriften und Frühdrucke mittelhochdeutscher Epen, Wiesbaden 1977, S. 187–191.

23

Meditationes Vitae Christi

Norditalien, 2. Hälfte des 14. Jhs · Pergament, 159 Bl., 11 x 7 cm
Staatsbibliothek, Hdschr. 93

Die ausgewogene, formschöne Schrift (textualis rotunda) dieser Handschrift weist auf Entstehung in Norditalien in der 2. Hälfte des 14. Jhs. Sie enthält zwei Texte, die in der gleichen Zeit verfaßt wurden und die in geistlichen Kreisen des späteren Mittelalters fälschlich unter dem Namen des Bonaventura kursierten: die Meditationes de Vita Christi und die Theologia Mystica des französischen Kartäusers Hugo von Balma oder von Dorche. – Besonders die Meditationes vitae Christi (Betrachtungen über das Leben Christi) haben die christliche Gebetsfrömmigkeit stark beeinflußt. Sie kommen dem Gefühl der Zeit für eine farbige, realistische und gemütsbetonte Darstellung der Glaubensmysterien entgegen. Sie führen die im 12. Jh. unter dem Einfluß des Bernhard von Clairvaux begonnene, ganz auf die Person Christi gerichtete Frömmigkeit weiter. Gefühlvoll und mit Phantasie werden die Geschehnisse aus dem Leben Jesu erzählt, so daß die Meditationes im 13. Jh. sowohl in den Klöstern (Konversen) als auch bei einem immer größer werdenden Kreis von frommen Laien sehr beliebt waren. Davon zeugt die starke Verbreitung durch die vielen volkssprachlichen Übersetzungen. Daß der Autor auch die alte Gebetstradition kannte, zeigen besonders die Kap. 45–58, in denen er seine Lehre über das aktive und kontemplative Leben entwickelt. In der Einleitung schreibt er außerdem, daß die Bilder des Lebens Jesu durch ständige Betrachtung in die Tiefe des Herzens eindringen sollten (in arcano pectoris), damit der menschliche Geist darin Kraft und Stabilität finde (roborat et stabilit). Die Meditationes wurden, nach dem letzten Stand der Forschung, um 1300 von einem unbekannten toskanischen Franziskaner verfaßt. Der Handschrift sind von späterer Hand (Bl. 1^r und 108^v) zwei Miniaturen mit Heiligenfiguren beigefügt. Das Wappen Bl. 22^v konnte nicht identifiziert werden. Die Staatsbibliothek erwarb den Codex 1974 beim Antiquariat Tenner, Heidelberg.

Handschriften, Autographen, Wertvolle Bücher, Tenner, Auktion 101, Heidelberg, 23.–24. Okt. 1974, Nr. 3. – Lit.: Bonaventurae opera Omnia, ed. A. Peltier, Bd. 12, Paris 1868, S. 509–630 · K. Ruh, in: VfL^2 6, Sp. 282–290.

24

Hubertinus von Casale

Ubertino de Casali, Arbor vitae crucifixae Jesu.
Druck. Venedig: Andreas Bonetti, 12. März 1485
Staatsbibliothek, Wgdr. 70

Die Frömmigkeit des Franz von Assisi war durch eine innige Verehrung und die Nachfolge Christi bis in die einzelnen Mysterien seines Lebens gekennzeichnet. Daraus entwickelt sich in der franziskanischen Bewegung nach ihm eine geistliche Lehre, die das Leben und besonders Leiden und Tod Christi zum Mittelpunkt hat und die in den Werken von Bonaventura am eindruckvollsten erklärt ist. Unter diesem

Einfluß erscheinen um 1300 in der Toskana zwei Andachtsbücher, die bis ins Spätmittelalter große Verbreitung fanden: neben den Meditationes de Vita Christi (Nr. 23) das sehr ausführliche Werk des Hubertinus von Casale, Arbor vitae crucifixae Jesu, Baum des gekreuzigten Lebens Jesu, das 1305 erschien und hier in dem Erstdruck vorliegt. Hubertinus gehörte mehr zu dem spiritualistischen Zweig des Franziskanerordens, der sich der geistigen Tradition des Zisterzienserabtes Joachim von Fiore († 1202) verbunden fühlte. So mischen sich in Hubertinus' Werk neben wahrer franziskanischer Geistigkeit fremdartige paramystische Elemente. Mit bewegtem Ausdruck wird das Mitleiden Mariä und ihre Klage am Fuß des Kreuzes beschrieben. Bernardinus von Siena hat sich von diesem Text für seine Predigten inspirieren lassen. Über diese Predigten hat das Werk des Hubertinus die Marienfrömmigkeit und die Kunst beeinflußt. So ist z. B. eine mittelniederländische Passionsandacht vom Ende des 15. Jhs, genannt »Der Rosengarten«, von Hubertinus inspiriert (Staatsbibliothek, Ms. germ. oct. 351, Bl. 78r). – Die Staatsbibliothek erwarb die Inkunabel 1979.

Indice Generale degli Incunaboli delle Biblioteche d'Italia 5, 1972, Nr. 10018. – K. Ruh, in VfL² 4, Sp. 211–219.

25

Ludolf von Sachsen: Vita Christi

Trier, 1. Hälfte des 15. Jhs · Pergament, 179 Bl., 28 x 20 cm
Staatsbibliothek, Ms. lat. fol. 683

Das lateinische »Leben Christi«, das der deutsche Kartäuser Ludolf von Sachsen um die Mitte des 14. Jhs in Mainz verfaßte, fand über die religiös interessierten Kreise in Straßburg eine rasche Verbreitung in den romanischen Ländern, wo das Werk sowohl die Frömmigkeit als auch die Kunst maßgeblich beeinflußt hat. In Deutschland scheint das Buch erst im 15. Jh. näher bekannt geworden zu sein. Wie vorher schon in Zisterzienser- und Franziskanerkreisen üblich stellt der Kartäuser Ludolf von Sachsen Christus, der uns in seiner menschlichen Gestalt in den Evangelien erscheint, in den Mittelpunkt seiner Spiritualität. Die Struktur der Leben-Jesu-Betrachtungen übernimmt Ludolf aus der älteren Kartäusertradition: auf die »lectio divina« (die Lesung des Evangeliums und der patristischen Schriften) folgt die »meditatio« oder »ruminatio«; hierbei soll sich der Betende durch Verstand und Phantasie an den Ort der Geschehnisse versetzen, sich der Personen und Worte erinnern (memoria) und sie sich zu eigen machen, damit er Christi Nachfolge und Liebe erlangt. In dem häufig selbständig überlieferten Passionsteil wird auch die »conformatio« empfohlen, das in der spätmittelalterlichen Frömmigkeit so sehr gesuchte Leiden mit dem leidenden Christus. Die Übung endet mit einer »oratio«, einem Gebet, in dem Christus um die der Betrachtung entsprechenden Gnade angefleht wird. Noch im 16. Jh. übernahm Ignatius von Loyola († 1556) die Betrachtungsweise und Methodik der Vita Christi in seine »Exercitia Spiritualia« (geistliche Übungen), die bis heute für die Vertiefung des Glaubenslebens aktuell sind. Vorliegende Handschrift, die den 2. Teil der Vita Christi enthält, ist in der ersten Hälfte des 15. Jhs in der Benediktinerabtei St. Maximin in Trier angefertigt worden. Der 2. Teil der Vita Christi beginnt mit der Betrachtung über die Heilung des Aussätzigen (Matth. 8,1–4). Jesus steigt von einem Berg herab ins Tal und trifft dort auf einen Aussätzigen, den er durch Handauflegen sofort heilt. Die Betrachtung mündet aus in das Gebet: »Domine Jesu Christe, qui de monte paterni solii et virginalis uteri descendisti, ut sanares lepram generis humani, ecce, ego leprosus adoro te: domine, si vis potes me mundare ...« (Herr Jesus Christus, der aus der Höhe des väterlichen Thrones und des jungfräulichen Schoßes herabgestiegen bist, damit du die Menschheit von ihrem Aussatz (die Erbschuld) heiltest, ich, Aussätziger (Sünder) bete dich an, wenn du willst, kannst du mich heilen).

Lit.: W. Baier, Untersuchungen zu den Passionsbetrachtungen in der Vita des Ludolf von Sachsen, Bd. 1–3, Salzburg 1977 · W. Baier und K. Ruh, Ludolf von Sachsen. In: VfL² 5, Sp. 967–977.

26

Jan van Ruusbroec

Stadt Geldern, um 1465 · Pergament und Papier, 202 Bl., 14,5 x 10,5 cm
Staatsbibliothek, Ms. germ. oct. 352

Der flämische Mystiker Jan van Ruusbroec (1293–1381) zog sich nach einer seelsorgerlichen Tätigkeit als Kaplan mit zwei Freunden in den Sonienwald in der Nähe von Brüssel zurück, wo sie das Kloster der Regulierten Augustinerkanoniker Groenendael gründeten. Durch die Vielseitigkeit der theologischen Kenntnis, die Tiefe der Erfahrung und die Ausgewogenheit der Lehre gehören seine in mittelniederländischer Sprache verfaßten Schriften zu den Höhepunkten der spekulativ-mystischen Theologie des 14. Jhs. Seine Originalität besteht darin, daß er die überlieferte Dreifaltigkeits- und Christuslehre zum Prinzip der geistigen Erfahrung des Mystikers macht. Wie die Einheit der Gottheit in die drei göttlichen Personen ausfließt und durch die Kraft der gegenseitigen Liebe zur Einheit zurückkehrt, so wird auch der Mensch durch seine Gleichförmigkeit mit Christus in diese Bewegung aufgenommen. Vorliegende Handschrift enthält ab Bl. 110^r das 1. Buch seines Hauptwerkes »Die chierheit der gheesteliker Brulocht« (Zierde der geistlichen Hochzeit). Ruusbroecs Werke wurden öfter ins Lateinische übersetzt und übten, obgleich von Jean Gerson (1363–1429), dem berühmten Theologen und Kanzler der Pariser Universität, der Ketzerei verdächtigt, nachhaltigen Einfluß auf die spätere mystische Tradition des Abendlandes bis hin zur spanischen Karmelitermystik des 17. Jhs aus. Daß Ruusbroecs Lehre auch direkten Eingang in die Gebetsfrömmigkeit fand, zeigt die 1497 in holländischer Mundart geschriebene Handschrift Add. 1487 der British Library, London. Neben Werken Ruusbroecs sind dort auch von seiner Lehre inspirierte Gebete abgeschrieben. In seinem eigenen Kloster offenbarte sich seine geistige Wirksamkeit in Traktaten jüngerer Mitbrüder. Solch ein Text ist ebenfalls in dieser Handschrift überliefert (Bl. 1^r). Als Autor wird von der Forschung neuerdings Ruusbroecs Ordensbruder Wilhelm Jordaens (1321–1372) namhaft gemacht. In dem Traktat erfährt der Mystiker die Vereinigung mit Gott als »stervende leven« oder »geistlicher Tod in Gott«. Die Handschrift ist in geldrischer Mundart – nach Aussage der Wasserzeichen um 1465 – für das Augustinerinnenkloster Nazareth der Stadt Geldern geschrieben. Nach dem Besitzeintrag auf dem Vorsatzblatt diente der Codex »den susteren int gemeyn«, also der ganzen Gemeinschaft. Über den Nachlaß des Altgermanisten und Sammlers mystischer Texte, des Freiherrn August von Arnswaldt (1798–1855) gelangten insgesamt 14 Handschriften des gleichen Klosters in die Staatsbibliothek. Der alte Kalbsledereinband der Zeit ist erhalten.

A. von Arnswaldt, Vier Schriften von Johann Rusbrock, Hannover 1848, S. 223 · A. Reifferscheidt, Beschreibung der Handschriftensammlung des Frhr. A. von Arnswaldt. In: Jahrbuch des Vereins f. niederdt. Sprachforschung 9, 1883, S. 136–139, Nr. 3147 · W. De Vreese, De handschriften van Jan van Ruusbroec's werken, Gent 1900–1902, S. 106 · Degering 3, S. 118–119 · E. Lüders, Zur Überlieferung der St. Georgener Predigten. Tl. 3. In: Studia Neophilologica 32, 1960, S. 130, 133 · A. Ampe, Willem Jordaens in nieuw perspectief. In: Ons Geestelijk Erf 40, 1966, S. 153–163 · Jan van Ruusbroec. [Ausstellungs-Katalog: Brüssel KB], Brüssel 1981, S. 127 · J. Stohlmann, Jordaens Wilhelm. In: VfL^2 4, Sp. 842.

27

Seuses Büchlein der Ewigen Weisheit

Utrecht, 1428 · Pergament, 99 Bl., 18,5 x 14 cm
Staatsbibliothek, Ms. germ. qu. 1253

Der Dominikaner Heinrich Seuse (1295–1366), der »liebenswürdigste der deutschen Mystiker« (Künzle), hat durch seine Predigten, Briefe und Schriften die Frömmigkeit von Religiösen und Laien im deutschsprachigen Raum und weit darüber hinaus am nachhaltigsten geprägt. Sein Büchlein der Ewigen Weisheit gehört zu den meist verbreiteten Andachtsbüchern des Spätmittelalters. Die Weisheit ist für Seuse, was die Armut für Franz von Assisi war: die Offenbarung Gottes in der Person Christi. In einem 1. Teil beschreibt Seuse, wie die Seele durch Gleichförmigkeit mit dem leidenden Christus den Weg des Mitleidens bis in den strahlenden Glanz seiner Gottheit geht. Der 2. Teil besteht aus praktischen Punkten: über den guten Tod, das innerliche Leben, die würdige Kommunion und das allstündige Gotteslob. In einem 3. Teil schließt er das Büchlein mit 100 Artikeln oder Betrachtungen über die Passion Christi, in Gebetsform: »Ach, ewige Weisheit, ich erinnere dich daran, wie du nach dem letzten Abendmahl auf dem Berg in der Angst deines zarten Herzens blutigen Schweiß verströmtest...«. Die 100 Artikel erscheinen auch häufig selbständig in den spätmittelalterlichen Gebetbüchern. In Seuses Schriften vermischt sich die geistige Lehre der mittelalterlichen Hoheliederklärungen mit der Thematik der Ritterschaft und des edlen Frauendienstes der profanen Literatur. Außerdem hat er versucht, die Mystik seines Lehrers und Ordensbruders, des Meisters Eckhart, für einen breiteren Kreis zu erschließen. Dies hat ihm von kirchlicher Seite eine Anklage wegen Ketzerei eingebracht und ihn dazu veranlaßt, sein Büchlein in lateinischer Sprache ergänzend umzuarbeiten: das nach den Tagesstunden in 24 Kapitel eingeteilte Horologium aeternae Sapientiae. Seine erfolgreichen Predigtreisen bis in die Niederlande erklären auch seinen großen Einfluß in den Kreisen der Devotio Moderna. Vorliegende Handschrift umfaßt 13 Kapitel des 1. Teiles in mittelniederländischer Übersetzung. Sie ist laut Kolophon (Bl. 99^{v}) von dem Priester Hermann ter Maed 1428 geschrieben. Die Initialen sind sorgfältig im Utrechter Stil ausgeführt. Auf dem Vorsatzbl. Besitzvermerk des regulierten Augustinerinnenklosters der 11.000 Jungfrauen zu Utrecht.

Degering 2, S. 217 · W. Dolch, Die Verbreitung oberländischer Mystikerwerke im Niederländischen, Weida in T., 1909, S. 70 · J. Deschamps, Middelnederlandse Handschriften uit europese en amerikaanse bibliotheken, Leiden 1972, S. 223 · J. P. Gumbert, Die Utrechter Kartäuser und ihre Bücher, Leiden 1974, S. 180 · P. Künzle, Heinrich Seuses Horologium Sapientiae, Freiburg 1977, S. 356. – Lit.: E. Krebs, in: VfL[1], 4, Sp. 164–180 · H. Seuse, Deutsche mystische Schriften, übertragen und hsg. von G. Hofmann, Düsseldorf 1966 [Repr. 1986).

28

Mystisches Andachtsbuch

Flandern, um 1500–1510 · Pergament und Papier, 336 Bl., 13,5 x 10 cm
Staatsbibliothek, Ms. germ. oct. 188

Vorliegende Handschrift bezeugt den Einfluß der oberrheinischen mystischen Literatur auf die Devotio Moderna. Sie enthält in mittelniederländischer Übersetzung unter anderem Texte des Marquard von Lindau, das Briefbuch des Heinrich Seuse, das Buch der neun Felsen des Straßburger Bankiers und Mystikers Rulmann Merswin und eine Predigtsammlung des Dominikaners Johannes Tauler, die Bl. 185^{r} mit dem Wort aus dem Evangelium des Lukas (3,4) »Vox clamantis...« (Eine Stimme ruft in der Wüste den Herrn) beginnt. Gleich am Anfang bringt Tauler den Grundgedanken seiner Lehre: »Das ewige Wort wird unaufhörlich geboren im Herzen des heiligen Menschen«. Tauler hat die spekulativ-mystische Lehre seines Meisters Eckhart für seelsorgerliche Zwecke angepaßt und interpretiert. Seine Lehre über den »Seelengrund« verbindet den biblischen Gedanken des »Reich Gottes in euch« (Luk. 17,21) mit der platonischen Idee der Gottähnlichkeit des Geistes. Der Dialekt dieser Handschrift ist in der Hauptsache brabantisch, enthält aber Elemente der geldrischen Mundart. Die Vorder- und Rückseite des Einbandes ist mit einem niederländischen Plattenstempel verziert, der Christus mit den Leidenswerkzeugen zeigt. Der Text der Umschrift aus den Klageliedern des Jeremias (1,12) lautet: »O vos omnes...« (Euch sage ich, alle die ihr vorübergeht: schauet und sehet ob irgend ein Schmerz sei wie mein Schmerz). Die Wasserzeichen wie auch der Buchschmuck lassen auf einer Entstehung der Handschrift zwischen 1500 und 1510 schließen.

M. J. Husung, Bucheinbände aus der Preuß. Staatsbibliothek zu Berlin, Leipzig 1925, S. 14, Abb 46 · Degering 3, S. 61–62 · Wegener S. 157 · G. J. Lieftinck, De middelnederlandse Tauler-Handschriften, Groningen 1936, S. 116–127 · K. Ruh, Bonaventura Deutsch, Bern 1956, S. 142–144 · A. Ampe, Een kritisch onderzoek van de Institutiones Taulerianae. In: Ons Geestelijk Erf 40, 1966, S. 167–240 · R. A. Ubbink, De receptie van Meister Eckhart in de Nederlanden gedurende de Middeleeuwen. Diss. Leiden 1978, S. 2, 3, 181 · B. Singer, Der Fürstenspiegel in Deutsch im Zeitalter des Humanismus, München 1981, S. 12.

29

Mystische Traktate

Elsaß, um 1410 · Pergament, 76 Bl., 30 x 22 cm
Staatsbibliothek, Ms. germ. fol. 1030
Tafel 6 (s. Seite 67)

Das Andachtsbuch in elsässischer Mundart enthält Erklärungen einiger Bibelstellen und liturgischer Texte, teilweise exzerpiert aus patristischen und monachalen Schriften, aber auch von mystischer Literatur beeinflußt. Bis auf ein Andachtsbild sind die übrigen Miniaturen ausgeschnitten, bzw. nicht ausgeführt worden. Das Dreifaltigkeitsbild Bl. 3r zeigt Vater und Sohn thronend mit dem hl. Geist (Taube) in der Mitte. Dieses Bildmotiv ist in den Psalterien des 12. und 13. Jhs meist dem Psalm 109 beigegeben: »Der Herr sagt zu meinem Herrn: Sitze zu meiner Rechten«, der in der Liturgie wie in der Exegese stets christologisch und trinitarisch gedeutet wurde (vgl. Nr. 11). Die Gleichheit des Antlitzes der beiden Personen drückt die Wesensgleichheit von Vater und Sohn aus, der umhüllende Mantel die Einheit der göttlichen Personen. Ausgehend von den Psalterien erscheint das Bild auch in Andachts- und Stundenbüchern. In vorliegender Handschrift kann es auch die ewige Auserwählung des Menschen in der Dreifaltigkeit zum Ausdruck bringen, wie sie in den mystischen Schriften des Meisters Eckhart am prägnantesten erklärt wird, z. B. in dem Kommentar zu dem Wort »in principio« aus dem Johannes-Evangelium (1,1). Ausgehend von dem Gedanken, daß der Mensch in Gott Vater von Ewigkeit verborgen ist, fährt er fort: »Hier habe ich in Ewigkeit geruht und geschlafen in der verborgenen Erkenntnis des ewigen Vaters, innebleibend, unausgesprochen. Aus dieser Lauterkeit hat er mich in Ewigkeit geboren als seinen eingeborenen Sohn in das Ebenbild seiner ewigen Vaterschaft, auf daß ich Vater sei und den gebäre, von dem ich geboren bin«. (Meister Eckhart, Die deutschen Werke I, 382, 6–9; vgl. Ruh, S. 138).

Degering S. 144–145 · Wegener S. 22. – Lit.: K. Ruh, Meister Eckhart: Theologe-Prediger-Mystiker, München 1985.

30

30

Bibel

Köln (?), Anfang des 14. Jhs · Pergament, 535 Bl., 18 x 11 cm
Staatsbibliothek, Ms. theol. lat. fol. 8
Abbildung

Die Bibel wurde nach nordfranzösischen bzw. Pariser Vorlagen zu Beginn des 14. Jhs möglicherweise in einer Kölner Werkstatt geschrieben und mit Deckfarbeninitialen auf poliertem Goldgrund zu Beginn eines jeden Buches ausgestattet. Die Initiale zur Apokalypse Bl. 483v zeigt als Autorenbild »eines der beliebtesten

Tafel 6 Die Heilige Dreifaltigkeit (Kat. Nr. 29)

Tafel 7 Verkündigung mit Nebenszenen (Kat. Nr. 42)

Tafel 8 Die Herzogin Maria von Geldern (Kat. Nr. 45)

Tafel 9 Der ungläubige Thomas (Kat. Nr. 45)

deutschen Andachtsbilder« (E. Greenhill), die Christus-Johannes-Gruppe. Das Motiv beruht auf dem Abendmahlsbericht des Johannesevangeliums (13,23), wonach »der Jünger, den Jesus liebhatte« beim Abendmahl an der Brust des Herrn ruhte, und den Ausdeutungen dieser Stelle in den deutschen mystischen Schriften der Zisterzienserinnen von Helfta und der Dominikaner am Oberrhein. Schon in den Hoheliedkommentaren und der Homiletik der Kirchenväter findet man die Idee von der Brust Christi, aus der die himmlischen Geheimnisse, die Erkenntnis seiner Gottheit, fließen. Die Mystiker deuteten die Stelle als Symbol der Vereinigung der Seele mit Gott in Christus. Zu Beginn des 14. Jhs erfahren diese geistigen Vorstellungen vor allem in Süddeutschland eine feste bildliche Gestaltung, die von der Abendmahls- wie der Braut- und Bräutigam-Ikonographie geprägt ist. Die »Abendmahlsumgebung« fällt dabei meist weg, Christus und Johannes werden wie hier nebeneinander sitzend dargestellt, der Jünger schläft mit seinem Haupt an der Brust des Herrn. Christus erhebt die Hände zur Rede »Ego sum A et O principium et finis ...« (Apok. 1,8). Am Rand der Initiale das Symbol des Opfertodes Christi, der Pelikan, der nach der Legende mit seinem Herzblut seine Jungen nährt, vgl. Apok. 1,5: »der uns geliebt hat und rein gewaschen hat von unseren Sünden mit seinem Blut«.

Rose Nr. 241 · H. Swarzenski, Quellen zum deutschen Andachtsbild. In: Zeitschr. f. Kunstgeschichte 4, 1935, S. 144 · E. Greenhill, The Group of Christ and St. John as Author Portrait. In: Festschrift Bernhard Bischoff, Stuttgart 1971, S. 407. – Lit.: R. Hausherr, Über die Christus-Johannes-Gruppe. In: Festschrift für A. H. Wentzel, Berlin 1975, S. 79–103 · E. M. Vetter, Das Christus-Johannesbild der Mystik. In: Mystik am Oberrhein, Ausstellungskat., Freiburg/Br. 1978, S. 37–50.

31

Missale

Prüm, Anfang des 14. Jhs · Pergament, 255 Bl., 34,5 x 24,5 cm
Staatsbibliothek, Ms. theol. lat. fol. 271
Tafel 10 (s. Seite 72)

Das Prümer Missale ist eines der frühen Beispiele hochgotischer Buchkunst in Deutschland. Die 15 historisierten Initialen, die Drôlerien und die Randleisten im Dornblattstil sind bis auf einige Ausnahmen von einem in Paris geschulten Meister ausgeführt worden, dessen Stil enge Verwandtschaft mit der sogenannten Ste. Chapelle-Gruppe zeigt. Der Künstler hat die freie Gestaltungsmöglichkeit auf den Rändern nicht nur, wie üblich, für Drôlerien benutzt, sondern auch, um die private Marienfrömmigkeit zu dokumentieren. Bei den Marienfesten finden sich Engel mit Kerzen und betende Mönche, die ihre Verehrung auf das übliche Marienbild der Initiale richten. Ein eindrucksvolles Beispiel liefert die Madonna mit Kind auf dem Rand des Kanonblattes (Bl. 13^{r}). Auch hier ist französischer Einfluß deutlich. Durch Bernhard von Clairvaux war das Bewußtsein von der menschlichen Existenz Christi, und damit auch eine Vermenschlichung der Gefühle in der Frömmigkeit überhaupt gewachsen, was sich besonders in der Vorstellung des liebevollen Verhältnisses von Mutter Maria und dem Jesus-Kind offenbart. In dieser innigen Mutter-Kind-Beziehung liegt auch eine allegorische Bedeutung: »das innerliche Geborenwerden Christi im Herzen der Gläubigen« (H. Rahner) und daraus erwachsend das persönliche Christus-Verhältnis, wie es vor allem die rheinischen Mystiker beschreiben. Gleichzeitig macht sich in der Darstellung Marias als junger, idealisierter Frau der Einfluß des ritterlichen Frauenkultes der Troubadour- und Minnesangzeit bemerkbar. Der Codex ist für das Benediktinerkloster St. Salvator in Prüm (Eifel) angefertigt, wie aus den Einträgen im Kalendar hervorgeht. Die Benediktinermönche, die, wie auch auf dem hier ausgestellten Kanonblatt, fromm betend oder pikant karikiert die Ränder beleben, bestätigen diese Herkunft. Die historisierten Initialen im Text zeigen Illustrationen mit konventioneller Thematik zum Meßkanon. Dieses Missale umfaßt nur den Winterteil der römischen Meßliturgie.

Rose Nr. 704 · Zimelien Nr. 58. – Lit.: R. Branner, Manuscript Painting in Paris during the Reign of St. Louis, Berkeley 1977 · Schatzkunst Trier, [Ausstellungskat.:] Treveris Sacra. Bd. 3, Trier 1984, Nr. 83.

fidei cultoribus.
Memento dn̄e fa
mulorum famu
larumq; tuarum. N.
et omnium circum
astancium quorum
tibi fides cognita est
et nota deuocio. pro
quibus tibi offerim'.
uel qui tibi offerunt
hoc sacrificium lau
dis pro se suisq; omi

32

Armenbibel

Mitteldeutschland, um 1350–1360 · Pergament, 9 Bl., 48,5 x 33 cm
Staatsbibliothek, Ms. germ. fol. 1362

Die typologische und allegorische Bibelerklärung, die sich nach den Kirchenvätern in den mittelalterlichen Klöstern und theologischen Schulen weiterentwickelt hat, findet seit dem 13. Jh. auch im Frömmigkeitsleben breiterer Kreise Anklang. Zeugnisse hierfür sind die Ikonographie der Kathedralen und Handschriften, in Frankreich die Bibles moralisées, in Deutschland die erst seit dem 18. Jh. so genannte Armenbibel. Die vorliegende Handschrift ist ein besonders schönes Exemplar dieser Gattung, mit zart lavierten Federzeichnungen ausgestattet. Die vier Bildgruppen auf jeder Doppelseite bilden eine Einheit, sie stellen in dem kreisförmig gerahmten Mittelfeld ein zentrales Christusmysterium dar, umgeben von zwei Szenen aus dem Alten Testament und vier Propheten-Medaillons. Dem liegt der Gedanke zugrunde, daß die Personen und Ereignisse im Alten Testament bereits auf die Erfüllung des göttlichen Heilsplans durch Christus hinweisen. Auf dem ausgelegten Doppelblatt (Bl. 6v/7r) ist das Leiden Christi dargestellt. Bl. 6v oben: Die Verspottung und Dornenkrönung Christi (Matth. 27,27–51), daneben links: Ham, der Sohn Noahs, verspottet seinen Vater, der die berauschende Wirkung des Weins nicht erkannt hat (Gen. 9,20–27), rechts: Knaben verspotten den Propheten Elia wegen seiner Kahlköpfigkeit, vorne zwei Bären, die die Knaben zur Strafe töten werden (2 Kge. 2,23–25). Unten: Christus trägt das ihm vom Vater auferlegte Kreuz (Joh. 19,17), daneben links: Isaak trägt auf Abrahams Geheiß das Holz, das für seinen eigenen Opfertod bestimmt ist (Gen. 22,6), rechts: die Witwe von Zarephta trägt Feuerholz für den Propheten Elia zusammen, den sie, wie es Gott befohlen hat, bei sich beherbergt (1 Kge. 17,10). Bl. 7r oben: Der gekreuzigte Christus erlöst die Menschen vom Verderben. Daneben links: Gott erlöst Isaak durch einen Engel vom Opfertod, rechts: die eherne Schlange, die Moses auf Jahwes Geheiß anfertigt, erlöst die Juden vom sicheren Tod durch Schlangenbiß (Num. 21,4–9). Unten: Aus dem Herz des gekreuzigten Christus fließt Blut und Wasser (Joh. 19,34). Daneben links: Gott erschafft Eva aus der Rippe Adams, rechts: Moses schlägt Wasser aus dem von Gott bezeichneten Felsen (Exod. 17,1–7).

Degering 1, S. 182 · Wegener, S. 10–12 · Zimelien Nr. 109 · M. Thomas, Ikonographische Interpretation und historische Gestalt. In: Zeitschr. f. Religions- und Geistesgeschichte 28, 1976, S. 163–167.

Tafel 10 Madonna aus dem Prümer Missale (Kat. Nr. 31)

33

Messauslegung

Süddeutschland (Augsburg ?), 1471 · Pergament, 106 Bl., 31 x 22,5 cm
Staatsbibliothek, Ms. germ. fol. 1287
Tafel 11 (s. Seite 74)

Das aufgeschlagene Andachtsbild (Bl. 106r) zeigt den hl. Bernhard von Clairvaux in enger Umarmung mit dem gekreuzigten Christus. Wegen des besseren Kontrastes zu dem Körper Christi trägt er statt der weißen die seltenere schwarze Ordenstracht. Auf dem Boden liegen seine Attribute, Buch und Abtsmitra. Im Hintergrund betet ein Zisterzienserbruder als sogenannter »stiller Zeuge«, ein häufiges Motiv in der mittelalterlichen Ikonographie. Rechts unten das Wappen Bernhards von Clairvaux, der aus einem burgundischen Adelsgeschlecht stammte, links vielleicht das Adelswappen des Abtes eines Zisterzienserklosters. Die Darstellung der Umarmung Christi gibt keine Vision Bernhards wieder, sondern will die übergroße Christusliebe verdeutlichen, die aus den Werken und dem Leben Bernhards spricht. Sie erscheint in der 1. Hälfte des 14. Jhs nördlich der Alpen als selbständiges Andachtsbild. Die Handschrift enthält noch zwei weitere Andachtsbilder: Bl. 1v Mariae Heimsuchung, eine Kopie nach einem Kupferstich des Meisters E. S. (Lehrs 17) und das Kanonbild Bl. 63v. Die Bilder sind eine »sorg-

49

ist 78 jar der dise buch geschryben ist

fältige, aber wenig geschickte Arbeit« (Wegener). A. von Rohr, Hannover, vermutet als Miniator Berthold Furtmeyer aus Regensburg (briefl. Mitteilung). Der Text »Messe singen oder lesen«, die älteste deutsche Gesamterklärung der Messe, wurde nach dem Schlußsatz auf Bl. 105v 1471 geschrieben. Sie ist sehr ausführlich und gibt auch den Kanon und die Konsekrationsworte lateinisch und deutsch wieder, wie es in den Meßerklärungen für Laien nicht üblich, ja sogar verboten war. In den Text eingefügt sind Privatgebete aus verschiedenen deutschsprachigen Meßandachten (vgl. Reichert S. LXXXII-LXXXIII). Der anonyme Verfasser könnte inhaltlichen Kriterien zufolge Weltgeistlicher der Diözese Augsburg gewesen sein. Vorliegender Codex ist die einzige heute bekannte Handschrift vor dem Erstdruck bei Creussner in Nürnberg um 1480, der im Vergleich zur Handschrift im Text nur wenige orthographische und dialektgebundene Abweichungen aufweist. Bezeichnenderweise fehlt jedoch das durch das Wappen persönlich motivierte bernhardinische Andachtsbild. In einer 2. Nürnberger Ausgabe (nach 1480) wurde die Erklärung der Konsekrationsworte offenbar auf höheren Einspruch hin weggelassen, »darumb das solichs mit nichten dem leyen gepuert«.

Degering 1, S. 172 · Wegener S. 101–103 · A. Häußling, in: Archiv für Liturgiewissenschaft 24, 1982, S. 437 · F. O. Büttner, Imitatio pietatis, Berlin 1983, S. 150, Anm. 67 · K. Illing, »Meßerklärung Messe singen oder lesen«. In: VfL² 6, Sp. 446–448. – Lit.: A. Franz, Die Messe im deutschen Mittelalter, Freiburg i. Br. 1902 (Nachdr. Darmstadt 1963), S. 632–633; 711–717 · F. R. Reichert, Die älteste deutsche Gesamtauslegung der Messe, Münster 1967 · ds., in: Archiv für Liturgiewissenschaft 20/21, 1978/79, S. 117–120 · H. Bevers, Meister E. S. [Ausstellungskat.: München, Staatl. Graph. Sammlung und Berlin, Kupferstich-Kabinett PK], München 1987, S. 27–28, 109.

34

Süddeutscher Glauben und Beichte

Fränkische Kartause, um 1385 · Papier, 147 Bl., 20,5 x 15 cm
Staatsbibliothek, Ms. germ. qu. 1486

Zu den ältesten Handschriften in althochdeutscher Sprache gehören die Andachten, Glaube und Beichte genannt, die dem Priester bei der Vorbereitung des Volkes auf die jährliche Osterkommunion dienen sollten. Vorliegende Handschrift enthält neben Predigten und mystischen Texten (u. a. von Meister Eckhart) eine solche Gebetsgruppe (Bl. 1). Der Codex ist in einer fränkischen Kartause um 1385 (nach Untersuchung der Wasserzeichen) entstanden. Die gleiche Katechese ist noch in einer Handschrift des 12. Jhs (München BSB, Cgm 5248) überliefert. Nach einem einleitenden Text werden die Gläubigen aufgefordert, Credo, Vaterunser und Ave Maria zu beten. Dann folgt das gemeinsame Sündenbekenntnis, das als Gruppenbeichte galt, und ein Bittgebet für die Kirche. Die Handschrift stammt aus der Sammlung Phillipps (Nr. 21155).

H. Degering, in: Mitteilungen aus der Kgl. Bibl. 3,2 1917, S. 102–125 · Degering 2, S. 243–244 · E. von Steinmeyer, Die kleineren althochdeutschen Sprachdenkmäler, Berlin/Zürich 1963, S. 345–350.

35

Theologisch-asketische Sammelhandschrift

Lippstadt, Ende des 14. Jhs · Papier, 275 Bl., 23 x 16 cm
Staatsbibliothek, Ms. theol. lat. fol. 178

Die Handschrift umfaßt eine Sammlung von 54 vollständig oder auszugsweise übernommenen Werken, darunter die meistverbreiteten Gebet- und Betrachtungsbücher des Hochmittelalters: Die Meditationen, die Johannes von Fécamp der Kaiserin Agnes widmete, die Meditationen des Pseudo-Bernhard von Clairvaux, die Gebete und Meditationen des Anselm von Canterbury für die Markgräfin Mathilde von Tuszien und die hier Bl. 211v aufgeschlagenen Meditationen, die Eckbert von Schönau für seine Schwester Elisabeth verfaßte (hier unter dem Namen des Bernhard von Clairvaux), und nicht zuletzt die Soliloquia des Augustin, die Modell für diese ganze Gebetsgattung wurden. Daneben stehen theoretische Werke über das monachale Gebet,

Tafel 11 Der hl. Bernhard umarmt den Gekreuzigten (Kat. Nr. 33)

z. B. die Scala claustralium des Kartäusers Guigo II. Form und Inhalt sprechen dafür, daß die Handschrift für die Novizen des Augustinerklosters in Lippstadt abgeschrieben wurde. Die Untersuchung der Wasserzeichen ergibt eine Datierung um 1395/98. Im Zuge der Klosterreform, die Ende des 14. Jhs anfing, wurden die alten Gebets-und Andachtstexte auch in dem im 13. Jh. gegründeten Augustiner-Eremitenkloster zu Lippstadt neu abgeschrieben und exzerpiert. Ganz im Geiste der Devotio Moderna haben auch die westfälischen Mendikantenorden für die Erneuerung des geistigen Lebens und die Bildung ihrer Novizen auf die alte Gebetstradition des westlichen Mönchtums zurückgegriffen. Die Texte der so entstandenen Sammlungen wurden – z. T. in landessprachlicher Übersetzung – zu neuen Gebetbüchern vereinigt, die der Erneuerung des geistlichen Lebens von Mönchen und Laien dienten. Diese geistige Bewegung markiert das Entstehen des spätmittelalterlichen Gebetbuches, das in seiner typischen Form und gewaltigen Verbreitung ohne Vorbild war.

Rose Nr. 426 · K. Elm, Mendikantenstudium, Laienbildung und Klerikerschulung im spätmittelalterlichen Westfalen. In: Studien zum städtischen Bildungswesen des späten Mittelalters und der frühen Neuzeit, hrsg. von B. Moeller u. a., Göttingen 1983, S. 615.

36

Obersächsisches Gebetbuch

Obersachsen (Leipzig ?), Letztes Viertel des 14. Jhs · Pergament, 78 Bl., 14 x 10 cm
Staatsbibliothek, Ms. germ. oct. 489
Abbildung

Die Handschrift verkörpert eine frühe Entwicklungsstufe des spätmittelalterlichen Gebetbuches. Sie enthält 27 ganzseitige Bilder in Deckfarben von hellem, bunten Kolorit. 24 Miniaturen stehen den Gebeten voran. Sie bilden einen der Zisterzienser- und Franziskaner-Tradition verhafteten Leben-Jesu-Zyklus; die besondere Verehrung franziskanischer Heiliger läßt jedoch auf franziskanische Tradition schließen. Die stilistische Verwandschaft der Miniaturen mit der obersächsischen Buchmalerei (Wegener)

36

muß noch genauer untersucht werden. Bl. 23^r–58^v eine Reihe wohl aus dem Lateinischen ins Obersächsische umgedichteter Memento-Gebete, eingeleitet durch »Ich mane dich«, über die Passion Christi. Die Gebete werden durch kurze, zusammenfassende Rubriken eingeleitet. Bl. 35^r ein längeres Gebet, in dem litaneiartige »Ermahnungen« mit »Pater noster« und »Ave Maria« wechseln. Charakteristisch für die älteren Gebetbücher in deutscher Sprache sind die Vorschriften über die Körperhaltung, die der Betende bei den einzelnen Gebeten einnehmen soll, z. B. Bl. 31^r »Zu dem ersten sol man stende sprechen«; diese Vorschriften finden sich auch in einem Gebetbuch aus dem 1. Viertel des 14. Jhs in bayerischer Mundart, München BSB, Cgm 73, 25^v–37^v. Am Schluß des vorliegenden Gebetbuches Gebete zu den Heiligen. Als Beispiel für die spätmittelalterliche Leidensmystik steht Franz von Assisi. Aufgeschlagen ist Bl. 61^r die Stigmatisierung des hl. Franz von Assisi, die ihm wegen seiner völligen Selbstaufgabe, seiner konsequenten, wörtlich genommenen Nachfolge Christi am Kreuzerhöhungsfest des Jahres 1224 auf dem Alvernoberg bei Arezzo zuteil wurde. Der Künstler hat die Szene in der seit dem 14. Jh. üblichen Form gestaltet. Der Heilige in der Tracht seines Ordens kniet mit betend erhobenen Händen und erblickt über sich den Gekreuzigten, der mit Seraphsflügeln auf ihn zufliegt. Die von den Wunden Christi ausgehenden roten Strahlen symbolisieren die Stigmatisierung. Im Hintergrund kniet ein Franziskanerbruder, der vielfach in der Ikonographie auftauchende »stille Zeuge«. Diese Darstellung der Stigmatisierung des hl. Franz ist ein sehr frühes Zeugnis für Deutschland, wo sie erst seit dem 15. Jh. häufiger auftritt. – Wie aus dem Stifterbild Bl. 1r hervorgeht, hat eine adlige Dame das Gebetbuch in Auftrag gegeben.

Degering S. 161 · Wegener S. 130

37

Imitatio Christi

Libri IV de imitatione Christi et de contemptu omnium vanitatum mundi. Druck. Antwerpen: Matthias van den Goes (um 1486)
Staatsbibliothek, Inc. 4798

Die Imitatio Christi ist das klassische Andachtsbuch, der Leitfaden für das geistliche Leben in der Nachfolge Christi, das bis heute eines der meistedierten religiösen Bücher geblieben ist und nahezu in alle Weltsprachen übersetzt wurde. Das Geheimnis der Wirkung der Imitatio Christi beruht auf der Verbindung der gesamten theologischen Tradition des Mittelalters mit der persönlichen Glaubenserfahrung des Autors, dargeboten in einer Folge knapper, sentenzartiger Merksprüche, die in einprägsamer Weise dem Frommen den Weg der Glaubensverinnerlichung bewußt machen. Das Werk ist in 4 Bücher eingeteilt; die Bücher 1–3 entsprechen gewissermaßen dem dreistufigen Weg des Gottsuchenden: das geistliche Leben des Gläubigen in der Welt, der innere Wandel der Seele des Gläubigen, das tröstliche Geborgensein des Gläubigen in Gott. Das 4. Buch behandelt den rechten Gebrauch der hl. Kommunion. Das einleitende Kapitel des 3. Buches faßt sehr prägnant den Sinn des gesamten Werkes zusammen: Vom intimen Gespräch Christi mit der gläubigen Seele. Man hat der Imitatio Christi einseitige Weltfremdheit, ja Weltverleugnung nachgesagt. Diese Deutung verkennt jedoch die eigentliche Intention des Autors, der gerade durch Askese und Gebet erreichen will, daß der Mensch »alle Dinge beurteilt wie sie in Wirklichkeit sind« (2. Buch, 1. Kap.) und die Liebe spürt, mit der Gott ihm entgegen tritt. Wegen ihrer weisen, demütigen Einsicht in den wahren Sinn des menschlichen Seins hat man zurecht die Imitatio Christi den großen Werken der fernöstlichen Mystik (Tao Te King, Pantanjali) und des antiken Humanismus (Epiktet, Mark Aurel) an die Seite gestellt (Bernard Spaapen). Über den Autor der Nachfolge dauert die Diskussion bis heute an. Im vorliegenden Antwerpener Frühdruck wird, wie auch in anderen Frühdrucken, der Pariser Moraltheologe Jean Gerson fälschlich als Autor genannt. In seiner kritischen Edition von 1982 greift T. Lupo auf die Studien von R. Pitigliani und E. Puyol zurück, die, von einer vermeintlichen Anciennität der italienischen Handschriften ausgehend, den Autor der Imitatio Christi in norditalienischen Benediktinerkreisen vermuten. Besser bezeugt ist jedoch die These von der Zugehörigkeit des Verfassers zur Devotio Moderna, obwohl man keinen Verfasser direkt namhaft machen kann. Die Autorschaft des Thomas von Kempen bleibt auch nach der kritischen Edition des sogenannten Autographs (Hs. Brüssel KB, ms. 5855–61) zweifelhaft. In der neueren Forschung wird mit plausiblen Gründen die Entstehung in einer der Devotio-Moderna-Bewegung nahestehenden rheinischen Kartause angenommen (A. Ampe). Auf jeden Fall hat der Verfasser das in seinem Werk empfohlene »ama nesciri« (liebe es, unbekannt zu bleiben) für sich selbst erreicht.

Hain 9082 · M.-L. Polain, Catalogue des livres imprimés quinzième siècle des bibliothèques de Belgique 2, Nr. 2048. – Lit.: Le manuscrit autographe de Thomas a Kempis et l'imitation de Jésus Christ. 2 Bde, ed. von L. M. J Delaissé, Paris, usw. 1956 · De Imitatione Christi libri quatuor. Ed. T. Lupo, Città del Vaticano 1982 · A. Ampe und B. Spaapen, Imitation de Jésus Christ. In: Dict. de Spiritualité 7, Sp. 2338–2368.

38

Jacobus de Theramo: Belial

Oberfranken, 1445 · Papier, 145 Bl., 30 x 21 cm
Staatsbibliothek, Ms. germ. fol. 657

Der Belial ist ein Erbauungsbuch, das in den Formen eines römisch-kanonistischen Prozeßverfahrens die Erlösung der Menschen durch Christus behandelt. Die Hölle, vertreten durch ihren Verwalter Belial, klagt gegen Christus, vertreten durch Moses, vor dem von Gott bestellten Richter Salomo um ihre Rechte am Menschen, die sie durch den erlösenden Kreuzestod Christi geschmälert sieht. Die vorliegende Handschrift ist für einen Angehörigen des oberfränkischen Reichsrittergeschlechts der Schaumburg auf Kleinziegenfeld bei Kulmbach angefertigt (vgl. Wappen Bl. 1^{r}). Sie enthält den deutschen und lateinischen Text, jedoch nur die deutsche Version ist mit qualitätvollen Federzeichnungen geschmückt. Aufgeschlagen ist am Schluß der deutschen Fassung (Bl. 60^{r}) das Andachtsbild der Maria, die als Mutter Christi, des menschgewordenen Gottes, wesentlichen Anteil am Erlösungswerk hat. Nach der seit dem 12. Jh. bekannten Deutung wird sie auch hier als Himmelskönigin und neue Eva mit dem sogenannten apokalyptischen Weib, sternenbekränzt im Strahlenglanz der Sonne (Apok. 12,1) und der in Genesis (3,15) geweissagten Frau, die die Schlange, d.h. den Teufel, das Böse, zertritt, gleichgesetzt. In diese Darstellung Marias ist auch die Vorstellung von Maria als Mutter und Symbol der Kirche mit eingeflossen; so werden die 11 Sterne um ihren Nimbus als Zeichen der Apostel gedeutet, die sich um Maria scharen. Die bildliche Darstellung der apokalyptischen Maria im Strahlenkranz ist zuerst in einem Apokalypse-Kommentar des Rupert von Deutz überliefert, der im 3. Viertel des 12. Jhs in der Zisterzienserabtei Heiligenkreuz (Heiligenkreuz, Stiftsbibliothek, Cod. 83) entstanden ist. Im Spätmittelalter fand das Bild der Maria im Strahlenkranz im Zusammenhang mit Ablaßgebeten weite Verbreitung.

Degering 1, S. 72 · Zimelien Nr. 112. – Lit.: N. H. Ott, Rechtspraxis und Heilsgeschichte. Zur Überlieferung, Ikonographie und Gebrauchssituation des deutschen »Belial«, München 1983, S. 267–272, 292.

39

Ars Moriendi

Druck: Leipzig: Konrad Kachelofen, um 1495/98
Staatsbibliothek, Inc. 1244
Tafel 12 (s. Seite 79)

Im 15. Jh., wo der Tod durch die ständigen Pestepidemien allgegenwärtig war, entstand eine eigene Literaturgattung, die Ars moriendi, die Sterbekunst. Ursprünglich für den Priester als seelsorgerische Hilfe am Sterbebett gedacht, griffen zunehmend auch Laien nach diesen Erbauungsbüchlein, um im Falle des eigenen Todes gerüstet zu sein oder um einem Freund Sterbehilfe leisten zu können, wenn kein Priester zur Hand war. Am beliebtesten war die sogenannte Bilder-Ars, die um 1450/60 mit Holzschnitten des Meisters E. S. als Blockbuch gedruckt wurde. In Nachfolge dieses Meisters sind auch die späteren Drucke – wie vorliegender – mit 14 Holzschnitten illustriert worden. Das Buch beschränkt sich auf die Sterbestunde, in kurzen Abrissen werden die fünf wichtigsten Anfechtungen des Teufels den fünf guten Einsprechungen des Engels in der Sterbestunde gegenübergestellt. Die Bilder dienen nicht nur der Erklärung des Textes, sondern haben, wie der Verfasser betont, eine durchaus selbständige Funktion gerade auch für den leseunkundigen Laien. Der Verfasser ist unbekannt, wahrscheinlich war er ein französischer Geistlicher. Der lateinische Text wurde in allen westeuropäischen Ländern nachgedruckt und auch in die Landessprachen übersetzt. – Aufgeschlagen die beiden Titelbilder: Links die Einzelbeichte der Gläubigen vor dem Priester, die beste Vorbereitung auf den stets gegenwärtigen Tod. Teufel schleichen sich heran, um die Menschen vom Sündenbekenntnis abzuhalten, Engel treten dazwischen und schützen den Beichtenden. Rechts das Sterbelager in einer bürgerlichen Wohnstube: Der Priester spendet die Hostie, auf dem Tisch die Abendmahlsgeräte, ein Engel

Tafel 12 Sterbezimmer aus der Ars Moriendi (Kat. Nr. 39)

steht zu Häupten des Sterbenden, ein anderer schwingt das Rauchfaß, der Teufel hält das nicht aus und verschwindet unter dem Bett. Am Fußende kniet die Ehefrau, Verwandte und Freunde beten die Sterbegebete mit.

GW 2577. – Lit.: R. Rudolf, Ars moriendi, Köln/Graz 1957, S. 69–74 · H. Bevers, Meister E. S., [Ausstellungskat. München, graphische Samml. und Berlin, Kupferstichkab.], München 1987, Nr. 90, S. 74–76.

40

Heinrich Arnoldi von Alfeld

Süddeutschland (Buxheim, Kartause), 1505 · Papier, 220 + 173 + 132 Bl., 21,5 x 15,5 cm
Staatsbibliothek, Ms. theol. lat. qu. 324. Bd. 1.2.4.

Die Orationes et Meditationes sind eine Sammlung der Werke des Heinrich Arnoldi von Alfeld (1407–1487), der ab 1449 das Priorat der Basler Kartause St. Margarethental innehatte. Die Werke und auch die Sammlung waren zunächst nur für den Gebrauch der Basler und anderer Kartausen bestimmt, um den Mönchen das ganze Jahr hindurch geistige Nahrung für ihr persönliches Gebet zu vermitteln. Die Sammlung ist übersichtlich in 5 Teile gegliedert. Die beiden ersten Teile führen durch Betrachtungen über die Person Christi und die Kardinaltugenden des Mönchs (humilitas, Demut und caritas, christliche Liebe) zu den Grundlagen des Gebets. Die Teile 3 und 4 bringen Gebete nach den liturgischen Festen des Kirchenjahres, der letzte Teil Gebete speziell für die Basler Kartause. Die im ersten Teil enthaltene »Meditatio de mysterio incarnationis et passionis totaque vita Christi« zeigt deutliche Verwandschaft mit der franziskanischen Mystik, insbesondere mit den »Meditationes vitae Christi« des Ps. Bonaventura (Nr. 23) und der »Vita Christi« des Ludolf von Sachsen (Nr. 25). In dem »Dialogus Jesu et Mariae de humani generis salute« (hier aufgeschlagen der Beginn des Dialogs Bl. 87^{v}) nimmt Arnoldi die alte Tradition des Dialogs wieder auf. Diese stilistische Form bewirkt eine größere Nähe des Lesers zu den Dialogpartnern und verdeutlicht indirekt Arnoldis Gebetsauffassung als eine persönliche Hineinbezogenheit des Betenden in die göttlichen Geheimnisse. Die knappen, kurzen Sätze des Dialogs sollen, wie Arnoldi betont, auch die Einfachen und Schwachen und die, die zum Gebet keine Zeit haben, zum rechten Beten anleiten. Das könnte auf eine beabsichtigte Wirkung des Werkes auch auf Laien deuten. Arnoldi steht mit seinen Werken in der Tradition der großen Gebetssammlungen des Spätmittelalters (vgl. Nr. 35), die die Überlieferung aufarbeiteten und ganz im Sinne einer wahrhaft verstandenen »devotio moderna« mit neuem Inhalt erfüllen. Diese Sammlungen waren Reservoir und Vorbild für die vielen lateinischen Gebetbücher im Octavformat, die im Spätmittelalter bei allen großen Orden als Privatgebetbücher der Mönche und Schwestern in Umlauf kamen und bis heute in großer Anzahl bewahrt geblieben sind. Die wahrscheinlich von seinem Schüler und Nachfolger im Priorat, Jacobus Louber (1440–1513) zusammengestellte Werkausgabe Arnoldis ist nur in der Berliner Handschrift überliefert, der das Hauptstück des 4. Teils fehlt. Die in drei Bände gebundene Berliner Handschrift wurde auf Geheiß Laubers 1505 in der Kartause Buxheim abgeschrieben, wo er 1502–1507 Prior war. In Buxheim ist die Handschrift vom Beginn des 16. bis zum 18. Jh. durch Besitzeinträge nachgewiesen. Nach Auflösung der Kartause 1802 gelangte sie in den Handel. Doch seit 1884 war das Werk Arnoldis verschollen, bis es bei der Katalogisierung der Berliner theologischen lateinischen Handschriften in quarto wiederentdeckt wurde.

G. Achten, Die Meditationes et Orationes des Arnoldi von Alfeld wiederentdeckt. In: Historia et Spiritualitas Cartusiensis colloquii quarti internationalis Acta, Destelbergen 1983, S. 15–20 · ders., Die theologischen lateinischen Handschriften in Quarto der Staatsbibliothek PK Berlin. Tl. 2, Wiesbaden 1984, S. 121–128.

41

Lateinisch-französisches Stundenbuch

Paris, Anfang des 15. Jhs · Pergament, 225 Bl., 24 x 17,5 cm
Kupferstichkabinett, 78 C 4

Das Stundenbuch ist von einem unbekannten Maler mit dem Notnamen »Meister des Marschalls Boucicaut« und seiner Werkstatt mit Miniaturen, Bordüren und Initialen illuminiert worden. Dieser Künstler, einer der frühen Vertreter des sogenannten internationalen Stils, trägt den Notnamen nach seinem Hauptwerk, dem Stundenbuch für den französischen Marschall Jean de Boucicaut. Charakteristisch für ihn, den Panofsky den »bedeutendsten Pionier des Naturalismus« genannt hat, ist das Gefühl für Raum und Perspektive, die genaue Beobachtung der Details und die Fähigkeit, Figurengruppen harmonisch in Landschaften oder Innenräumen anzuordnen; hinzu kommt ein Sinn für klare, leuchtende Farben, besonders gern verwendet er Grün und Zinnoberrot. Aufgeschlagen Bl. 199^r Andachtsbild zu den Horen des hl. Kreuzes: Christus am Ölberg nach dem vom 14. Jh. an häufig auftretenden Bildschema. Christus kniet im zarten, hälmchenweise gezeichneten Gras betend vor einem Felsen, hinter ihm drei schlafende Jünger. Die von einer unsichtbaren Lichtquelle erleuchtete Szene ist durch den Zaun des Gartens eng begrenzt. Am bestirnten Nachthimmel erscheint kaum erkennbar zwischen den Goldwölkchen und -sternen Gott-Vater. Die auffälligen Prachtbordüren aus üppigen Akanthuswedeln, die sich wendend die Farbe wechseln, und Mohnkapseln auf Goldgrund sind innerhalb der Boucicaut-Werkstatt in einer zweiten Werkphase hergestellt worden. Die geänderte Konzeption könnte auf den besonderen Wunsch eines Bestellers zurückgehen. Im Blattwerk der Bordüre ist die Ölberg-Szene nochmals behandelt: Oben Christus betend, unten die schlafenden Jünger, rechts die Gefangennahme und der Judaskuß. Die linke Seite (198^v) zeigt die ursprünglich vorgesehene Dornblattumrahmung des Boucicaut-Meisters. Im Randdekor auf Bl. 43^r finden sich die bislang nicht beobachteten Buchstaben IB.

Wescher S. 143–145 · M. Meiss, French Painting in the Time of Jean de Berry. The Boucicaut Master, London u. New York 1968, S. 77 · Zimelien Nr. 142. – Lit.: Panofsky S. 53–61.

42

Lateinisches Stundenbuch

Paris um 1450/60 · Pergament, 184 Bl., 23 x 16 cm
Staatsbibliothek, Ms. lat. qu. 920
Tafel 7 (s. Seite 68)

Der prächtig ausgemalte Codex enthält Stundengebete nach dem Gebrauch von Rom und ist wohl in einer Pariser Werkstatt angefertigt, die noch um die Mitte des 15. Jhs in der Nachfolge des Bedford-Meisters arbeitete. Von diesem stammen die Vorliebe für Nebenszenen in kleinen Bildfeldern der Bordüre und der kurze gedrungene Figurentyp. Kaum verändert sind auch die um 1400 entwickelten Architekturen mit vielteiligen Gewölben und mit den »Diaphragma«-Bögen (Panofsky). All dies weist deutlich auf Paris. Am ehesten ist der Künstler in dem Umkreis des Meisters Jean Rolins II. zu suchen. Zum Vergleich: New York, Pierpont Morgan Library, M. 282. Ein Stundenbuch für den Gebrauch von Paris, von demselben Maler wie das Berliner Stundenbuch ausgestattet, befindet sich in Blackburn, City Museum and Art Gallery, Hart Collect., Nr. 091.20927. Auch das Stundenbuch Ms. 76 G 5 in der KB, Den Haag, ist wohl von dieser Hand ausgemalt. Die Handschrift enthält je eine ganzseitige Miniatur am Beginn des Johannes-Evangeliums (22^v), des Mariengebetes »Obsecro te« (31^v), der Bußpsalmen, der Tagzeiten vom hl. Kreuz und vom hl. Geist, und der Totenvigil. Ein Zyklus von 8 Miniaturen ziert die Marienhoren; hier aufgeschlagen die Anfangsseite Bl. 32^r: Maria thront in der Kirche. Neben ihr steht ein Betpult mit der aufgeschlagenen Bibel, darunter liegen noch weitere Bücher: In Maria erfüllt sich, was in den heiligen Schriften über den kommenden Messias prophezeit ist. Der Künstler bringt mit großer Genauigkeit den Verkündigungs-Text bei Lukas 1,26–38 ins Bild. Vor Maria kniet ein Engel, sein Gruß »Ave gratia plena« (sei gegrüßt, die du erfüllt bis von der Gnade des Herrn) bildet das Spruchband. Maria hebt in bescheidener Abwehr die Hände, doch ihr Haupt neigend fügt sie sich in Demut dem Wort Gottes, der, umgeben von Seraphim, durch das offene Fenster den heiligen Geist sendet. Die in das Rankenwerk der Bordüre eingebetteten Nebenszenen zeigen Ereignisse, die die Menschwerdung Christi vorbereiten. Rechts gibt der Hohepriester nach Gottes eindeutigem Gebot Maria dem betagten Joseph zur Frau, der ihr Gelöbnis der ewigen Jungfräulichkeit achten wird. Unten die Geburt

Johannes' des Täufers, des Vorgängers Christi. Vor dem Wochenbett legt der Vater, Zacharias, schriftlich den Namen des Sohnes fest; daneben badet die Hebamme das Neugeborene in einem Zuber – eine in der mittelalterlichen Malerei oft festgehaltene Szene. Der vollständig ausgefüllte Kalender enthält französische, teilweise auch fiktive Heiligennamen. Auf der gegenüberliegenden Seite hat die Stifterin, gekleidet in der Mode der Zeit um 1460, vor dem Gebetpult knieend, ihr Bild eintragen lassen. Ein Engel hält ihr später übermaltes Wappen. Der Vorhang mit den durch Liebesknoten verschlungenen Buchstaben S und b scheint auf eine Verheiratung der Eigentümerin hinzudeuten. Zum Kalender Bl. 6^v steht eine Randnotiz in mittelniederländischer Sprache.

Zimelien Nr. 152. – Lit.: J. Plummer, Last Flowering, New York/London 1982, Nr. 84, Abb. 84 a.

43

Lateinisches Stundenbuch mit französischen Einzelgebeten

Tournai, um 1450 · Pergament, 173 Bl., 20 x 14,5 cm
Staatsbibliothek, Ms. lat. qu. 889

Der Stil der fünf Miniaturen, ornamentierten Initialen und Bordüren weist auf eine Künstlerwerkstatt in Tournai, die von dem Meister des Guillebert de Mets beeinflußt ist. Dazu passen die großfigurigen Kompositionen, die rot, grün, blau und gold geschachten Hintergründe und die doppelte Rahmung der Verkündigungsminiatur mit umlaufendem Textband. Vom Guillebert de Mets-Meister inspiriert ist auch die Akanthus-Verzierung in den Bordüren, die aus einzelnen unverbundenen Rankestücken besteht. Die Handschrift enthält neben den Horen auch eine Sammlung lateinischer und französischer Gebete (Bl. 113^v–151^v; 168^r–173^v); darunter (Bl. 134^r) die 15 Freuden Mariä: »Doulce dame de misericorde«. Aufgeschlagen Bl. 153^v das Andachtsbild zu den Horen des hl. Kreuzes: die Kreuzigungsgruppe mit Maria und Johannes; Christus ist gerade verschieden, seine Wunden bluten. Das Kreuz beherrscht das Bild. Der gekreuzigte ist den Menschen noch greifbar nahe, doch zugleich erreicht die Gnade der Erlösung die ganze Welt, hier symbolisiert durch die sich endlos dehnenden gelbgrünen Felder, die eine gute Ernte versprechen. Unter dem Kreuz liegen Knochen gestreut; nach dem Bericht des Matthäusevangeliums (27,52) öffneten sich die Gräber und viele Leiber der entschlafenen Heiligen wurden auferweckt; wahrscheinlich wird auf die Legende angespielt, nach der Adam unter dem Kreuzhügel beerdigt war: Christus ist der neue lebenspendende Adam. 1566 erhielt die Handschrift den noch erhaltenen Einband im Grolier-Stil. Die Handschrift stammt aus dem Besitz des Buchhändlers und Genealogen Thomas Wotton († 1766). Auf dem vorderen Spiegel ist ein Exlibris mit dem Namen C. Gordlestone geklebt. Die Staatsbibliothek erwarb die Handschrift 1925.

44

Lateinisches Brevier

Bourges (?), um 1464 · Pergament, 419 Bl., 22 x 15,5 cm
Staatsbibliothek, Ms. theol. lat. qu. 6

Das Brevier ließ sich nach einem Eintrag auf Bl. 40^r ein Laie, der Doktor beider Rechte Petrus Mileti, 1464 anfertigen. Sein Familienwappen mit den 3 Bärenköpfen erscheint auf dem hier ausgelegten Doppelblatt rechts unten (Bl. 91^r). Die täglichen nach dem Kirchenjahr angeordneten Gebete und Lesungen (Proprium de tempore oder Usuale breviarii), die mit der Quadragesima beginnen, werden von zwei Miniaturen eingeleitet, die von verschiedenen Künstlern stammen; das Bild links ist, wie auch alle übrigen Miniaturen der Handschrift, in der Art des frühen Jean Colombe gemalt, das Bild rechts folgt dagegen einem älteren Stil. Die Miniaturen stellen das Ende der irdischen Existenz Christi und sein ewiges Dasein in der Trinität dar. Links verkündet der Engel den 3 Frauen, die mit Salbgefäßen vor dem leeren Grab stehen, die Auferstehung des Herrn. Als Erinnerung an den Opfertod Christi überragt das Kreuz symbolisch die Szene. Rechts thront die Hl. Dreifaltigkeit, die dreifache Ausprägung Gottes als Vater, Sohn und heiliger Geist, in einer Engelsgloriole. Die Zeichen ihrer Allmacht, Kreuz und Zepter, stehen mit den Schäften in der Weltkugel zu ihren Füßen. Auf ihren Knien ruht die Bibel, über die Gott Vater die segnende Hand streckt. Die Engelsgloriole veranschaulicht das hierarchische Denken des späten Mittelalters, für das die irdischen gesellschaftlichen Stände etwas Gottgewolltes darstellen »ebenso wesentlich und hierarchisch ehrwürdig wie die himmlischen Throne und die Mächte der Engelshierarchie« (Huizinga). Man kann es sich deutlich vorstellen, daß die unteren Engel weniger über das Geheimnis der Trinität wissen als die, die direkt den Thron umschweben, denn die ihnen festgesetzten Kreise werden sie nie übersteigen können. So fragen auch in der Legenda aurea bei der Schilderung der Himmelfahrt Christi die niederen Engel die ranghöheren über die Person des Auffahrenden, denn es hatten »etliche Engel nicht die ganze Erkenntnis des Mysteriums der Fleischwerdung«. Gott-Vater mit Papst-Tiara und Christus haben denn auch als Herrscher schon die Mienen von Machtmenschen der Renaissance. Von demselben Maler, der bis auf Bl. 91r alle Bilder ausgeführt hat, stammen auch die Miniaturen in dem etwa 15 Jahre jüngeren Stundenbuch, Genf, Bibl. publ. et univ., Ms. lat. 35.

Rose Nr. 737 · Zimelien Nr. 149. – Lit.: L'enluminure de Charlemagne à François Ier. Manuscrits de la Bibl. publ. et univers. de Genève. [Ausstellungskat.: Musée Rath], Genf 1976, S. 130–133, Nr. 55.

45

Gebetbuch der Maria von Geldern

Geldern, 1415 und ca. 1425 · Pergament, 482 Bl., 18,5 x 13,5 cm
Staatsbibliothek, Ms. germ. qu. 42
Tafel 8–9 (s. Seite 69/70)

Das in künstlerischer und inhaltlicher Hinsicht außergewöhnliche Gebetbuch hat laut Kolophon Bl. 410r Bruder Helmich die Lewe aus dem Kloster Marienborn bei Arnheim 1415 für die Herzogin Maria von Geldern († um 1425) geschrieben. Die Adressatin und Bestellerin, die französische Prinzessin Marie d'Harcourt d'Aumale, hatte 1405 den Herzog Reinhald IV. von Geldern und Jülich (1402–23) geheiratet. Die Ehe, die kinderlos blieb, war durch Vermittlung des Bruders des französischen Königs, Louis d'Orleans, zustande gekommen. Durch ihre Familie hatte die Herzogin direkte Verbindung mit dem großen Liebhaber der Kunst, Jean Duc de Berry († 1416). In den Pariser Ateliers arbeiteten nicht wenige Künstler aus Geldern und den umliegenden Ländern, darunter die Brüder von Limburg und van Eyck. Auch für das geldrische Herzoghaus haben im 1. Viertel des 15. Jhs Buchmaler ersten Ranges gearbeitet. Von dieser Arbeit zeugen zwei noch erhaltene Prachthandschriften. Neben dem ausgestellten Gebetbuch ist es das Brevier Reinhalds (New York, Pierpont Morgan Library Ms. 87), das kurz vor 1417 in der Kartause von Monnikhuizen bei Arnheim geschrieben und teilweise auch illuminiert wurde. Mit dieser Kartause unterhielt der Herzog bis zu seinem Tode engen geistigen Kontakt, dort wurde er auch beerdigt. – Das Kloster der Regulierten Augustinerchorherrn Marienborn, in dem Bruder Helmich die Lewe beheimatet war, hatte sich der Windesheimer Kongregation angeschlossen und stand direkt unter dem Einfluß der Devotio Moderna. Geert Grotes berühmtes Stundenbuch war nicht das einzige Produkt dieser geistigen Bewegung, die sich die Förderung der privaten Frömmigkeit durch Sammeln und Übersetzen der lateinischen Gebete in die Volkssprache zum Ziel gesetzt hatte. Helmich die Lewe ist denn auch nicht als bloßer Schreiber, sondern zugleich als Bearbeiter und Übersetzer der Gebete anzusehen. Öfter hat er auch die Anfänge seiner lateinischen Vorlagen genannt. Die umfangreiche und wohldurchdachte Gebetssammlung in Verbindung mit einer künstlerischen Ausstattung von höchster Qualität läßt an einen Auftrag der Herzogin denken (»Dit boich hait laissen scriven Maria herzoginne van Gelre …« Bl. 410r), der über ein privates Frömmigkeitsbegehren hinausging: im Sinne der Devotio Moderna ein Gebetskompendium in der Volkssprache zu schaffen. So ist eines der ältesten Gebetbücher in mittelniederländischer Sprache entstanden.

Freilich bietet gerade die Sprache ein Problem. Es ist kein reines Mittelniederländisch, sondern eine Mischsprache mit starkem kölnischem Einschlag. Das könnte daran liegen, daß Bruder Helmich aus Köln stammte, sich aber, vielleicht auf Weisung der Herzogin, bemühte, das weiter verbreitete Mittelniederländisch zu schreiben. Der von Bruder Helmich geschriebene, 1415 beendete Hauptteil (Bl. 20^{r}–424^{r}) ordnet die Gebete nach den beiden vorgegebenen liturgischen Gruppen, den Festen des Kirchenjahres (de Tempore, Bl. 45^{r}–145^{v}) und den Heiligenfesten (de Sanctis, Bl. 146^{r}–284^{v}). Jedes Fest ist mit einer Fürbitte oder Suffragium, bestehend aus Antiphon mit Oration, bedacht; an einigen Stellen werden auch längere Einzelgebete eingeschoben. Vor dem de Tempore-Teil finden sich die bekannten Passionstagzeiten »Umb dat wredeliche antasten« (Bl. 20^{r}–44^{r}), der de Sanctis-Teil schließt mit einer größeren Gebetssamlung (Bl. 285^{r}–424^{r}). Der de Tempore-Teil mit den Passionstagzeiten und der de Sanctis-Teil mit der Gebetssammlung wurden von zwei verschiedenen Künstlern illuminiert. Der Meister des de Tempore-Teils wird in der Literatur nach den 15 Miniaturen für die Passionstagzeiten als der Passionsmeister der Maria von Geldern bezeichnet. Neben den 23 Miniaturen stammen auch die meisten historisierten Initialen dieses Teils von ihm. Charakteristisch für den Passionsmeister ist die Bewegtheit der fast das Bildformat füllenden Gestalten und die einfühlsame Dramatik der Szenerie. Den Meister des de Sanctis-Teils kennzeichnet eine besondere, neue Technik der Farbgebung (»Farbe in der Farbe«) und eine stets wiederkehrende Physiognomie der Figuren (spitzes Kinn, runde Stirn, punktförmige schwarze Augen). Nach dem ursprünglich vor dem de Sanctis-Teil placierten Bild der Maria von Geldern wird dieser Meister als Meister der Maria von Geldern bezeichnet. Er hat die 67 Miniaturen und die historisierten Initialen des de Sanctis-Teils sowie die über 100 Drôleien des gesamten Gebetbuches gemalt. Die Bordüren treten, gemessen an dem hohen Niveau der Zeichnungen, zurück. Die stark schematisierten Trifolien finden sich auch im Stundenbuch der Kunera von Leefdael (Utrecht UB, Hs. 5, J. 26). Etwa 10 Jahre später, um 1425, jedoch wohl noch zu Lebzeiten der Herzogin, wurde das Gebetbuch von einem anderen Bearbeiter und Schreiber und einem weiteren Künstler ergänzt. Dieser Teil (Bl. 425^{r}– 482^{v}) ist ein selbständiges Gebetbuch mit Einzelgebeten in rein mittelniederländischer Sprache. Es enthält vor allem Marien-, Meß- und Kommuniongebete. Der in Utrecht arbeitende Künstler ist auch aus anderen Handschriften bekannt und trägt den Notnamen »Meister des Otto von Moerdrecht«. Von ihm stammen fünf Miniaturen, die drei Miniaturen des ergänzten Teils und zwei Miniaturen vor dem Hauptteil: das seltene Motiv eines Engels mit dem Schweißtuch der Veronika (Bl. 15^{v}) und ein Jüngstes Gericht (Bl. 18^{v}). Außerdem hat dieser Meister in dem Kalender die Monatsbilder nachgetragen. Während die geistige Nachwirkung der Gebete noch näher zu untersuchen wäre, ist der künstlerische Einfluß des Gebetbuches der Maria von Geldern eher faßbar. James Marrow hat eine unmittelbare Nachfolge des Meisters des Otto von Moerdrecht aus Utrecht festgestellt und außerdem noch fünf Handschriften entdeckt, die vom Meister der Maria von Geldern selbst oder seinen Schülern ausgestattet wurden (briefliche Mitteilung von James Marrow). Aber auch Stephan Lochners Kölner Gebetbuch von 1451 (Darmstadt, Hs. 70) zeigt deutliche Anklänge an diesen Meister. Sein Atelier wird man sich irgendwo zwischen Utrecht und Köln zu denken haben. Die Ergänzung des Gebetbuches von 1425 machte eine erstmalige oder neue Bindung notwendig. Dabei heftete man das Bild der Maria von Geldern als Dedikationsbild vorn ein (Bl. 19). Das Gebetbuch der Maria von Geldern ist unvollständig erhalten. 137 Bll. der zum de Sanctis-Teil gehörenden Gebetssammlung befinden sich heute in der Österreichischen Nationalbibliothek in Wien (Cod. 1908). Sie sind auf die gleiche Weise wie die Gebetssammlung in vorliegender Handschrift von Helmich die Lewe geschrieben und mit historisierten Initialen und Drôlerien des Meisters der Maria von Geldern und den Trifolien-Bordüren illuminiert. Die Wiener Blätter enthalten u. a. das Totenoffizium, die sieben Bußpsalmen mit

Litanei und Meßgebete. Einige Gebete des Wiener Teiles sind auch mit französischen Rubriken versehen. – Das Gebetbuch gelangte nach dem Tod der Herzogin in den Besitz der Herzöge von Berg, der Familie des zweiten Mannes der Maria von Geldern. Im Vertrag von Xanten (1614), als Brandenburg und Pfalz-Neuburg sich den Besitz des kinderlosen letzten Herzogs von Berg teilten, wird die Handschrift, die zum alten kurfürstlichen Bestand der Bibliothek gehört, in die Sammlung der brandenburgischen Kurfürsten gelangt sein. Die Notwendigkeit, den Einband der Handschrift zu erneuern, macht es uns möglich, mehrere Miniaturseiten auszustellen. Von dem Passionsmeister: 20r Gefangennahme Christi; 23v Christus vor Pilatus; 50v Kaiser Augustus mit Senatorengefolge betet zur Erscheinung der Madonna mit Jesuskind, die ihm die Tiburtinische Sibylle zeigt, als er sie wegen seiner bevorstehenden Erhebung zum Gott befragt. Der Bildinhalt hält sich ziemlich genau an den Bericht der Legenda Aurea; 67v Taufe Christi; 114v der ungläubige Thomas legt den Finger in Christi Seitenwunde; 121r Moses mit den Gesetzestafeln, im Hintergrund Christus als neuer Gesetzgeber (Bild zu Pfingsten). – Von dem Meister der Maria von Geldern: 19v Dedikationsbild, Maria von Geldern erhält von einem Engel das Gebetbuch, der zweite Engel preist mit einem Spruchband die Landesmutter »milde (gütige) Maria«. Die zarte, in blaue Gewänder gehüllte Herzogin mit dem eleganten Hut und Federschmuck des Kleides steht in einem umzäunten Paradiesgarten, seit Beginn des 15. Jhs nach den Hoheliederklärungen häufig Aufenthalt der Gottesmutter. In einer Ausbuchtung des Oberrandes erscheint in einer Anspielung der Verkündigung Mariä Gottvater, der den Hl. Geist aussendet; hiermit ist wohl ein Gebet um Nachkommen impliziert; 161r Bekehrung Pauli; 195r Hl. Primus, Bonifatius und Felicianus; 209r Hl. Jakobus, Christina, Christophorus; 252r Hl. Ursula und die elftausend Jungfrauen; 237v Kreuzerhöhung, nach der Auffindung des Kreuzes Christi ließ Kaiser Konstantin 335 das Kreuz in der von ihm in Jerusalem erbauten Kreuzigungs- und Auferstehungskirche aufstellen; 267v Jakobs Traum. – Von dem Meister des Otto von Moerdrecht: 18v Jüngstes Gericht; 475r Erweckung des Lazarus; 476v Maria im Strahlenkranz mit der betenden Herzogin (?) in Trauer.

Degering 2, S. 6 · Wegener S. 136–140 · Schöne Handschriften Nr. 39 · Panofsky S. 100–102, 104, 242 · K. Keller, Zwei Stundenbücher aus dem geldrischen Herzogshause, (Veröffentl. d. Hist. Vereins für Geldern und Umgegend Nr. 68), Geldern 1969 · Noordnederlandse Miniaturen, [Ausstellungskat.: Brüssel KB], Brüssel 1971, S. 25–26 · Zimelien Nr. 141 · Monumenta codicum manu scriptorum, H. P. Kraus, New York 1974, Nr. 33, S. 78–79, 137 · O. Pächt und U. Jenni, Die illuminierten Handschriften und Drucke der österreichischen Nationalbibliothek. Bd. 3, Textbd., Wien 1975, S. 13–16 · J. Harthan, Stundenbücher und ihre Eigentümer, Freiburg i. Br. 1977, S. 80–82, 178 · F. O. Büttner, Imitatio pietatis, Berlin 1983, S. 76, 207 · B. E. Daley, in: Medieval Gardens, Dumbarton Oaks 1986, S. 274–275 · Plotzek, Andachtsbücher S. 168–170.

46

Miniaturblatt

Niederrhein, 1420–1425 · Pergament,
24,5 x 16,5 cm
Kupferstichkabinett, KdZ Nr. 8517

Wie Hanns Swarzenski festgestellt hat, gleicht das Einzelblatt bis ins Detail einer Miniatur aus dem niederdeutschen Gebetbuch, das für Maria von Kleve, Tochter des burgundischen Herzogs Johann Ohnefurcht und Gemahlin Herzog Adolphs II. von Kleve, angefertigt wurde (London, Brit. Libr. ms. Egerton 859). Das Bild zeigt den in Gent besonders verehrten heiligen Bavo († 653), ein Adliger aus dem Haspengau, der nach dem Tode seiner Frau als Begleiter des heiligen Amandus in Flandern missionierte und sich später als Rekluse in die Benediktinerabtei St. Peter, Gent, zurückzog. Abgebildet ist Bavo jedoch nie als Mönch, sondern stets als jugendlicher Ritter, der mit dem Falken auf der Hand der Lieblingsbeschäftigung des Adligen, der Jagd, nachgeht. Seine Kleidung ist der Zeitmode angepaßt, hier ein pelzverbrämter Mantel, Barett und Schnabelschuhe. In der Bordüre die Initialen »r y«. Solche losen Andachtsbilder »en miniature« dienten besonders in Flandern, wie die kleineren Tafelgemälde, der Frömmigkeit von Fürsten und Adligen. Sie wurden oft vor dem Betpult aufgehängt und auf Portraits, u. a. bei Petrus Christus und Memling, mit abgemalt.

Wescher S. 165–166 · Panofsky S. 106, Anm. 1.

47

Stundenbuch mit Einzelgebeten

Utrecht oder Geldern, um 1410–1420 ·
Pergament, 169 Bl., 13 x 10 cm
Staatsbibliothek, Ms. germ. oct. 680
Abbildung

In den östlichen Niederlanden hat die unter Einfluß der Devotio Moderna entstandene Produktion von Gebetbüchern für die Laien in dem 1. Viertel des 15. Jhs zu einer Renaissance der Buchmalerei geführt. Vorliegendes, in der Literatur noch unbekanntes Gebetbuch gehört zu einer Gruppe von vier Handschriften, deren Buchschmuck in einem Atelier entstand, das von James Marrow als »The atelier of the Master of the Morgan infancy cycle« bezeichnet wird. Marrow charakterisiert den Kunststil dieser Handschriften als »heterogeneous«. Im Gegensatz zu dem an feste Normen gebundenen quasioffiziellen Hofstil in Frankreich und Böhmen ist die niederländische dem Bürgertum verbundene Buchmalerei im frühen 15. Jh weniger den Traditionen verhaftet und deshalb experimentierfreudiger und mehr auf die Erklärung des sakralen Inhalts gerichtet. Die 12 qualitätvollen Miniaturen sind wie in den niederländischen Stundenbüchern, auf Einzelblätter gemalt. Sie könnten auf Bestellung von einem Künstler außerhalb des Skriptoriums angefertigt sein. Außerdem enthält die Handschrift neben zahlreichen kleinen goldenen 17 größere in Gold gefaßte Initialen; davon sind drei (16^r, 77^r, 88^r) historisiert. Die sehr üppige Randverzierung auf den Initialseiten besteht aus Dornblattranken mit abgerundeten Dreiblättern und musizierenden Engeln, Vögeln sowie ineinander verschlungenen Drachen (ähnlich New York, Pierpont Morgan Library, MS. 866, 79^r). Die Randverzierung der Miniaturen ist identisch mit der Hs. Lüttich UB, Ms. Wittert 35. Der Standort des Ateliers läßt sich nicht fest bestimmen. Man vermutet ihn in Utrecht oder dem Herzogtum Geldern. Die Mundart vorliegender Handschrift weist auf Utrecht. Das Gebetbuch enthält neben dem Kalender der Diözese Utrecht die Tagzeiten Mariä, die kurzen Tagzeiten vom hl. Kreuz und die 7 Bußpsalmen in der Übersetzung von Geert Grote. Der 2. Teil umfaßt eine Sammlung von Gebeten, die ebenfalls von Autoren der Devotio-Moderna-Bewegung aus dem Latein übersetzt und verbreitet wurden: Suffragien zu verschiedenen Heiligen, Ablaß- und Kommuniongebete, zum Schluß Christusgebete Hieronymus, Augustin und Thomas von Aquin zugeschrieben. Die Tagzeiten Mariä illustrieren acht Miniaturen über die Kindheit Jesu. Am Anfang der Prim (39^v) ist die Geburt Christi in einer sonst nur wenig bekannten Ausführung abgebildet (ebenfalls in Ms. germ. oct. 648, Bl. 166^v; vgl. Nr. 64). Maria kniet vor dem Kind, das auf einer Strohmatte (die in den Niederlanden für die Pflege des Kindes benutzte »bakermat«) liegt, die von

47

Tafel 13 Kreuzigungsgruppe (Kat. Nr. 60)

inri

Tafel 14 Der verlorene Sohn (Kat. Nr. 64)

Tafel 15 Die hl. Barbara (Kat. Nr. 65)

Tafel 16 Die Gregormesse (Kat. Nr. 66)

Joseph gehalten wird. Die aktive Teilnahme Josephs wie auch die Stilisierung von Ochse und Esel vor der Krippe deuten auf frühmittelalterliche byzantinisch beeinflußte Vorbilder. Bemerkenswert auch der naturalistisch gemalte Hahn auf der Recto-Seite (40ʳ). Als Besitzer des Gebetbuches um 1500 hat sich (Bl. 2) ein Gheryt Heynrics Z[one] (1460–1504) mit seinen wichtigsten Lebensdaten („na dat scryven van Utrecht") eingetragen. Seine dort genannte Tochter Lysbeth Geryts ist möglicherweise dieselbe, die sich als Besitzerin des Stundenbuches Nijmegen, Provinciebibliotheek van de Jezuïeten, ms. 5000 C 87, 171ᵛ mit dem Namen »Lysbet Gerrits dochter« einträgt (vgl. Moderne Devotie S. 104). Ein späterer Besitzer hat 12 ausgeschnittene und auf Papier geklebte Kupferstiche mit einbinden lassen (Bl. I–VII), darunter ein Kupferstich mit dem Exlibris des Antwerpener Druckers und Bibliophilen Jean-Baptiste Verdussen III (1698–1773) mit dem Motto „Pietas homini tutissima virtus" (Mitteilung von James Marrow). Sie stammen zum Teil von dem niederländischen Kupferstecher Justus Sadeler (1580–1620). Auf der Innenseite des Vorderdeckels ist ein Ex-Libris von Mr. J. Blackwood Greenshields geklebt. Moderner Einband aus rot gefärbtem Rindsleder mit Goldschnitt.

Beknopte Catalogus. [Ausstellungs-Katal.: Utrecht UB, 1939], S. 5 · H. O. Lampert, Beschreibung von 23 bei Degering nicht mehr erfaßten Handschriften der ehemaligen Preußischen Staatsbibl. Berlin. Magisterarbeit. Tübingen 1970 [maschinenschr.], S. 61–69. – Lit.: J. H. Marrow, Dutch manuscript illumination before the master of Catherine of Cleves. In: Nederl. Kunsthist. Jaarboek 19, 1968, S. 51–113 · Handschriften en Oude Drukken van de Utrechtse Universiteitsbibliotheek, [Ausstell.-Katal.: Centraal Museum, Utrecht], Utrecht 1984, S. 251–253, Nr. 119 · Plotzek, Andachtsbücher S. 164–167.

48

Mittelniederländisches Stundenbuch

Zwolle (Niederlande), 2. Viertel des 15. Jhs, 174 Bl., 14 x 10,5 cm
Staatsbibliothek, Ms. germ. oct. 7

Seit dem 2. Viertel des 15. Jhs wurden die von Geert Grote aus dem Latein übersetzten Stundenbücher en masse produziert. In den Häusern der Brüder vom Gemeinsamen Leben und der Regulierten Augustinerchorherren erfüllte der Verkauf solcher Handschriften den doppelten Zweck, die neue Frömmigkeit auch unter den Laien zu verbreiten und zu gleicher Zeit für den eigenen Lebensunterhalt zu sorgen. Besonders das Augustinerchorherrenkloster Agnietenberg bei Zwolle besaß eine berühmte Schreiberwerkstatt. Die Untersuchungen, die A. L. De Vreese über die Handschriftenilluminierung in dem Agnietenberger Skriptorium angefangen hatte, sind nicht abgeschlossen. Doch ist vorliegende Handschrift mit hoher Wahrscheinlichkeit dort entstanden. Darauf weist der für Agnietenberg typische Buchschmuck zu Beginn der einzelnen Stundengebete: Blattgoldinitialen mit ornamentaler Füllung und einer dreiseitigen Randverzierung, bestehend aus einem Goldstab, um den eine dünne Federstrichranke mit kleinen grünen Tropfenblättern und Trifolien geführt ist; der Außensteg ist noch durch eine Leiste mit blauen, roten und goldenen Abschnitten verziert. Auf Agnietenberg deutet auch die Hervorhebung der hl. Agnes in der Litanei. Zwei Exemplare im gleichen Stil finden sich noch in Darmstadt, Hs. 1873 und in Antwerpen, Ruusbroecgenootschap, Neerl. 1 (olim: Hs. 1); die letztere Handschrift enthielt mehrere Miniaturen, die jedoch bis auf eine ausgeschnitten sind. Das Stundenbuch Geert Grotes enthält die Tagzeiten Mariä, die sogenannten Langen Tagzeiten vom hl. Kreuz (im Wesentlichen eine Übersetzung des Officium de Passione Domini von Bonaventura), die kurzen Tagzeiten vom hl. Kreuz, Seuses Tagzeiten der ewigen Weisheit, die Tagzeiten vom hl. Geist, die Totenvigil, sowie die beiden altchristlichen Gebetsformen der sieben Bußpsalmen, hier aufgeschlagen Bl. 113ʳ und der aus den Prozessionsgebeten hervorgegangenen Allerheiligenlitanei.

Degering 3, S. 4 · Wegener S. 141–142 · A. L. De Vreese, Agnietenbergse Verluchtkunst op de Tentoonstelling van Willet Holthuysen te Amsterdam. In: Bulletin en Nieuws-Bulletin Kon. Nederl. Oudheidkundige Bond, 6e Serie, 10, 1957, S. 39 · G. Achten und H. Knaus, Deutsche und Niederländische Gebetbuchhandschriften der Hess. Landes- und Hochschulbibl. Darmstadt, Wiesbaden 1959, S. 29. – Lit.: N. van Wijk, Het Getijdenboek van Geert Grote naar het Haagse handschrift 133 E 21 uitgegeven, Leiden 1940, S. 139–154 · A. G. Weiler, in: Moderne Devotie, S. 109–114.

49

Stundenbuch

Östliche Niederlande, um 1450 · Pergament, 170 Bl., 14 x 10 cm
Staatsbibliothek, Ms. germ. oct. 471

Die historisierte Initiale zu Beginn der langen Horen vom hl. Kreuz (Bl. 15^{r}) in der Übersetzung von Geert Grote zeigt Christus, seine Wunden weisend, im offenen Grab vor dem Kreuzesstamm. Der blutüberströmte Schmerzensmann ist der präzise Ausdruck für die Frömmigkeit des späten Mittelalters, das die Nachfolge Christi durch ganz reales Mitleiden suchte, wie es extrem die Geißler praktizierten. Das Blut Christi hat auch eine sakramentale Bedeutung als Zeichen der Erlösung. Das Stundenbuch enthält noch die Tagzeiten vom hl. Geist und der Ewigen Weisheit, die Sieben Bußpsalmen mit Litanei, die lange Totenvigil, alle in der Übersetzung von Geert Grote, der ostniederländischen Mundart angepaßt. Am Anfang einiger Horen (vor Bl. 38^{r}, 54^{r} und 151^{r}) sind Blätter herausgerissen. Voran steht der Kalender der Diözese Utrecht in der ausführlicheren Abfassung vieler älterer Abschriften der Grote-Stundenbücher. Die Handschrift könnte dem Stil nach auf dem Agnietenberg in Zwolle oder in einer der Häuser der Brüder vom gemeinsamen Leben entstanden sein. Bl. 13^{v} hat sich als Besitzerin »Jan Dodes dochter« eingetragen. Die Tagzeiten vom hl. Kreuz sind eine von Geert Grote umgearbeitete Abfassung des Officium de Passione Domini von Bonaventura.

Degering 3, S. 155–156 · Wegener S. 143. – Lit.: A. G. Weiler, in: Moderne Devotie, S. 103–104.

50

Stundenbuch mit Einzelgebeten

Östliche Niederlande, um 1460 · Pergament, 169 Bl., 15,5 x 11 cm
Staatsbibliothek, Ms. germ. oct. 507
Abbildung

Das Stundenbuch enthält in seinem Hauptteil bis auf die hl. Kreuz-Horen die Tagzeiten von Geert Grote in ostniederländischer Mundart.

50

Eine Sammlung von Einzelgebeten ist beigefügt; es sind in der Hauptsache Kommuniongebete, Gebete zu Maria, darunter die 5 Freuden am Ostertag, und zu Ehren der in den Niederlanden besonders verehrten Heiligen. Voran steht der Kalender der Diözese Utrecht. Die Initialen und Randverzierung am Anfang der verschiedenen Horen sind von hervorragender Qualität. Besonders beachtlich sind die stilisierten Blumen- und Pflanzenmotive im Binnenfeld der Initiale. Das Anfangsblatt zu der Totenvigil ist ausgerissen. Der sonstige Buchschmuck gleicht dem der Handschriften aus dem Augustinerchorherrenkloster Agnietenberg bei Zwolle (vgl. Nr. 47). Der Kalbsledereinband mit Streicheisenlinien ist bewahrt. Die Tagzeiten vom hl. Geist fangen 47^{r} mit dem Hymnus »Com schepper gheest« (Veni Creator) an. Abgebildet ist Bl. 63^{r}, der Anfang der Tagzeiten vom hl. Kreuz.

Degering 3, S. 172. – Lit.: N. van Wijk, Het getijdenboek van Geert Grote naar het Haagse handschrift 133 E 21, Leiden 1940 · A. G. Weiler, in: Moderne Devotie, S. 100–101.

51

51

Stundenbuch

Niederlande, 2. Hälfte des 15. Jhs · Pergament, 176 Bl., 16,5 x 11,5 cm
Staatsbibliothek, Ms. germ. oct. 588
Abbildung

Das Stundenbuch in der Übersetzung von Geert Grote enthält am Schluß zwei Kommuniongebete und ein dem hl. Anselm zugeschriebenes Mariengebet. Am Anfang dieser Gebete steht ein Hinweis auf die lateinische Vorlage. Der Kalender der Diözese Utrecht ist in der ausführlichen Fassung und mit der Rubrizierung der älteren Grote-Stundenbücher eingetragen. Die Anordnung der Heiligen in der Allerheiligenlitanei (59^{v}) entspricht dem Gebrauch der römischen Liturgie. Die Mundart ist holländisch. Die Anfangszeiten der Horen schmücken blau-rot unterteilte Initialen sowie auf den Rändern rote und grüne Federzeichnungen mit Pflanzenmotiven, dazu 67^{v} und 99^{v} Vögel mit Spruchbändern. Ähnliche Verzierungen finden sich in den Stundenbüchern Utrecht, Aartsbischoppelijk Museum, Ms 24 und Nijmegen, Provinciebibliotheek van de Jezuïeten, ms 5000 C 87. Als Besitzerin nennt sich auf dem Vorsatzblatt »Lisbet Cornelis bancras [=Pancraes] dochter«, wohnhaft »in dat ynset op dat hof tot Amsterdam«. Der gleiche Name erscheint zweimal (1542, 1582) in der Liste der Beginen und Bewohnerinnen des Beginenhofes zu Amsterdam (Van Eeghen). Bl. 178^{v} sind die Sterbedaten von drei weiteren religiösen Schwestern (Beginen) genannt: Marten Garbrant (1509), Aef Martis dochter (1503), Alijt Villem (1509). 66^{v} und 136^{v} wurden zwei Kupferstiche eingeklebt. Der Kalbsledereinband der Zeit mit Stempelverzierung und zwei Schließen ist bewahrt. Die Tagzeiten der Ewigen Weisheit beginnen 99^{r}; sie sind eine Bearbeitung von Heinrich Seuses Cursus aeternae Sapientiae durch Geert Grote. Gleich am Anfang steht das Hauptthema des Werkes: Christus, die Offenbarung der göttlichen Weisheit, möge die »fremden Dinge« aus dem Herzen des Betenden vertreiben, damit er zur wahren Liebe finde.

Degering 3, S. 225. – Lit.: A. G. Weiler, Getijden van de Eeuwige Wijsheid naar de vertaling van Geert Grote, Baarn 1974. · I. H. Van Eeghen, Vrouwenkloosters en Begijnhof in Amsterdam van de 14de tot het eind der 16de eeuw, Amsterdam 1941, S. 344. · A. S. Korteweg, Delftse, Noordhollandse en Groningse randjes. In [Bundel van Opstellen voor C. Reedijk], Hilversum 1986, S. 237–246.

52

Lateinisches Stundenbuch

Brügge, um 1440 · Pergament, 141 Bl., 14,5 x 10 cm
Kunstbibliothek, Gris. 4
Tafel 13

Das Stundenbuch enthält neben den üblichen Bestandteilen (Tagzeiten vom hl. Kreuz, usw.) noch den sogenannten Hieronymus-Psalter. Die besondere Verehrung der hll. Donatian und Ammelberga im Kalendar und der Litanei weisen auf eine Herkunft der Handschrift aus Brügge. Die 11 Miniaturen und der Buchschmuck stammen aus einer Werkstatt, die im Stil der sogenannten Goldranken-Gebetbücher malte.

Tafel 17 Das Jüngste Gericht (Kat. Nr. 52)

Bei den vielen kleinen, in das Rankenwerk der Bordüren eingestreuten Nebenszenen ist eine gewisse stilistische Verwandschaft mit der holländischen Buchmalerei, insbesondere des Meisters des Otto von Moerdrecht, nicht zu verkennen. Holländischen Einfluß verrät auch der 5teilige Passionszyklus für das Marienoffizium statt der sonst gebräuchlichen Kindheitsszenen, von der Heimsuchung bis zur Flucht nach Ägypten, die hier in den unteren Bordürenraum »verdrängt« sind. Eingeleitet wird das Marienoffizium durch eine »Maria im Strahlenkranz«, während die sonst übliche Verkündigung an Maria ungewöhnlich Bl. 16^{v} am Anfang der Marienmesse steht (beim Neubinden vertauscht?). In der Bordüre dieser Miniatur kniet der Stifter in schwarzem Gewand mit roter Stola (Kleriker?) auf einer Rasenfläche, dahinter sein Patron, der hl. Georg im Harnisch, und eine Mühle, die wahrscheinlich auf den Namen des Stifters anspielt. Die Darstellung des Jüngsten Gerichts, hier aufgeschlagen Bl. 70^{v}, war ein oft verwendetes Andachtsbild in den Bußpsalmen. Christus thront mit nacktem Oberkörper, die fünf Wunden weisend (sogenannter »Wundmal-Christus«), auf dem Himmelsbogen, die Weltkugel als Symbol seiner Macht zwischen den Füßen. Rechts und links kündigen zwei Seraphim mit der Tuba den Beginn des Gerichts an, zu Häupten Christi halten zwei weitere Seraphim die wichtigsten Leidenswerkzeuge, Kreuz und Martersäule, Zeugnisse des Sieges über Tod und Teufel. Unten auf der Erde öffnen sich die Gräber, in deren Mitte die Hölle in Gestalt eines riesigen feuerspeienden Ungeheuers liegt. In seinem Flammenschlund schmachten schon drei Verdammte, einen vierten will das Teufelchen, winzig klein vor Christi Majestät, mit dem Schürhaken hinterdrein schieben, aber Maria links im blauen Mantel und der Apostel Johannes bitten bei Christus für die Errettung seiner Seele. Der Wundmal-Christus als Weltenrichter ist typisch für abendländische Vorstellung vom Jüngsten Gericht und findet sich in vielen Darstellungen vom 11. Jh. bis zum Ende der Gotik. Im Rankenwerk der Bordüre betende Engel und als kleine Nebenszene unten David die Harfe spielend, ebenfalls ein häufig gebrauchtes Motiv zu den Bußpsalmen.

Kat. Kunstbibl. S. 16–21 · Zimelien Nr. 143 · Winkler S. 26 und 160 · De gouden eeuw der vlaamse miniatuur, Brüssel 1959, Nr. 16.

53

Lateinisches Stundenbuch

Brügge oder Gent, 2. Viertel des 15. Jhs · Pergament, 68 Bl., 20,5 x 14,5 cm
Staatsbibliothek, Ms. theol. lat. qu. 166

Das Stundenbuch ist nach dem Stil der Miniaturen und den in der Litanei aufgeführten Heiligen in Brügge oder Gent im 2. Viertel des 15. Jhs entstanden. Die Werkstatt imitierte den Meister mit den Goldranken, benannt nach der für ihn typischen Gestaltung des Hintergrundes, zarte Goldranken auf weinrotem Fond. Das Andachtsbild zu den Marienhoren (Bl. 38^{v}) zeigt aus dem Zyklus der Kindheit Jesu die Darstellung im Tempel (Luc. 2,22–38). Maria bringt nach jüdischem Gesetz das Kind zu dem Hohenpriester, der hinter dem Altar im Ornat eines christlichen Bischofs steht und die mit einem Tuch bedeckten Arme nach dem Jesuskind ausstreckt – ein Arrangement, das an die Messe erinnern soll. Neben dem Hohenpriester Simon mit Kerze, in Anspielung auf das Fest Mariae Lichtmeß, und hinter Maria die Prophetin Hanna, die beide in Christus den verheißenen Messias erkennen.

Achten S. 86–88.

54

Lateinisches Stundenbuch mit Einzelgebeten

Flandern (Gent?), um 1445/50 · Pergament, 310 Bl., 9 x 7 cm
Staatsbibliothek, Ms. theol. lat. oct. 98
Abbildung

Der Kodex in handlichem Kleinformat enthält Gebete für die private Frömmigkeit eines Priesters. Es könnte einem Franziskaner als Gebetbuch für die Reise gedient haben. Den

54

Horen für den Gebrauch in Rom gehen zwei Suffragien voraus: zu dem hl. Franziskus und zu dem hl. König Ludwig von Frankreich, der (14^{v}) im braunen Franziskaner-Terziarengewand unter dem Königsmantel dargestellt ist. Die Handschrift enthält außerdem das dem hl. Hieronymus zugeschriebene Psalterium abbreviatum und am Schluß (246^{r}–291^{r}) Gebete zu der hl. Dreifaltigkeit, zu Christus und Maria, von denen einige Augustin zugeschrieben werden. Im Kalender sind die Patrone der Stadt Gent rot eingetragen. Die 21 Miniaturen und der Randschmuck sind eine vorzügliche Arbeit in der Nachfolge des Meisters mit den Goldranken. Besonders bemerkenswert sind das leuchtende Kolorit (hell- und weinrot, blau und grün), die Landschaften (29^{v} · 48^{v} · 54^{v} · usw.) und auf den Recto-Seiten der Stab mit Bordstreifen oben und unten. Das Andachtsbild zu den Horen des hl. Kreuzes (Bl. 117^{v}) zeigt eine sogenannte Engelspietà. Der gestorbene Christus wird von einem Engel gestützt inmitten der Leidenswerkzeuge; auf der Säule steht der Hahn der Petri-Verleugnung, vor dem Grab die Kleider Christi und die Würfel, mit denen die Soldaten um die Kleider spielten.

55

Mittelniederländisches Stundenbuch

Flandern (Gent?), um 1440/50 · Pergament,
115 Bl., 16 x 12 cm
Staatsbibliothek, Ms. germ. oct. 270

Schon in der Mitte des 15. Jhs war in Brügge und Gent, wie auch in anderen Städten, die Nachfrage nach Stundenbüchern so groß, daß sie in den Ateliers auf Vorrat angefertigt und in kleinen Läden in der Nähe der Hauptkirchen zum Verkauf angeboten wurden. Vorliegende Handschrift dürfte einer solchen Produktion entstammen. Der Stil der Bilder ist der Mode der Zeit angepaßt und imitiert den sogenannten Meister mit den Goldranken. Das Stundenbuch enthält Heinrich Seuses 100 Artikel oder Betrachtungen über das Leiden Christi und Tagzeiten Geert Grotes in flämischer Mundart (»in vlaemsche«). Am Schluß steht ein Gebet an den hl. Quintinus in Reimprosa. Der Kalender weist auf Gent. Die Miniaturen zu den Marienhoren zeigen nach der Verkündigung (Bl. 6^{v}) eine thronende Madonna auf der Mondsichel, während ein Engel dem Kind den Leidensbecher anreicht; es folgen die drei Mysterien aus der Passion Christi, wo auch Maria nach der Tradition anwesend war: die Kreuztragung, die Kreuzigung und Bl. 39^{v} die Grablegung in der seit dem 14. Jh. im Abendland üblichen Form. Den unbedeckten Leichnam legen Joseph von Arimathia und Nikodemus in den Sarkophag. Maria, die Mutter Jesu, umfaßt die Hand ihres toten Sohnes; Maria Magdalena und Salome mit dem Salbgefäß stehen trauernd dabei. Auf dem Stein vorn rechts vielleicht eines der von J. D. Farquhar in Goldranken-Stundenbüchern beobachteten Malerzeichen, die wohl zur Werkstatt-internen Abrechnung gedient haben.

Degering 3, S. 92–93 · Wegener S. 159–160. – Lit.: J. D. Farquhar, Identity in an Anonymous Age: Bruges Manuscript Illuminators and their Signs. In: Viator 11, 1980, S. 371–383.

56

56

Lateinisches Stundenbuch

Brügge, um 1450/60 · Pergament, 196 Bl.,
17 x 11,5 cm
Staatsbibliothek, Ms. lat. oct. 340
Abbildung

Die fünf großen Miniaturen des Stundenbuches sind in gutem Vrelant-Stil, die 13 historisierten Initialen zum Canticum Athanasii und zu den Suffragien der Trinität und der Heiligen in der Tradition des Maître aux yeux bridés angefertigt. Überraschend die Bordüren zu den Miniaturen: die dicken, buntfarbigen Akanthuswedel auf großen Blattgoldfeldern sind typisch für den Buchschmuck englischer Handschriften, jedoch für den Kontinent ungewöhnlich. In der gleichen Brügger Werkstatt, die wahrscheinlich für englische Besteller arbeitete, wurden noch folgende Stundenbücher angefertigt: Den Haag KB, 76 F 7; Chicago, The Newberry Library 35; Oxford, Bodl., Auct. D. Inf. 2.13 (Queen Mary's Hours); Aberystwyth, Nat. Library of Wales (De Grey Hours). In dem Kalender und in der Allerheiligenlitanei wird neben den Brügger Heiligen auch der hl. Benedikt besonders hervorgehoben. Das Andachtsbild der Verkündigung zu Beginn der Marienhoren Bl. 34^{r} zeigt Maria in der Kirche betend. Die Jungfräulichkeit der künftigen Gottesmutter verkörpert die Lilienvase im Vordergrund. Durch das offene Fenster, zusammen mit den beiden anderen Fenstern Symbol der Trinität, sendet Gott den hl. Geist zu Maria.

Lit.: French and Flemish Illuminated Manuscripts from Chicago Collections [Ausstellungkat.: University of Chicago], Chicago 1969, Nr. 5 · Dogaer S. 36, 103.

57

Lateinisches Stundenbuch

Brügge, um 1460/70 · Pergament, 238 Bl.,
14,5 x 10,5 cm
Kunstbibliothek, Gris 7

Außer den üblichen Stundengebeten enthält die Handschrift zehn zur Betrachtung der Passion Christi geeignete Psalmen sowie eine längere Sequenz für die Messe der Wunden Christi. Die Miniaturen sind sorgfältig ausgeschnitten, die noch erhaltenen Bordüren und Initialen lassen besten Vrelantstil erkennen. Ihr Hauptmotiv ist der blaue, weißgepunktete Akanthuswedel, der sich mit mattgoldenem Akanthus, grünen Blättchen, Blütenkapseln, Goldpollen, Erdbeeren, Akelei und rosa Maßliebchen mischt. In das Rankenwerk sind kleine Figuren eingearbeitet. Der Beginn der Horen des hl. Kreuzes (Bl. 13^{r}) zeigt in der unteren Bordüre einen Mann mit Vogel und einen Mann mit Laterne. Der Stil des Stundenbuches deutet auf eine Entstehung in Brügge. Die vielen französischen Heiligen im Kalendarium und ihre besondere Verehrung lassen jedoch einen Besteller aus Frankreich vermuten. Auf den Vor- und Nachsatzblättern sind im 16. und 17. Jh. verstorbene Mitglieder der spanischen Familie Murio eingetragen.

Kat. Kunstbibl. Nr. 7

58

Lateinisches Stundenbuch

Brügge, um 1475/80 · Pergament, 185 Bl., 12 x 9 cm
Staatsbibliothek, Ms. lat. oct. 287

Das üppig verzierte Stundenbuch, geschrieben in burgundischer Bastarda, enthält die Horen nach dem Gebrauch von Rom. Der Kalender weist eindeutig nach Brügge. Am Schluß (Bl. 181^{r}–185^{r}) sind im 16. Jh. Notizen in französischer Sprache nachgetragen, darunter auch drei Gebete an Heilige. Die zehn Miniaturen sind auf Einzelblätter gemalt. Neben den sieben Miniaturen des Kindheit-Jesu-Zyklus, die die Marienhoren (Bl. 34^{v}–101^{v}) verzieren, enthält der Codex noch ein Kreuzigungs- (Bl. 14^{v}) und ein Pfingstbild (Bl. 21^{v}) zu den Horen des hl. Kreuzes bzw. des hl. Geistes, außerdem einen büßenden David (Bl. 102^{v}) am Anfang der Bußpsalmen. Der Maler ist im Umkreis des Pseudo-Alexander Bening zu suchen. Die Bilder sind vergleichbar mit London, British Libr., Royal 16 G III. Qualitätvoll ist auch der Randdekor aus Akanthuswedeln in Blau und Olivgrün mit goldenen Linien durchzogen; dazu Goldpollen, Blüten (Rosen, Disteln, Flachs, Wicken, usw.) und naturgetreu gezeichnete Tiere (besonders Vögel, dazu auch Schmetterlinge, Hasen, eine Kuh). Ähnliche Bordüren finden sich im Stundenbuch Wien, ÖNB, Cod. 1988 aus dem Umkreis des Meisters der Maria von Burgund. Aufgeschlagen Bl. 70^{v}/71^{r}, das übliche Bild zur Sext der Marienhoren: die Anbetung der hl. Drei Könige, im Hintergrund naht das Heer des Herodes. Der gut erhaltene weinrote Samteinband mit silbernen Schließen und Eckbeschlägen, und die Buntpapierspiegel stammen aus dem 17./18. Jh.

Lit.: Winkler S. 117.

59

Lateinisches Stundenbuch mit Einzelgebeten in westflämischer Mundart

Brügge, um 1450/60 · Pergament, 173 Bl., 12,5 x 9,5 cm
Staatsbibliothek, Ms. theol. lat. oct. 78

An der Ausstattung des Stundenbuches waren zwei Hände beteiligt. Die Miniaturen zu den Textanfängen der Horen (Bl. 17^{v} · 22^{v} · 27^{v} · 41^{v} · 107^{v} · 125^{v}) stammen aus einer Werkstatt der Goldranken-Tradition, wo auch die Stundenbücher Oxford, Bodleian Library, Ms. Buchanan e 5; Boulogne, Bibl. Municipale, Ms. 90 (98) und Münster UB, MS. N. R. 5505 illuminiert wurden. Charakteristisch für diese Werkstatt sind die leuchtenden hellroten und blauen Farben, der harte Faltenstil und die zackigen Konturlinien, die besonders gut in der Miniatur der sitzenden Madonna mit Kind (27^{v}) sichtbar sind. Auch der Fußboden mit den aus olivgrünen, rostbraunen und türkisfarbenen Kacheln zusammengesetzten Fliesen ist für seinen Stil kennzeichnend, wie Bl. 125^{v} das Bild der Totenmesse zu Beginn der Totenvigil. Ein zweiter jüngerer (?) Meister hat die sechs übrigen Miniaturen zu den Marienhoren und die Heiligenbilder zu der Gebetssammlung im Stil Vrelants gemalt. Diese Gebetssammlung enthält zwei lateinische Mariengebete sowie kurze Gebete zu den Heiligen und die Suffragien in westflämischer Mundart. Der Brügger Kalender zeigt eine besondere Verehrung des hl. Benedikt.

Lit.: P. Pieper, Zu einem niederländischen Stundenbuch der UB Münster. In: Aus der Welt des Buches, Bd. 1, Wiesbaden 1979, S. 142–163.

60

Einzelblatt aus einem Stundenbuch

Flandern (Brüssel), zwischen 1462 und 1465 · Pergament, 21 x 15,10 cm
Kunstbibliothek, Nr. 4005,6
Tafel 13 (s. Seite 87)

Die Kreuzigungsszene wird als Andachtsbild bei den Tagzeiten Mariae oder des Hl. Kreuzes in einem kostbaren Stundenbuch gestanden haben. Christus mit blutender Seitenwunde (Joh. 19,34) neigt sterbend sein lichtumstrahltes Haupt. Das Kreuz umstehen links der Apostel Johannes, der die greisenhafte Maria stützt, und Magdalena, die den hohen Kreuzesstamm umklammert hält, rechts zeigt der römische Hauptmann auf Christus, der reich gekleidete Jude neben ihm,

Joseph von Arimathia, ein heimlicher Jünger Jesu, steht ergriffen vor dem Sterben des Heilands, dahinter sieht man zwei Juden, die Christus verspotten, und die Pilen römischer Legionäre. Das Kreuz steht in einer sich nach dem Hintergrund weit öffnenden flandrischen Landschaft, rechts eine Stadt mit gotischer Kirche, deren Turm, wie vielfach in dieser Zeit, nicht zu Ende geführt ist. Das Bild umgibt eine Bordüre aus rot-blauen Akanthuswedeln, Blättern, Goldpollen und Blumen, die rechts als Strauß blauer und roter Wiesennelken aus einer farbigen Glasvase steigen. Die Tiere in den Ranken sind als Symbole des Heilsgeschehens in die Handlung des Bildes mit einbezogen: Der Eisvogel links ist das Zeichen für die Geburt Christi, weil der Eisvogel nach mittelalterlicher Anschauung um die Weihnachtszeit brütete; unten ist die Eule, das Tier, das, weil es nur in Dunkelheit sieht und das Licht scheut, als Symbol des überwundenen jüdischen Glaubens und der menschlichen Erbschuld betrachtet wird. Sie ist von zwei Auferstehungssymbolen umgeben: der Schnecke und dem Adler, der die Eule angreift. Nach L. M. J. Delaissé ist das Bild um 1460–65 in der Werkstatt des Dreux Jehan zu Brüssel entstanden. Ähnlicher Bordürenschmuck findet sich auch in Brüssel KB, ms. 9296. A. de Schrijver und G. Dogaer halten jedoch die Zuweisung von Handschriften-Illuminierungen an Dreux Jehan für nicht gesichert.

Kat. Kunstbibl. Nr. 68 · De gouden eeuw der Vlaamse Miniatuur, Brüssel 1959, Nr. 173. – Lit.: P. Vandenbroeck, Bubo Significans. Die Eule als Sinnbild der Schlechtigkeit und Torheit. In: Jaarboek v. h. Kon. Museum voor Schone Kunsten, Antwerpen 1985, S. 19–135.

61

Lateinisches Stundenbuch

Brügge (?), um 1460/70 · Pergament, 142 Bl., 13,5 x 17 cm
Staatsbibliothek, Ms. theol. lat. qu. 250

Das Stundenbuch gehört zu einer größeren Gruppe illuminierter Handschriften, deren Maler man mit dem Notnamen »Maître aux yeux bridés« bezeichnet hat. Hierzu zählen z. B. die Codices Darmstadt, Hss. 1958, 4157 und Brüssel KB, 10773, 10776. Neben den »Schlitzaugen« der Menschen sind für ihn die betont kugeligen Bäume kennzeichnend. Innerhalb dieser Gruppe fallen die Berliner Handschrift und einige andere Codices durch ihre hellere Farbigkeit und die ausgefallenere Pigmentwahl auf. So zeigt die hier aufgeschlagene Verkündigung an die Hirten (Bl. 63^{v}) zur Terz der Tagzeiten Mariä eine eigentümlich gelbgrüne Tönung der Wiesen. Ein interessantes Detail ist die für die flämische Landschaft charakteristische Bockmühle. Bemerkenswert sind auch die Bordüren, deren Hauptmotiv der meist aus Vasen emporsteigende hellblaue und rote Akanthuswedel ist. Die Litanei weist auf Brügge (hl. Donatian) oder auf die Pikardie (hll. Firmian und Piat).

Achten S. 179–181.

62

Lateinisches Stundenbuch

Flandern (Brügge?), um 1460/70 · Pergament, 173 Bl., 20 x 13,5 cm
Staatsbibliothek, Ms. theol. lat. qu. 146

Die in der Litanei aufgeführten Heiligen und die Miniaturen machen es wahrscheinlich, daß das Stundenbuch um 1460/70 in einem Atelier in Brügge entstanden ist. Diese Werkstatt hatte sich darauf spezialisiert, den Stil des sogenannten Maître aux yeux bridés zu kopieren (vgl. Nr. 61). Die Besteller solcher Imitationen dürften in dem neureichen, gerade in den Patrizierstand aufgestiegenen Bürgertum zu suchen sein, wofür auch das Bl. 7^{v} und 31^{r} eingetragene Besitzwappen spricht. Aufgeschlagen ist (Bl. 112^{r}) der Beginn der sieben Bußpsalmen, denen eine der hierfür üblichen Miniaturen voransteht: das Jüngste Gericht in der dem Mittelalter geläufigen Vorstellung. Christus thront als Weltenrichter auf dem Himmelsbogen, die Erdkugel zwischen den Füßen, die noch die Wundmale der Kreuzigung tragen. Rechts und links von ihm kündigen zwei Engel mit ihren Posaunen den Beginn des Gerichts an. Unten sind die Toten aus ihren Gräbern erwacht und warten auf das Urteil. Rechts und links die Symbole der ewigen Verdammnis: das Höllentor und das apokalyptische Ungeheuer, bereit, die Verdammten zu verschlingen. – Auf der linken Seite ist die altfranzösische Devise »Quy na ne pœult« von einer Hand des 16. Jhs eingetragen. – Die Handschrift gelangte aus der Bibliothek des Frh. von Bülow durch Schenkung des preußischen Königs Friedrich Wilhelm III. in die Königl. Bibliothek.

Achten S. 45–47 · Dogaer S. 36.

63

Lateinisches Stundenbuch

Brügge, 2. Hälfte, 15. Jh. · Pergament, 148 Bl., 9 x 6,5 cm
Staatsbibliothek, Hdschr. 25

Vorliegendes Stundenbuch nach dem Gebrauch von Rom im handlichen Taschenformat ist mit 12 historisierten Initialen in Grisaille-Technik verziert. Diese einfarbige Maltechnik in Grauschattierungen mit wenigen Farbtupfern eignet sich besonders gut für die Buchillustration, weil sie sich mit der schwarzen Schrift des Textes harmonisch zu einer dekorativen Einheit verbindet. Zuerst hat der Pariser Künstler Jean Pucelle in der ersten Hälfte des 14. Jhs diese Technik in größerem Maßstab angewandt. Später, in der 2. Hälfte des 15. Jhs spezialisierte sich der flämische Buchmaler Jean Le Tavernier, der ca. 1454–1460 in Tournai, Brügge und Oudenaarde für den burgundischen Herzog Philipp den Guten arbeitete, auf Grisaille. Sein Vorbild wird bewirkt haben, daß auch kleinere Werkstätten in den genannten Orten diese modische, vornehm wirkende Technik anwandten. Das unvollständig erhaltene Kalendarium dieses Stundenbuches spricht für eine Entstehung in Brügge. Aufgeschlagen Bl. 63^{v} die Illustration zur Vesper der Tagzeiten Mariä: Der bethlehemitische Kindermord (Matth. 2,13–18). Der braune Ledereinband ist Mitte des 16. Jhs angefertigt. Die Handschrift wurde von der Staatsbibliothek 1966 bei dem Auktionshaus Karl und Faber in München erworben.

Karl und Faber, München. Auktion 103, Nov. 1966, Katal. Nr. 9. – Lit.: Miniaturen in Grisaille. Ausstellungskat. Brüssel, Koninklijke Bibliotheek 1986.

64

Mittelniederländisches Stundenbuch mit Einzelgebeten

Utrecht, um 1460/70 · Pergament, 187 Bl., 17,5 x 12,5 cm
Staatsbibliothek, Ms. germ. oct. 648
Tafel 14 (s. Seite 88)

Wie K. G. Boon zuerst erkannt hat, ist der Maler dieser prächtig verzierten Handschrift identisch mit dem Meister des Stundenbuches der Yolande de Lalaing, Hs. Oxford, Bodleian Libr., Douce 93. Anne Korteweg (Den Haag) hat diesem Meister auch die Miniaturen der siebenbändigen Riesenbibel in Rom, Biblioteca Casanatense, Ms. 4212–4218, zugewiesen. Der Meister der Yolande de Lalaing überzeugt besonders durch den stets prächtigen Randdekor. Charakteristisch für ihn ist der schlanke, in sich gedrehte Akanthus in leuchtenden Pastelltönen, der von zartem, rosafarbenem Linienwerk begleitet wird. Eingestreut sind phantasievolle Drôlerien, religiöse Darstellungen zu den Horen (z. B. 15^{r}) oder Szenen aus dem täglichen Leben, die alle räumlich auf die Akanthusranken bezogen sind, hinter ihnen verschwinden oder hervortreten. Der Einfluß dieses einzigartigen in den 1460er Jahren in Utrecht entstandenen Dekors auf die flämische und rheinische Buchmalerei muß noch untersucht werden. Die Miniaturen zieren wie üblich den Anfang der Tagzeiten Mariä (14^{v}), der Totenvigilie (108^{v}), der Ewigen Weisheit (124^{v}), drei weitere Miniaturen markieren jedoch die beiden Gebetssammlungen und zwar 79^{v} das letzte Abendmahl und 166^{v} die Geburt Christi jeweils den Beginn der beiden Sammlungen. Das Schlußgebet der ersten Sammlung ist Bl. 101^{v} durch die besonders bemerkenswerte Darstellung des Gleichnisses vom verlorenen Sohn hervorgehoben, die mir sonst aus keinem anderen Stundenbuch bekannt ist. Im Vordergrund umarmt der Vater, in der reichen Kaufmannstracht der Zeit, den Sohn am Portal seines im gotischen Stil erbauten Wohnhauses. Von den Zinnen herab begrüßen Trompeter die Heimkehr des verloren Geglaubten. Hinter dem Vater steht der älteste Sohn. Eine Straße führt am Haus vorbei in eine Landschaft, wo, in

Simultandarstellung im Hintergrund, der Sohn sein trauriges Leben als Schweinehüter fristet. Im Rankenwerk der Bordüren sind die für den Meister typischen Alltagsszenen dargestellt: links ein Turnier, rechts ein Armbrustschießen. Dem Grundtenor des Bildes entspricht das nur hier überlieferte Gebet (Bl. 102r– 107r): In der überschwenglichen Sprache der karolingischen Confessiones bekennt der Betende seine Sündhaftigkeit »die dolinghen mijnes quaden levens«. Das Gebet, dem ständige Wiederholungen Umfang und Intensität verleihen, und die auf den Gebetstext bezogene Miniatur sind sicher nach den ganz persönlichen Wünschen des Bestellers in das Gebetbuch eingefügt worden. Der Codex ist für eine Frau (Bl. 184r: „sondersche") geschrieben. Im 17. Jh. war er im Besitz von „Cornelia de Joeden Jan Sniers huysfrouw" (Bl. 1r). Ihre Enkelin Cornelia van Therima erbte die Handschrift 1620. Der kalbslederne Original-Einband ist erhalten.

Schöne Handschriften Nr. 50 · Degering 3, S. 248–49 · E. O. Graf zu Solms-Laubach, Der Hausbuchmeister. In: Städel-Jahrbuch 9, 1935/36, S. 18–21; Abb. 14, 15, 17, 19–22 · A.W. Byvanck, La miniature dans les Pays-Bas septentrionaux, Paris 1937, S. 88, 121; Abb. 212–215 · Kunst der Noordelijke Nederlande (Ausstellungskat.). Amsterdam 1958, S. 128, Nr. 165 · L. M. J. Delaissé, A century of Dutch manuscript illumination, Berkeley/Los Angeles 1968, S. 40 · O. Pächt und U. Jenni, Die illuminierten Handschriften und Inkunabeln der österreichischen Nationalbibliothek, R. 1, Bd. 3, Holländische Schule, Wien 1975, S. 31, 68, Fig. 81 · Zimelien Nr. 151 · J. Harthan, Stundenbücher und ihre Eigentümer, Freiburg, Basel, Wien 1977, S. 144 · Kostbare Handschriften und Drucke Nr. 57 · J. Marrow, A. Book of Hours from the Circle of the Masters of the Berlin Passion. In: The Art Bulletin 60, 1978, S. 593, 595. – Lit.: Mostra Storica Nazionale della Miniatura, Rom 1953, S. 458, Nr. 741, T. XCVIII.

65

Lateinisches Stundenbuch mit Einzelgebeten in holländischer Mundart

Niederlande, um 1460/70 · Pergament, 130 Bl., 16 x 11,5 cm
Staatsbibliothek, Ms. germ. oct. 89
Tafel 15 (s. Seite 89)

Die Handschrift enthält lateinische Stundengebete zu Ehren Mariä, die 7 Bußpsalmen und die Totenvigil. Zwei Gebetssammlungen holländischer Mundart (1v–6v; 108v–130r) wurden später hinzugefügt; außerdem hat man auf den leergebliebenen Seiten Einzelgebete nachgetragen. Die Marienhoren sind mit 6 Miniaturen zur Passion Christi illuminiert, die aus der gleichen Werkstatt stammen wie die Passionsdarstellungen des Stundenbuches Den Haag KB, Hs. 131 G 8 zu den Horae de S. Cruce. Der Berliner Codex enthält außerdem eine Miniatur vom Jüngsten Gericht (Bl. 83v) und der hl. Barbara, hier aufgeschlagen (Bl. 77v). Der Kult der hl. Barbara verbreitete sich seit dem 11. Jh. vom Orient her im gesamten Abendland. Sie betreute durch ihre Fürsprache so lebenswichtige Bereiche wie die Landwirtschaft, den Bergbau und die Stadtbefestigungen. Ihr häufigstes Attribut, der Turm, erinnert an ihr Martyrium: Sie wurde von ihrem heidnischen Vater in einem Turm gefangengehalten. Auf dem Andachtsbild trägt sie ein langes, gegürtetes Kleid mit weitem Mantel (Schutzmantel) und eine modische Haube. Besonders qualitätvoll ist auch der Bordürenschmuck, in dem sich zwischen den Akanthusranken, Goldpollen und Blüten menschliche Halbfiguren, Engel und Fabelwesen tummeln. Ob sich die Malerwerkstatt in Delft befand, wie Wegener nach Byvanck und Hoogewerff vermutet, müßte noch näher untersucht werden. Bl. 60 sind die Geburtsdaten (zwischen 1525 und 1536) von 5 Kindern der bekannten belgischen Familie van der Marck eingetragen; mit dem Geburtsort Reckem ist sicher die damalige Baronie Rekem in der heutigen belgischen Provinz Limburg gemeint.

Degering 3, S. 39–40 · Wegener S. 153–155. – Lit.: A. W. Byvanck und G. J. Hoogewerff, Noord-Nederlandsche Miniaturen. Text, Den Haag 1925, S. 55.

66

Mittelniederländisches Stundenbuch mit Einzelgebeten

Niederlande, um 1480 · Pergament, 127 Bl., 20 x 13,5 cm
Staatsbibliothek, Ms. germ. qu. 18
Tafel 16 (s. Seite 90)

Das Stundenbuch enthält die Tagzeiten Geert Grotes und außerdem noch einige wenige Einzelgebete, die Bl. 53r–58v eingetragen sind.

Der Utrechter Kalender folgt der ausführlichen Fassung der älteren Grote-Stundenbücher. Die Handschrift wurde in der gleichen Werkstatt wie das Stundenbuch Den Haag KB, Hs. 132 G 38 angefertigt. Zu den Einzelgebeten gehört auch das Papst Gregor dem Großen zugeschriebene Ablaßgebet »die Waffen Christi« mit dem Andachtsbild der Gregor-Messe Bl. 53r. Die um 1400 entstandene Legende berichtet, daß Papst Gregor (540–604) eine der hervorragendsten Autoritäten in Glaubensfragen, im Zweifel an der Wahrheit der Wandlung beim Abendmahl Christus um ein sichtbares Zeichen angefleht habe. Christus erschien dem Papst als Schmerzensmann bei der Meßfeier, aus seinen Wunden floß das Blut in den Kelch auf dem Altar. Dieser Moment ist hier dargestellt. Rechts hinter dem knienden Papst stehen zwei Kirchenväter in Kardinalstracht: Hieronymus mit Kreuzstab und Augustin mit der Tiara Gregors in den Händen, daneben ein Heiliger, wahrscheinlich Sebastian. Hinter und neben dem Altar erscheinen wie auf einer unsichtbaren Stecktafel die Leidenswerkzeuge als Symbole der Passion und des Sieges Christi über Tod und Teufel. Auf diese »Waffen« bezieht sich das Gebet Gregors mit der Rubrik: „Paus Gregorius heeft gegeven allen den genen, die mit gebuechden knyen ende mit berou sijnre sunden ende mit warachtighe biecht in tegenwoerdicheit des wapens ende der passien ende wonden ons liefs heren ihesu cristi devoteliken lesen dese vijf na ghescreven ghebedekijns mit vijf pater noster ende vijf Ave Maria veertien dusent iaer oflaets, ende ander pausen hebben daertoe gegeven oflaet, dat te samen beloept twintich dusent iaer ende veertien iaer ende XXIII daghe oflaets... O lieve here ihesu criste, ick aenbede dy aen den cruce hangende...". Auf dem Bild erkennen wir von links nach rechts unter anderem das Dornenreis, aus dem die Dornenkrone gefertigt wurde, die Lanze, mit dem der römische Hauptmann Christus in die Seite stach, den Kopf des Apostels Petrus, der ihn verleugnete, die Würfel, mit denen die Soldaten um Christi Rock spielten. – Das Blutwunder der Gregormesse, verbunden mit dem Kult der Leidenswerkzeuge, ist ein Symbol spätmittelalterlicher kirchlicher Frömmigkeit, die nach einem sinnfälligen Ausdruck für die von vielen angezweifelte reale Gegenwart Christi in der Eucharistie suchte. – Die Bordüre ist aus dichtverschlungenen Ranken gebildet, unten ein Medaillon mit einer Reiterin in einem Garten. 1590 (s. Stempelaufdruck) erhielt die Handschrift einen neuen Einband mit den Initialen I. V. W. Die Platten- und Rollenstempel mit den personifizierten weiblichen Gestalten der Tugenden, Lucretia (stellvertretend für die Keuschheit) Prudentia (Klugheit) und Justitia (Gerechtigkeit) zeigen typisches Renaissancedekor. Im gleichen Jahr schenkte Gerhardus oder Ber(n)hardus(?) van Wullen die Handschrift seiner Schwester Jaspar van Wullen (Bl. 1r).

Degering 2 S. 3 · Wegener S. 163–164. · A.W. Byvanck, La miniature dans les Pays-Bas septentrionaux, Paris 1937, S. 103, 120; Abb. 237–238. – Lit.: A. W. Byvanck und G. J. Hoogewerff, Noord-Nederlandsche Miniaturen. Text, Den Haag 1925, S. 57, Nr. 142 und Pl. 197 · U. Westfehling, Die Messe Gregors des Großen. (Ausstellungskatal.: Schnütgen-Museum, Köln), Köln 1982.

67

Mittelniederländisches Stundenbuch

Niederlande, um 1480 · Pergament, 208 Bl., 17,5 x 12 cm
Staatsbibliothek, Ms. germ. oct. 6

Das Stundenbuch mit den Horen Geert Grotes ist in sorgfältiger Textura geschrieben und mit neun historisierten Initialen und vielen kleineren Initialen verziert. Einen ganz eigenen Charakter haben die vielverschlungenen Ranken mit kräftigem Kolorit, meist blau mit Goldkreisen, abwechselnd mit einfachen Ranken aus stilisierten Blättern, ergänzt durch Vögel oder menschliche Figuren. Aus der gleichen Werkstatt ist auch die Handschrift Yale UB, Ms. 434. Delft als möglicher Entstehungsort ist ungewiß. Der Utrechter Kalender ist in der ausführlichen Abfassung der älteren Grote-Stundenbücher abgeschrieben. Außerdem ist der hl. Franz von Assisi rot eingetragen.

Degering 3, S. 4 · Wegener S. 158–159.

68

Mittelniederländisches Stundenbuch

Utrecht, um 1480 · Pergament, 98 Bl., 14 x 10 cm
Staatsbibliothek, Ms. germ. oct. 229

Das vorliegende Stundenbuch ist, wie stilistische Vergleiche z. B. mit der Handschrift ms 76 G 13 aus der Kgl. Bibliothek in Den Haag erbracht haben, in einer Utrechter Werkstatt entstanden. Es enthält die Tagzeiten Mariä, die kleine Horen vom hl. Kreuz, die Bußpsalmen und die Totenvigilie in der Übersetzung von Geert Grote. Dazu das sogenannte Gregor-Gebet mit Ablaß von Papst Sixtus IV. Aufgeschlagen zwei gebräuchliche Illustrationen zur Totenvigil: Links (Bl. 80^{v}) die Auferweckung des Lazarus nach Joh. 11, 1–44. Lazarus entsteigt, schon der Grabtücher ledig, mit Christi Hilfe der Gruft. Im Hintergrund Maria und Martha, die Schwestern des Lazarus, und drei Jünger. Lazarus genoß im Mittelalter als Patron der Lepra-Kranken, der Bettler, Metzger und Totengräber weitverbreitete Verehrung. In der historisierten Initiale rechts zwei Tote im Fegefeuer, um Erlösung flehend.

Degering 3, S. 77 · Wegener S. 164–165.

69

Mittelniederländisches Stundenbuch

Utrecht, um 1495 · Pergament, 132 Bl., 19,5 x 14 cm
Staatsbibliothek, Ms. theol. lat. qu. 194
Abbildung

Das Stundenbuch enthält die Tagzeiten Geert Grotes mit dem ausführlichen Utrechter Kalender. Die Abschnitte des Stundenbuches werden durch eine Miniatur auf einem Einzelblatt und eine historisierte Initiale eingeleitet. Mehrere Miniaturen der Handschrift sind nahezu identisch mit Miniaturen in den Stundenbüchern Wien ÖNB, Hs. 2734 und Brüssel KB, Mss. IV 542 und IV 271. Eine der Miniaturen des Wiener Codex ist von dem holländischen Miniaturisten Spierinck signiert. In der Handschrift ist Bl. 13^{v} die Datierung »95«, also 1495, eingetragen. Charakteristisch für die Malerwerkstatt Spie-

69

rincks ist auch die auf hohem Niveau stehende ornamentale Ausstattung der Bordüren mit Drôlerien und Vögeln sowie Genreszenen am Unterrand. Im Unterschied dazu zeigt das Doppelblatt $106^{v}/107^{r}$ eine Bordüre in dem neuen geometrischen Stil, der gegen Ende des 15. Jhs größere Verbreitung erlangte. Ausgestellt ist der Anfang der Marienhoren Bl. 14^{r} mit der zugehörigen Miniatur der Verkündigung Mariae. In einer Kirche kniet Maria vor zwei Betpulten mit Büchern, vor ihr der goldgewandete Engel mit Lilienstab. Rechts eine historisierte H-Initiale: Eva im Paradies mit dem Teufel halb als Drache, halb als Frau gebildet. Bemerkenswert die prachtvollen Bordüren mit den typischen Genreszenen, in denen öfter Affen eine Rolle spielen, Bl. 14^{r} rechts unten der Phoenix aus der Asche steigend. Die Ausstattung und das Bl. 41^{r} eingetragene Wappen mit den Initialen »nb« lassen auf einen Besteller aus dem holländischen Patrizierstand schließen. Dunkelbrauner Ledereinband des 17. Jhs.

Achten S. 126–128

70

70

Mittelniederländisches Stundenbuch

Niederrhein, 1482 · Pergament, 132 Bl., 13 x 9,5 cm
Kupferstichkabinett, Cim. 25 (olim: Hs. 32.1838)
Abbildung

Das Stundenbuch enthält die Tagzeiten Geert Grotes in geldrischer Mundart. Die Utrechter und Kölner Heiligen des Kalendars deuten auf eine Entstehung im niederrheinisch-niederländischen Grenzgebiet. Den Codex hat laut Kolophon Bl. 132r Schwester Griet Vogels geschrieben und am Peter- und Paulstag (29. Juni) 1482 beendet. Bekannt wurde das Stundenbuch durch die sieben eingeklebten Kupferstiche des nach dieser Handschrift benannten »Meisters der Berliner Passion«, den Max Geisberg mit dem in Bocholt tätigen Vater des Goldschmiedes und Kupferstechers Israhel van Meckenem identifizieren zu können glaubt. Die Kupferstiche zeigen 7 Szenen der Passion Christi: Bl. 13v Gefangennahme (Lehrs 26), 14v Kreuztragung (Lehrs 27), 37v Entkleidung (Lehrs 28), 51v Kreuzigung (Lehrs 29), 73v Beweinung Christi (Lehrs 32), 74v Auferstehung (Lehrs 34), 94v Höllenfahrt (Lehrs 33). Die hier aufgeschlagene Seite mit der Kreuzigungsszene zeigt das überragende Können dieses Meisters, der sich vor allem durch eindringliche und klare Bildkompositionen auszeichnet. Die Zurichtung des Kreuzes verrät ein zeitgemäßes und realistisches Interesse des Künstlers an Handwerkzeug und handwerklichen Tätigkeiten. Der Meister der Berliner Passion hat im niederländischen und niederdeutschen Sprachraum eine ähnliche breite Wirkung ausgeübt wie der Meister E. S. am Oberrhein (Lehrs). Seine 7 Passionsbilder dürften die Abschriften mehrerer Grote-Stundenbücher geziert haben. Auch die Miniaturkunst beeinflußt er nachhaltig. Die Vermutung Geisbergs, daß die Schwester Griet Vogels im Schwesternhaus St. Agnes in Emmerich beheimatet gewesen sei, würde mit der Mundart, der besonderen Verehrung der hl. Agnes und der Erwerbung der Handschrift in Emmerich 1838 durch das Berliner Kupferstichkabinett übereinstimmen.

M. Geisberg, Der Meister der Berliner Passion und Israhel van Meckenem, Straßburg 1903 (Studien zur deutschen Kunstgeschichte, Heft 42) · Lehrs 3, S. 1–19; Nr. 26–29; 32–34; 3. Tafelbd. Taf. 242–245; 248–250 · J. Marrow, A Book of Hours from the Circle of the Master of the Berlin Passion. In: The Art Bulletin 60, 1978, S. 589–616.

71

Mittelniederländisches Stundenbuch mit Einzelgebeten

Niederrhein, um 1470 · Pergament, 228 Bl., 14,5 x 11 cm
Staatsbibliothek, Ms. germ. oct. 87
Abbildung

Das Stundenbuch ist mit 6 übermalten Kupferstichen illuminiert. Zwei Kupferstiche hat Wegener als Werke des sogenannten Meisters der Zehntausend Märtyrer identifiziert: Bl. 14v die Madonna auf der Mondsichel (Lehrs 3, Nr. 61), Bl. 90v das Jüngste Gericht (Lehrs 3, Nr. 42). Aus der Werkstatt dieses Meisters stammen wahrscheinlich auch die vier übrigen

71

Kupferstiche, die zusammen wohl eine Art Stundenbuchzyklus bildeten, der serienmäßig hergestellt und zur Illuminierung vorgefertigter Stundenbücher verwandt wurde. Die sehr üppige Randverzierung und die Übermalung von Kupferstichen ist an sich eine für Frauenklöster typische Arbeit. Wegener vermutet allerdings eine Entstehung im Kloster der Regulierten Kanoniker zu Gaesdonk bei Goch am Niederrhein. Der Meister der 10.000 Märtyrer ist um 1465 im niederrheinischen Raum nachgewiesen. Auch die Besitzeinträge weisen dorthin. Das Stundenbuch gehörte ursprünglich Agnes von Oey, die es ihrer Nichte Johanna van Bocholt, geborene van Merwick vermachte. Diese hat auf leeren Blättern (Bl. 179[v], 226[r]–228[v]) eine Art Familienchronik geführt: die Geburtstage und Paten ihrer Kinder, Hochzeits- und Todestag ihrer Tochter Agnes, usw. Ihr eigenes Todesdatum ist für den 25. Mai 1551 eingetragen. 1597 ist die Handschrift im Besitz des Arnold von Lintelo. Das Stundenbuch enthält die Tagzeiten Mariae, die langen Tagzeiten vom hl. Kreuz, die sieben Bußpsalmen und die Totenvigil in der Übersetzung Geert Grotes. Bl. 108[v]– 179[v] steht eine Gebetssammlung, die, mit der Gregormesse beginnend, u. a. ein Gebet über das Leben Christi, Passions-, Kommunion- und Meßgebete und schließlich, ab Bl. 140[r], Marien- und Heiligengebete beinhaltet. Der Kalbsledereinband der Zeit ist erhalten, verziert mit Rollenstempeldekoration (Lukretia in Pflanzenranken mit Blüten und Rosenblüte). Das hier aufgeschlagene Bild Bl. 180[v] illuminiert das Totenoffizium. – Zwei Mönche rezitieren Gebete aus einem liturgischen Buch, ein dritter hält Weihwassergefäß und Weihwedel, mit dem er den Toten besprengt hat. Rechts davon stehen trauernde Frauen. Ein Totengräber nagelt den Sarg zu, in dem man den Leichnam erblickt, der andere hebt die Grube aus, wo eine Menge Knochen dort früher begrabener Menschen zutage treten. Das Bild verdeutlicht die Vertrautheit des spätmittelalterlichen Menschen mit dem Tod und sein Bedürfnis, durch Darstellung des nackten Leichnams und der Skelettreste das Grauen des Todes, der durch Seuchen und Pest allgegenwärtig war, und die Vergänglichkeit des irdischen Daseins sichtbar zu machen.

Degering 3, S. 39 · Wegener S. 145–146 · H. Wegener, Das Gebetbuch der Johanna von Bocholt. In: Westfälische Studien (Festschrift Alois Bömer), Leipzig 1928, S. 228–232.

72

Lateinisches Stundenbuch mit italienischen Einzelgebeten

Bologna, um 1480 · Pergament, 249 Bl.
10 x 7,5 cm
Staatsbibliothek, Ms. theol. lat. oct. 97

Die Handschrift wurde, wie der Kalender (u. a. Verehrung des hl. Petronius und der Stil des Buchschmuckes) nahelegen, um 1480 in Bologna angefertigt. Die Verzierung besteht hauptsächlich aus vier historisierten Initialen am Anfang der Offizien; dort sind die Seiten auch verziert mit Bordüren aus Federstrichranken mit blau- und rosafarbigen Blüten. Am Schluß der Hand-

73

schrift sind zwölf ganzseitige Andachtsbilder, einzelne Heilige darstellend, eingeheftet. Eine auffällige Besonderheit ist der schwarze Mantel der Muttergottes in der Darstellung der Pietà Bl. 237ʳ, hier aufgeschlagen. Dasselbe ungewöhnliche Motiv kommt auf einer Pietà des Ercole de Roberti vor, die aus der Kirche S. Giovanni in Monte in Bologna stammt und heute in der Walker Art Gallery in Liverpool bewahrt wird (Hinweis von Mark L. Evans). Das Gebetbuch enthält lateinische Stundengebete nach dem Gebrauch von Rom und Bl. 199ʳ–235ʳ eine Gebetssammlung in italienischer Sprache. Ein Kommuniongebet (Bl. 213ᵛ) wird Aegidius Romanus zugeschrieben. Die Bezeichnung »misera peccatrice« in den Gebeten Bl. 214ʳ und 229ʳ deuten auf eine weibliche Bestellerin. Bemerkenswert noch die besondere Verehrung des hl. Dominicus und der hl. Clara, am 5. bzw. 12. August in dem sonst wenig ausgefüllten Kalender.

73

Lateinisches Stundenbuch

Ferrara, um 1485 · Pergament, 167 Bl., 16 x 11 cm
Staatsbibliothek, Ms. theol. lat. oct. 79
Abbildung

Das in sauberer Rotunda geschriebene Stundenbuch nach dem Gebrauch von Rom ist, wie stilistische Vergleiche, z. B. mit der Handschrift J. A. 7209 aus der Sammlung J. R. Abbey zeigen, von dem Künstler Fra Evangelista da Reggio, der von 1477 bis zu seinem Tode 1494 in Ferrara tätig war, mit Bordüren und Initialen illuminiert worden. Charakteristisch für ihn ist der axialsymmetrisch angelegte Bordürenschmuck aus goldenen oder braunen Federstrichranken mit knopfartigem Mittelteil, der am Außen- und Unterrand meist noch Tiermedaillons enthält. Auch das oberitalienische Kalendarium bestätigt die Zuweisung der Handschrift nach Ferrara. Aufgeschlagen Bl. 118ʳ, eine der üblichen Illustrationen zur Totenvigil. Der riesige Totenschädel in einer wüsten Landschaft ohne Leben symbolisiert die Unerbittlichkeit des Todes, die die seit dem 14. Jh. anhaltenden Pestepidemien immer wieder sichtbar machen. Die Medaillons in der Bordüre zeigen Schwan und Pfau, die Symbole der Hoffnung auf ein ewiges Leben.

Lit.: J. J. G. Alexander and A. C. de La Mare, The Italian Manuscripts in the library of Major J. R. Abbey, London 1969, Nr. 50, S. 137–139 u. Taf. LXI b-LXIV.

74

Lateinisches Stundenbuch

Toledo (?), um 1480 · Pergament, 98 Bl.,
25 x 18 cm
Kupferstichkabinett, 78 A 26

Der vorliegende Teil des Stundenbuches, dessen andere Hälfte sich ehemals in der Sammlung von C. W. Dyson Perrins (1864–1958) befand (heute London, British Library, Add. 50004), umfaßt die Horen des hl. Kreuzes mit sechs Passionsminiaturen, die Bußpsalmen und die Totenvigil

Tafel 18 Das Gebet auf dem Ölberg (Kat. Nr. 75)

Der ol'berg

Tafel 19 Kreuzigungsgruppe mit Nebenszenen (Kat. Nr. 76)

Tafel 20 Christus erscheint Maria Magdalena (Kat. Nr. 76)

Tafel 22 Die Auferstehung Christi (Kat. Nr. 77)

Tafel 21 Das Gebet der Propheten (Kat. Nr. 77)

Tafel 23 Die hl. Anna mit ihrer Sippe (Kat. Nr. 82)

mit je einer Miniatur. Wescher hat als Künstler den spanischen Miniaturisten Jean Carrion vermutet. Die üppigen Bordüren mit den Putten, Männern und Frauen zu Pferde und Ranken aus stilisierten Blumen, Goldpollen und Vögeln verraten direkten Einfluß aus Flandern. Bl. 28^{v} ein Andachtsbild zu den Horen des hl. Kreuzes, die Grablegung Christi in der seit dem 14. Jh. im Abendland üblichen Ausformung. In der Darstellung vereinigt sich der byzantinische Einfluß der Totenklage und die seit dem 13. Jh. aufkommende Verehrung des hl. Leichnams. Das Grab umstehen, symbolisch für die Kirche, die sich aus dem Blut Christi bildet, Maria, die Mutter Jesu, und die drei anderen Marien: Maria von Magdala mit Salbbüchse, Maria Salome und Maria Kleophas; der Apostel Johannes stützt die Mutter Jesu; am Kopfende des Sarkophags beaufsichtigt Nikodemus, der heimliche Jünger Jesu, die Grablegung durch zwei Diener; dahinter eine karg wirkende hügelige Landschaft mit der Silhouette Jerusalems.

Wescher S. 163–165 · Zimelien Nr. 153 · A. Saulnier, Oeuvres inédites de l'enlumineur Juan de Carrion. In: Revue de l'Art 57, 1982, S. 56–60.

75

Lateinisches Gebetbuch

Herrenalb, 1482–84 · Pergament, 103 Bl.,
20 x 14 cm
Staatsbibliothek, Ms. theol. lat. qu. 9
Tafel 18 (s. Seite 107)

Laut Kolophon (Bl. 103^{r}) ist das Gebetbuch auf Bitten des Ludwig von Bruchsal, Konverse der Zisterzienserabtei Herrenalb und Verwalter (Procurator) des zur Abtei gehörigen Gutshofes Merklingen (bei Weil der Stadt) angefertigt worden. Geschrieben hat es zwischen 1482 und 1484 sein Mitbruder Johannes Zurn aus Neilsheim bei Bretten, der zu der Zeit das Amt des Kantors in Herrenalb innehatte. Die dreißig ganzseitigen Miniaturen sind Kopien: die Passionsdarstellungen und das Bild der hl. Appolonia hat der Maler nach Kupferstichen Schongauers (Lehrs 19–30, 76) kopiert; für die Kreuzigung war das Tafelbild des Meisters der Karlsruher Passion Vorbild und für die Mehrzahl der Heiligendarstellungen die Kupferstiche des Meisters E. S. Die Miniaturen lassen jedoch durchaus einen eigenen Charakter erkennen. F. Anzelewski lokalisiert den Hauptmeister in die Nähe des Mainzer Malers und Kupferstechers WB. Das Gebetbuch enthält besonders viele Gebete über die Passion Christi, darunter die Horen der Passion, eine Marienklage sowie zwei Bernhard von Clairvaux zugeschriebene Gebete: ein Gebet zu den einzelnen Gliedern Christi (Planctus Bernardi) und eine Confessio (In unione doloris tui); außerdem ein gereimtes, Papst Gregor dem Großen zugeschriebenes Gebet an die Glieder Christi (Ave manus dextra Christi), usw. Einen weiteren wichtigen Platz nehmen die Gebete und Suffragien zu den Heiligen ein. Mehrere Gebete werden mit päpstlichen Ablässen und Legenden angepriesen. Nach der Intention des Auftraggebers (Bl. 103^{v}) sollte das Gebetbuch »der Nachwelt (posteris) zur Ehre gereichen«. – Aufgeschlagen: Das Gebet Christi auf dem Ölberg.

Rose Nr. 725 · Zimelien Nr. 156 · W. Schwenk, das Herrenalber Gebetbuch, Bad Herrenalb 1983 · F. Heinzer, Johannes Zürn aus Neibsheim, ein Herrenalber Mönch des 15. Jhs als Handschriftenschreiber. In: Zeitschr. f. Geschichte des Oberrheins 133, 1985, S. 69–80.

76

Miniaturblätter aus einem Stundenbuch

Gent – Brügge, um 1480 · Pergament, 20 Bl.,
Miniaturen 11,5 x 8 cm
Kupferstichkabinett, 78 B 13
Tafel 19 und 20 (s. Seite 108/109)

Das Bändchen enthält 20 Miniaturen, die auf leere Pergamentblätter geklebt sind. Sie wurden im 18. Jh. aus einem prachtvollen Stundenbuch, das sich heute in der Biblioteca Nacional in Madrid (ms. Vit. 25–5) befindet, ausgeschnitten. Die Miniaturen sind alle von sehr hoher Qualität, einige gehören zu den Spitzenstücken der flämischen Buchmalerei um 1480; sie verraten die Hand des Meistes der Maria von Burgund und des Simon Marmion. Von letzterem ist das Bild Bl. 20^{r}, das die Erscheinung Christi vor

Maria Magdalena nach der Auferstehung darstellt, das sogenannte Noli me tangere-Bild, nach dem Wort Christi an Maria: Halte mich nicht fest, nach dem mittelalterlichen Verständnis: Berühre mich nicht (Joh. 20,17). Das Bild ähnelt der berühmten Darstellung des Giotto in der Capella degli Scrovegni, wo die Begegnung die ganze Dramatik des Schauens und nicht ganz Begreifens des Mysteriums Christi atmet. Der Baum, der auch in früheren Noli me tangere-Darstellungen erscheint, steht hier als delikater Trennungsstrich zwischen den beiden Personen und suggeriert den Baum des Lebens aus dem Buch Genesis, dessen Frucht der Mensch nicht pflücken darf – Christus läßt sich nicht in unsere menschlichen Pläne einverleiben – dessen Nahrung uns aber durch Glauben und Liebe zuteil wird. Der Künstler drückt nicht ganz so stark wie Giotto die Spannung zwischen den beiden Personen, den »dialogue of the souls« (Panofsky) aus, dafür bringt das poetische Naturempfinden des aufgehenden Tages eine neue Tiefe. Einzigartig in der Technik ist die Kreuzigungsgruppe Bl. 10^{r} mit den Nebenszenen der Passion: das Gebet auf dem Ölberg, das anschließende Gespräch mit den drei Jüngern und die Gefangennahme. Auf blasse, mit nassem Pinsel breit hingestrichene Farbflächen wurden anschließend tüpfelnd kleine Punkte in derselben Farbe, aber dunkler und kräftiger aufgesetzt.

O. Pächt, The Masters of the Mary of Burgund, 1948, S. 68 · Boese S. 209 · G. I. Lieftinck, Boekverluchters uit de omgeving van Maria van Bourgondië, 1969, S. 98–104 · E. W. Hoffmann, Simon Marmion re-considered. In: Scriptorium 21, 1969, S. 245 · A. De Schrijver, in: Gent – Duizend Jaar Kunst en Kultuur, 2, 1975, S. 377–78 · Zimelien Nr. 150 · A. H. van Buren, The Master of Mary of Burgund and his Colleagues: The State of Research and Questions of Method. In: Zeitschr. für Kunstgeschichte 38, 1975, S. 286–309.

77

Lateinisches Brevier

Namur und Brügge oder Gent, 1487–1489 ·
Pergament, 606 Bl., 28 x 22 cm
Staatsbibliothek, Ms. theol. lat. fol. 285
Tafel 21 und 22 (s. Seite 110/111)

Das liturgische Brevier wurde laut Kolophon (Bl. 582^{r}) in Namur, Belgien, geschrieben. An drei Stellen im Text sind zudem Jahreszahlen eingetragen: 1487 (Bl. 8^{v}), 1488 (Bl. 254^{r}), 1489 (Bl. 582^{r}). Es enthält ein ganzseitiges, 8 halbseitige und 49 spaltenbreite Miniaturen, die der Gent-Brügger Malerschule zuzurechnen sind. Nach Untersuchungen von Bodo Brinkmann, Berlin, wurde die Illuminierung kurz nach der Niederschrift begonnen und in zwei Phasen ausgeführt. Der Maler des einzigen Vollbildes hat auch 11 kleinere Miniaturen (60^{r} · 254^{v} · 320^{v} usw.) gemalt. In einer zweiten Phase hat ungefähr ein Jahrzehnt später ein zweiter Künstler die restlichen Bilder (Bll. 33^{r} · 40vb · 54ra · 60rb usw.) angefertigt, ab Bl. 350^{r} wird er dabei von einem Mitarbeiter unterstützt. In dieser Zeit wurde auch das von Brinkmann identifizierte Wappen der Familie Carondelet, deren Angehörige seit dem Ende des 15. Jhs in dem heutigen Gebiet Belgiens kirchliche und weltliche Ämter innehatten, an verschiedenen Stellen eingetragen, Bl. 8^{r} über die schon vorhandene Bordüre des ersten Meisters. Unter dem Wappen ist der griechische Wahlspruch »Gnothi se auton«, erkenne dich selbst, eingetragen. Der erste Maler ist im Umkreis des Meisters der Maria von Burgund zu suchen. Das Vollbild Bl. 7^{v} behandelt zum Adventanfang ein in der Malerei selten dargestelltes Motiv: Gottvater erhört das Gebet der Propheten um den Messias. (Ein gleichartiges Bild auch im Breviarium Grimani, Venedig, Bibl. Naz. Marciana, Ms. Lat. I, 99, Bl. 14^{v}, [Faks. Tf. 25]). Der Inhalt des Gebetes steht in Goldbuchstaben inmitten der Miniatur: »Obsecramus, domine, mitte quem missurus es« (Wir flehen dich an, Herr, sende uns den du uns senden willst). Bemerkenswert ist auch die Bordüre im Gent-Brügger Stil mit Streublumen: Rose, Akelei, Schwertlilien, Nelken, Veilchen, Wicken, Disteln, etc. Ein Meisterwerk in ganz anderem Stil stellt das Auferstehungsbild (Bl. 155^{r}) des zweiten Hauptmeisters dar, dessen Miniaturen dem Meister des Jacob IV. von Schottland nahestehen. Seine besondere Begabung liegt in dem atmosphärischen Naturempfinden und seiner Liebe für das realistische Detail. In der Morgendämmerung einer noch winterlichen Landschaft tritt Christus im roten Mantel mit Siegesfahne aus dem Felsgrab mitten unter die noch schlafenden Wächter. Das liturgische Brevier wurde seit der 2. Hälfte des 15. Jhs auch in Latein oder in Übersetzung für Laien abgeschrieben. Der Kalender wie auch der Inhalt weisen auf den Gebrauch für den Franziskanerorden. Der Besteller kann ein Kleriker oder Laie aus der Familie Carondelet gewesen sein, der dem Drittorden des hl. Franziskus angehörte. Der Einband stammt von Lodewijk Bloc (Brügge 1484–1529).

Rose Nr. 738 · Zimelien Nr. 158 · Kostbare Handschriften und Drucke Nr. 15 · Renaissance Painting in Manuscripts. Treasures from the British Library, New York 1983, S. 39 und 67 · Plotzek, Andachtsbücher S. 225–226.

78

Lateinisches Stundenbuch des Nicolas von Firmian

Flandern, Brügge oder Gent, um 1500 ·
Pergament, 240 Bl., 19,5 x 14 cm
Staatsbibliothek, Hdschr. 241
Abbildung

Das prächtig ausgestattete Stundenbuch – es enthält u. a. 15 Vollbilder und 87 Seiten in Zierrahmen – ist mit großer Wahrscheinlichkeit um 1500 in Flandern entstanden. Dorthin wenigstens weist der Stil der Illuminierung und des Einbandes. Der Besteller jedoch, Nicolas von Firmian, – in der Handschrift präsent in den beiden Stifterbildern 144^{v} und 232^{v} –, gehörte einer alteingesessenen Tiroler Adelsfamilie an, die durch ihre Dienste mit dem habsburgischen Kaiserhaus eng verbunden war. Möglich, daß Nicolas von Firmian durch diese Verbindung nach Flandern kam und dort sein Stundenbuch selbst anfertigen lassen konnte. Jedenfalls hat er auf die Ausstattug des Buches offenbar persönlich Einfluß genommen, wie die Auswahl der Texte und der Bilder zeigt. Die Handschrift enthält einmal die üblichen Stundengebete nach dem Gebrauch von Rom: die Tagzeiten des Hl. Kreuzes, die Tagzeiten des Hl. Geistes, das kleine Marienoffizium, das Glaubensbekenntnis »Symbolum Athanasii«, die 7 Bußpsalmen mit Allerheiligenlitanei und das Totenoffizium. In diese Stundengebete eingestreut sind die

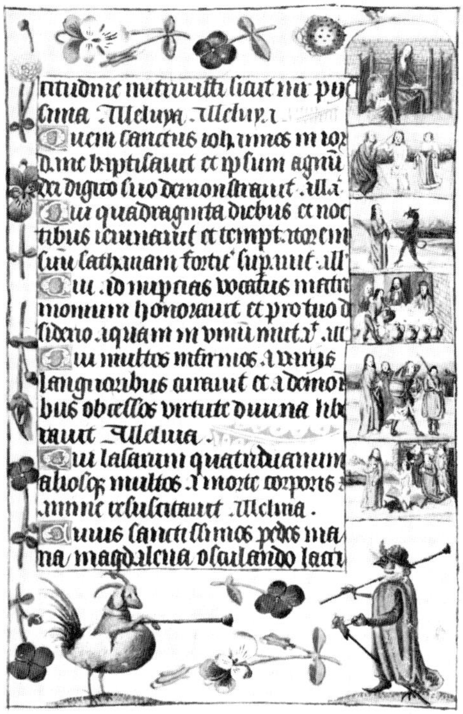

78

allgemein in dieser Verbindung überlieferten Privatgebete mit Andachtsbildern: das Gebet der hl. Veronica mit dem Schweißtuch (Bl. 29^{r}), das Gebet Gregors zu den Waffen Christi verbunden mit dem Ablaßversprechen von 14000 Jahren und dem Bild der Gregormesse (Bl. 31^{r}). Bei den Suffragien zur Dreifaltigkeit und den Heiligen (Bl. 224^{r}) fällt die Suffragie an den hl. David von Schottland neben den typisch österreichischen Heiligen auf. Wirklich bemerkenswert ist jedoch die große, eigenständige Sammlung von Privatgebeten, die ein gutes Drittel der Handschrift einnimmt (Bl. 136^{r}–223^{v}) und in dieser Reichhaltigkeit und Fülle in einem Stundenbuch eine Ausnahme darstellt. Die Gebete sind zwar alle aus anderen Sammlungen bekannt, doch besticht die sorgfältige und individuelle Auswahl. Die Gebete an Christus (Bl. 136^{r}–172^{r}) beginnen mit dem stark alttestamentarisch orientierten Gebet »Quia iam cognosco quod tempus meum prope est«. Weitere

Christusgebete werden den Päpsten Calixtus, Leo und Pius II. sowie den Heiligen Augustinus und Birgitta (die bekannten 15 Passionsgebete) zugeschrieben. Unter den Mariengebeten (Bl. 172r–198v) ist der Marienhymnus des Adam von St. Victor »Ave rosa sine spinis«, die in Verse gefaßten 7 Freuden Mariae »Virgo templum trinitatis« und das Gebet eines nicht näher bezeichneten Papstes Bonifatius (Bl. 188r) bemerkenswert. In diesem Gebet wird Maria mit Blumennamen als den Sinnbildern ihrer Tugenden begrüßt: »Ave Maria alta stipes lilii castitatis Ave profunda viola vallis humilitatis Ave lata rosa campi divini caritatis...« (Sei gegrüßt Maria, du hoher Lilienstamm der Keuschheit; du Veilchen, tief geduckt im Tal der Demut; du Rose, kräftig gewachsen auf dem Feld göttlicher Liebe...). Das Rosenkranzgebet mit den 50 Klauseln des Dominikus van Preußen (Bl. 208r– 212v) ist recht ungewöhnlich in einem Stundenbuch, ebenso selten auch seine Illuminierung mit 50 Rosenkranzminiaturen – ein Bildchen für jedes Mysterium – und dargestellten Rosenkränzen, ähnlich noch in Hs. Den Haag, Rijksmuseum Meermanno-Westreenianum 10 F 14. Abgebildet ist Bl. 209r mit Szenen aus dem öffentlichen Leben Jesu. An Hieronymus Bosch gemahnt die Drôlerie auf dem Unterrand. Ein Widderkopf guckt aus einem mit Hahnenfedern geschmückten Ei auf Vogelbeinen. Widder und Ei sind auch Symbole für Christus bzw. die Empfängnis Mariä durch den hl. Geist. Ihm gegenüber steht ein Vogelmensch mit einem menschlichen Fuß und einer Hahnenkralle (der Teufel?). Der Vogelmensch erinnert an die Tracht mittelalterlicher Pestärzte, die zum Schutz gegen Infektion und Gerüche Vogelmasken trugen: der Vogelschnabel wurde zu diesem zweck mit wohlriechenden Essenzen gefüllt. Das Steckenpferd als Symbol des Kindesalters könnte auf das oft jugendliche Alter der Pesttoten deuten. Beide Figuren halten die beim Fischerstechen üblichen Stangen in der Hand. Auf das Rosarium folgen wieder Marien- und Christusgebete. Die Illuminierung stammt, deutlich sichtbar, von mehreren Händen unterschiedlicher Qualität. Neben dem Hauptmeister, dem vor allem die ganzseitigen Miniaturen zuzuschreiben sind, erkennt man mehrere schwächere Hände, die die meisten kleineren Miniaturen, u. a. die Rosenkranzbilder, gemalt haben. Durch die Verteilung der Hände nach Bildaufgaben (Formaten) wird jedoch der einheitliche Charakter der Handschrift nicht gestört. Der Hauptmeister ist durch weite, mit Architekturen durchsetzte Landschaften und statische, beruhigte Szenen auch bei dramatischem Inhalt charakterisiert (Andreas Fingernagel). Die Plattenstempel des dunkelbraunen Ledereinbandes der Zeit (je 2 auf Vorder- und Rückendeckel) mit musizierenden Engeln in Spiralranken und dem Psalmvers (101,1) »Domine exaudi orationem meam et clamor meus ad te veniat« (Herr, höre mein Gebet und laß mein Schreien zu dir kommen) stammen aus der Werkstatt des Genter Buchbinders James van Gavere. Bis in 17. Jh. verblieb die Handschrift im Besitz der Firmians; sie gelangte schließlich über die beiden berühmten Sammlungen des Henry Yates Thompson und des Alfred Chester Beatty wieder in den Handel und konnte 1985 von der Staatsbibliothek erworben werden.

M. R. James, Descriptive catalogue of 50 manuscripts from the collection of Henry Yates Thompson I, 1898, no. 22, S. 102–112 · G. Dogaer, Einfluß der Randverzierung der sog. Gent-Brügger Schule auf die deutsche Buchmalerei um 1500. In: Bibliothek-Buch-Geschichte. Kurt Köster zum 65. Geburtstag, Frankfurt a./M. 1977, S. 216, Taf. 19 · Cimelia, A catalogue of important illuminated and textual mss. published in commemoration of the sale of the Ludwig Collection. Catal. 165, H. P. Kraus, New York, 1983, Nr. 21, S. 100–105 · T. Brandis und A. Fingernagel, Das Stundenbuch des Nicolas von Firmian, In: Jahrbuch Preußischer Kulturbesitz 22, 1985, S. 233–241 · C. De Hamel, A history of illuminated Manuscripts, Oxford 1986, S. 169.

79

Lateinisch-mittelniederländisches Gebetbuch

Brügge, um 1500 · Pergament, 380 Bl.,
14,5 x 10 cm
Kupferstichkabinett, 78 B 14
Abbildung

Die Handschrift ist prachtvoll ausgestattet mit Miniaturen und Bordüren des Meisters des Dresdener Gebetbuches und seiner Werkstatt. Drei Miniaturen (Bl. 13v · 18v · 238v) stammen

79

von anderer Hand, wahrscheinlich von dem Meister der Maria von Burgund. Aufgeschlagen Bl. 277ᵛ/278ʳ Illustrationen zur Totenvigil. Links die Darstellung der Legende von den drei Lebenden und den drei Toten, die erstmals in der französischen Literatur des 13. Jhs auftaucht und an die Vergänglichkeit des menschlichen Lebens erinnern soll. Eine Jagdgesellschaft begegnet, als sie an einem Friedhof vorbeireitet – im Vordergrund angedeutet durch Kapelle, Grabkreuz und Totengebein – drei nach französischer Tradition »lebendigen« Toten, die durch ihre Existenz die Lebenden auf ihr unentrinnbares Schicksal hinweisen. Die Reiter verkörpern die allgemeine Reaktion der Menschen auf den Tod: sie wollen ihn nicht sehen, sie halten die Hände vor das Gesicht bzw. sie wehren ab. Die Bordüre ist aus naturalistischen Feldstiefmütterchen, Flachsblüten, Eicheln und Stubenfliegen gebildet; unten die Initialen des Bestellers »GA«. Daneben (278ʳ) ein Leichenzug, vor dem der Text der Totenvigil wie auf einer Schautafel steht. Die Handschrift enthält neben Offizien für die einzelnen Wochentage und den Marienhoren Betrachtungen über die Messe von dem Franziskaner Antonius Fareni, z.T. in mittelniederländischer Übersetzung.

F. Winkler, Die flämische Buchmalerei, 1978, S. 95–101 · Wescher S. 175–177 · Boese S. 159–161 · Zimelien Nr. 160 · Dogaer S. 129, 131.

80

Lateinisches Stundenbuch

Brügge, um 1500 · Pergament, 260 Bl.,
14 x 10 cm
Kupferstichkabinett, 78 B 15

Im letzten Viertel des 15. Jahrhunderts erfährt die Miniaturkunst in Brügge einen neuen Aufschwung durch den Einfluß einiger großer Meister, die für die burgundischen Herzöge gemalt haben. Vorliegendes Gebetbuch betrachtet F. Winkler als ein charakteristisches Werk des nur unter dem Notnamen bekannten sogenannten Brügger Gebetsbuchmeisters. Seine etwas manieristisch wirkenden Miniaturen sind hervorragend im Stil des Meisters der Maria von Burgund gemalt. Aufgeschlagen Bl. 49ᵛ Maria am Kamin, eine Kopie nach einem Bild des Meisters von Flémalle (Leningrad, Eremitage). Maria sitzt in einer typisch flämischen Bürgerstube, deren Interieur detailliert wiedergegeben ist: der Haken für die Töpfe im Kamin, der Kerzenhalter, Becken mit Kanne, nicht zuletzt die Einrichtung des Fensters mit geteilten Läden und hölzernem Gitter. Neben Maria ein Engel, der ihr, wie die apokryphen Evangelien berichten, beim Baden des Kindes assistierte. Die Bordüre zeigt auf braun-goldenem Grund Rankenwerk, Blumen und Vögel, rechts unten einen Pfau, der eine Schnecke aufpickt, daneben eine Pfauhenne mit Jungen; der Pfau ist seit frühchristlicher Zeit das Symbol der Vermittlung des ewigen Lebens.

Wescher S. 178–179 · Winkler S. 159 · Dogaer S. 15 · Plotzek, Andachtsbücher S. 228–29.

81

Lateinisches Stundenbuch mit Einzelgebeten

Aachen, 1505 · Pergament, 154 Bl., 11,5 x 8 cm
Staatsbibliothek, Ms. lat. oct. 341

Das vorliegende Stundenbuch ist vor allem durch seine Entstehungsgeschichte interessant. Ein genaues Gegenstück befindet sich unter der Signatur Hs. 964 in der Darmstädter Landesbibliothek. Nach dem Zeugnis der Eintragungen hat der Aachener Bürgermeister Peter Bestoltz beide Handschriften 1505 von dem Kanoniker Dietrich Clocker († 1531) aus dem Regularherrenkloster der Windesheimer Kongregation in Aachen schreiben lassen. Sie waren als Geschenk für die beiden Töchter des Bürgermeisters, Elisabeth und Lutkardis, bestimmt, die in Köln Schwestern im Kloster St. Maximin waren. Auftraggeber und Schreiber sind auch urkundlich belegt, beide stammen aus angesehenen Patrizierfamilien. Die Texte sind sorgfältig für den privaten Gebrauch in einem Nonnenkloster ausgewält. Neben den üblichen Horen sind der Cursus der ewigen Weisheit des Heinrich Seuse, spezielle Gebete für eine sterbende Schwester, Psalmen für Verstorbene, die sogen. Gebete Gregors des Großen über die Passion Christi und der Rosenkranz aufgenommen. Das Stundenbuch ist mit fünf Andachtsbildern sowie Bordüren mit Streublumen und Insekten geschmückt. Beide Handschriften sind im Stil der Gent-Brügger Schule illuminiert. Da auch der Einband mit flämischen Plattenstempeln verziert ist, muß man annehmen, daß der fertiggeschriebene Buchblock in einer flämischen Werkstatt (Brügge?) illuminiert und gebunden wurde. Aufgeschlagen Bl. 75^{v} die Darstellung des Pfingstereignisses. Maria, das Symbol der Mutter Kirche, sitzt aus der Bibel lesend unter den Jüngeren im Seitenschiff einer Kirche, deren drei Fenster die Trinität bezeichnen. Vor Maria kniet Petrus, der Fels, auf dem Christus seine Kirche gebaut hat. Von oben senkt sich der heilige Geist in Gestalt einer Taube, Feuerflammen aussprengend, auf die Versammlung nieder. Maria, deren Anwesenheit beim Pfingstereignis durch die Apostelgeschichte (2, 1–7) nicht ausdrücklich bezeugt ist, wird nach 1200 fast ausnahmslos auf den Darstellungen des Pfingstereignisses mit abgebildet.

A. Schmidt, in: Zeitschrift für Bücherfreunde 20, 1928, S. 111 · H. Knaus, in: Philobiblon 1, 1957, S. 143; ds., in: Börsenblatt für den deutschen Buchhandel, Frankfurter Ausg. Jg. 27, 1971, S. 1189 · G. Achten, L. Eizenhöfer, H. Knaus, Die Lateinischen Gebetbuchhandschriften der hessischen Landes- und Hochschulbibliothek Darmstadt, Wiesbaden 1972, Nr. 44 · G. Dogaer, Einfluß der Randverzierung der sog. Gent-Brügger Schule auf die deutsche Buchmalerei um 1500. In: Bibliothek-Buch-Geschichte. Kurt Köster zum 65. Geburtstag, Frankfurt a./M. 1977, S. 212–213 · J. M. Plotzek, Die Handschriften der Sammlung Ludwig. Bd. 2, Köln 1982, S. 252.

82

Mittelniederländisches Gebetbuch

Antwerpen, um 1510/20 · Pergament, 107 Bl., 16 x 10,5 cm
Staatsbibliothek, Ms. germ. oct. 672
Tafel 23 (s. Seite 112)

Das leider durch Ausschneiden von Randverzierungen beschädigte Gebetbuch ist in burgundischer Bastarda geschrieben und besonders qualitätvoll im Gent-Brügger Stil illuminiert. Die fünf Vollbilder zeigen den Gnadenstuhl (1^{v}), eine Pietà (11^{v}), eine Madonna mit Kind in der Landschaft und von zwei Engeln gekrönt (17^{v}), den büßenden David (37^{v}) und Bl. 25^{v}, hier aufgeschlagen, die hl. Anna mit ihrer Sippe (das sogenannte Trinubium Annae) in dem Gärtchen eines flämischen Beginenhofes. Nach einer aus den apokryphen Evangelien stammenden Legende war Anna dreimal verheiratet und hatte aus jeder Ehe eine Tochter. Diese werden auf dem Bild mit ihrem Nachwuchs in hierachischer Ordnung dargestellt: die älteste Maria sitzt erhöht unter der lesenden Mutter Anna, mit dem Jesuskind; rechts Maria Salome mit ihren beiden Söhnen, den späteren Aposteln Johannes und Jakobus, beide mit ihren Attributen: Kelch, Pilgerhut und -stab, links Maria Kleophas mit ihren vier Söhnen, ebenfalls spätere Apostel Christi. Die Anna-Verehrung wurde von der Kirche seit dem 12. Jh. trotz sonstiger Strenge gegen apokryphe Auswüchse in der Frömmigkeit gleichwohl geduldet, da diese fromme Legende die im Mittelalter von vielen Theologen sehr umstrittene Lehre der Unbefleckten Empfängnis Mariä förderte. Das sehr verbreitete Ablaßgebet Bl. 24^{r}, in dem das Ave Maria auf

Anna umgedichtet wird, untermauert diese Verehrung: »gesegnet sei deine hl. Mutter Anna, von welcher geboren ist ohne Sünde dein Leib« (vgl. Kleinschmidt, S. 163). Die ikonographische Darstellung der Sippe ohne die Männer geht zurück auf eine Vision der Genter Klarissin Colette Boïlet (1381–1447). Das Visionäre des Bildes suggeriert die Erscheinung Gott-Vaters oben im Bild, der den hl. Geist der Sippe Annas sendet. Im Hintergrund sitzt eine weitere Verwandte Annas, die hl. Elisabeth mit ihrem Sohn Johannes dem Täufer. In der Bordüre ist der Wiedehopf bemerkenswert; unter den Streublumen sind besonders die Akelei und die Heckenrose hervorgehoben. Die auffällig starke Anna-Verehrung des Gebetbuches ist vermutlich auch ein persönliches Anliegen des Bestellers (der Bestellerin?), denn Bl. 28v sind auf einer Randverzierung Anna und Joachim mit dem Marienkind in einem goldenen Oval (»in der sonne«) abgebildet zwischen einem Familien-Wappen oben und einem Emblem unten, beide zweifelsohne vom Besteller des Gebetbuches. Die Handschrift enthält noch 28 Heiligenminiaturen im Breitformat, etwa ein Drittel des Schriftspiegels einnehmend; außerdem Randverzierungen mit Darstellungen von Devotionalien, wie Rosenkränzen und Pilgermedaillen, ein Waffenarrangement und eine Monstranz. Für den Künstler der Miniaturen sind die naturalistisch gezeichneten Stadtlandschaften eigentümlich. Die Auswahl der Heiligen wie auch die Mundart weisen nach Antwerpen als Entstehungsort. Bl. 104r wird die in dem Antwerpen nahe gelegenen Ort Geel besonders verehrte hl. Dymphna, die Bl. 48r in der Litanei fehlt, als Patronin angerufen. Bl. 28r werden als Ablaßspender Papst Sixtus IV. (1471–1484) und »mehr andere Päpste nach ihm« genannt. Das Entstehungsdatum liegt um 1510/20. Als spätere (1750) Besitzerinnen werden Bl. 1r Antonetta Van Wevellinckhoven und Bernardina Richarda d'Hoevel genannt. Der Einband der Zeit ist aus rotem Samt mit zwei Schließen.

H. O. Lampert, Beschreibung von 23 bei Degering nicht mehr erfaßten Handschriften der ehemaligen Preußischen Staatsbibliothek. Berlin. Magisterarbeit, Tübingen 1970 [maschinenschr.], S. 50–60. – Lit.: B. Kleinschmidt, Die heilige Anna. Ihre Verehrung in Geschichte, Kunst und Volkstum, Düsseldorf 1930.

83

Mittelniederländisches Stundenbuch mit Einzelgebeten

Brügge, 2. Viertel des 16. Jhs · Pergament, 168 Bl., 12 x 9 cm
Staatsbibliothek, Ms. germ. oct. 564

Das durch Wasserschaden stark beschädigte Stundenbuch mit den Tagzeiten Geert Grotes in Westflämischer Mundart wurde um 1530/40 in Brügge angefertigt. Miniaturen und Bordüren sind in der Nachfolge des sogenannten Gent-Brügger Stils ausgeführt; der Text ist in flämischer (burgundischer) Bastarda geschrieben. Da aber der Kalender der Diözese Utrecht angepaßt wurde, ist der Besteller sicher in den nördlichen Niederlanden beheimatet gewesen. Auf dem Bild Bl. 88v zum Totenoffizium wird gerade der Sarg in das frisch ausgehobene Grab gesenkt. Der Priester rezitiert aus einem liturgischen Buch, im Hintergrund steht die Trauergemeinde in schwarzen Mänteln und breitrandigen Hüten – eine in den Niederlanden übliche Trauerkleidung – der einzelne Mann links hat stattdessen nach französischem Brauch die Kapuze seines Mantels über den Kopf gezogen. Die strahlende Sommerlandschaft mit blauem Himmel und Bäumen in frischem Grün betont die Unerbittlichkeit und Unabhängigkeit des Todes vom irdischen Geschehen, das grelle Nebeneinander von Werden und Vergehen.

Degering 3, S. 194–195

84

Lateinisches Stundenbuch

Nürnberg oder Halle · 2. Viertel des 16. Jhs · Pergament, 175 Bl., 17 x 12,5 cm
Staatsbibliothek, Hdschr. 164
Tafel 24 (s. Seite 129)

Der Stil der Textura-Schrift und der 11 Vollblatt- und 7 Halbblattminiaturen deutet auf eine Entstehung des Stundenbuches in Deutschland, doch ist der Einfluß der Gent-Brügger Malerschule, insbesondere bei den Bordüren, ganz unverkennbar und bezeugt die internationale Verbreitung dieses Stils. Die Handschrift enthält die üblichen Teile des Stundenbuches: Kalendarium, die vier Evangelienperikopen, die Passion nach Johannes, eine kleine Sammlung von Einzelgebeten, ab Bl. 34ʳ Stundengebete und Totenvigil nach dem Gebrauch von Rom, die bekannten Gebete »Obsecro te«, »O intemerata«, »Salve sancta facies« und zum Schluß Gebete zu den hll. Jacobus Maior (O lux et decus Hispaniae) und Antonius abbas. Die Miniaturen sind nach flämischen (Gent-Brügger Schule) und süddeutschen Vorlagen von wenigstens vier Künstlern angefertigt. Nach direkten Vorlagen flämischer Meister aus dem Umkreis des Simon Bening und des Meisters Karls V. sind folgende Miniaturen gemalt: 20ʳ Gefangennahme, 62ʳ Pfingsten, 65ᵛ Darstellung im Tempel, 96ᵛ Heimsuchung, 115ᵛ der büßende David. Die übrigen Miniaturen sind mehr oder weniger süddeutsch, vor allem von Albrecht Dürer und Martin Schongauer beeinflußt. Dieser Eklektizismus aus süddeutschen und flämischen Vorbildern ist ein Charakteristikum der Werkstätten der Brüder Nikolaus und Albrecht Glockendon in Nürnberg im 2. Viertel des 16. Jahrhunderts. Vom qualitätsmäßig besten Künstler stammen die Miniaturen Bl. 13ʳ Johannes auf Patmos, 17ʳ der Evangelist Matthäus, 20ʳ die Gefangennahme Christi, 163ᵛ Maria mit Kind und, hier aufgeschlagen, 91ᵛ die Flucht nach Ägypten – eine für die süddeutsche Malerei typische Miniatur, die anekdotische Erzählung und das Fremdartige des christlichen Mysteriums durch eine phantastische Landschaft verbindet. Dargestellt ist die in dem apokryphen Evangelium des Pseudo-Matthäus aufgezeichnete Legende. Ein Engel biegt auf Geheiß des Christkindes die Zweige der Dattelpalme herab, so daß Maria von den Früchten pflücken kann. Das nur teilweise ausgefüllte Kalendarium deutet auf eine besondere Verehrung franziskanischer Heiliger: Franciscus von Assisi, Antonius von Padua, dazu König Ludwig von Frankreich, Vitus, Modestus, Crescentius, usw. Außerdem sind die Heiligen Rochus, Cosmas und Damian rot eingetragen und Zacharias der Prophet aufgeführt, die in Halle an der Saale besondere Verehrung genossen. In Halle residierte Kardinal Albrecht von Brandenburg (1490–1545), nachdem er sich Ende der 30er Jahre unter Druck der Reformation veranlaßt sah, Magdeburg und Halberstadt zu verlassen. Der vielseitig und vor allem bibliophil interessierte Kirchenfürst knüpfte von seiner neuen Residenz aus Kontakte zu Nürnberger Buchmalern und ließ insbesondere bei Nikolaus Glockendon mehrere Handschriften abschreiben und illuminieren. Er förderte auch in Halle die Einrichtung von Ateliers, die in der eklektischen Art der Nürnberger Malerschulen arbeiteten. Der altrosa Samteinband über Pappe ist modern. Die Staatsbibliothek hat die Handschrift 1979 von A. Rosenthal, Oxford, erworben.

Winkler S. 188 (unter: München, J. Rosenthal: Gebetbuch, Meister Karls V.) · Catalogue of Western Manuscripts and Miniatures, Sotheby London, Auktion 5.12.1978, Nr. 55 · B. Daentler, Die Buchmalerei Albrecht Glockendons und die Rahmengestaltung der Dürernachfolge, (tuduv Studie/Reihe Kunstgeschichte Bd. 12), München 1984, S. 109–115. – Lit.: A.W. Biermann, Miniaturenhandschriften des Kardinals Albrecht von Brandenburg. In: Aachener Kunstblätter des Museumvereins 46, 1975, S. 15–310.

85

Kalendar Albrecht Glockendons

Nürnberg, 1526 · Pergament, 18 Bl., 14 x 10 cm
Staatsbibliothek, Ms. germ. oct. 9

Fast jedem Stundenbuch ist ein Kalender beigegeben, in dem die kirchlichen Festtage und die zu jedem Tag gehörigen Heiligen eingetragen sind. Je nach Geld und Geschmack des Auftraggebers wurde auch der Kalender mit Monatsbildern verziert. Für diese Monatsbilder entwickelte sich im Laufe des 15. Jhs eine standardisierte Folge von Bildern, die die jahreszeitlich bedingten Tätigkeiten der Bauern und Vergnügungen ihrer Feudalherren zeigen und damit dem heutigen Beschauer eine Fülle kulturhistorischer Einzelheiten bieten. Solche illuminierten Kalendarien kennen wir vor allem aus den kostbaren französischen und flämischen Stundenbüchern. Sie erfreuten sich auch wegen ihrer medizinisch-astrologischen Hinweise einer großen Beliebtheit. Im 16. Jh. verselbständigen sich diese Kalendarien und wurden, wie im vorliegenden Fall, auch einzeln als reine Zierstücke für einen bibliophilen Auftraggeber angefertigt. Der hier ausgestellte Kalender entstand 1526 bei dem Nürnberger Illuminator und Briefmaler Albrecht Glockendon. Auftraggeber dürfte ein Adliger oder Patrizier gewesen sein. Die Bilder dieses Kalenders, dessen Motive auch bei den zur gleichen Zeit entstandenen Monatsbildern des Nürnberger Holzschnittmeisters Sebald Beham wiederkehren, verraten deutlich flämischen Einfluß. Jedem Monatsbild sind astrologisch-medizinische Ratschläge in Versform beigefügt – eine Tradition, die sich seit dem Mittelalter bis heute in Volkskalendern erhalten hat. Das aufgeschlagene Bild für den Monat Mai zeigt eine vornehme Gesellschaft bei der Kahnpartie, vorn ist in die Zierranke das scherzhaft gestaltete Tierkreiszeichen der Zwillinge eingearbeitet. Der erste Tag des Monat ist mit »Kl« (für lateinische Kalendae) gekennzeichnet, die goldenen Ziffern zählen die Monatstage, die Buchstaben in den übrigen Spalten bieten weitere Berechnungshilfen. Fehler und Auslassungenn zeigen jedoch, daß dieser Kalender nicht zum praktischen Gebrauch bestimmt war.

Zimelien Nr. 119 · Albrecht Glockendon, Kalendar von 1526, Faksimile. Einführung von Hermann Degering und Frauke Steenbock, Stuttgart 1977 · B. Daentler, Die Buchmalerei Albrecht Glockendons und die Rahmengestaltung der Dürernachfolge (tuduv-Studien. Reihe Kunstgeschichte Bd. 12), München 1984, S. 35–40 · W. Hansen, Kalenderminiaturen der Stundenbücher, München 1984, S. 194–96.

86

Lateinisches Stundenbuch

Beauvais (?), um 1510/20 · Pergament,
71 Bl., 18,5 x 13,5 cm
Staatsbibliothek, Ms. theol. lat. qu. 8
Tafel 25 (s. Seite 130)

Das Gebetbuch ist für einen Bischof oder Abt von Beauvais angefertigt. Darauf weisen die in den Suffragien besonders verehrten Heiligen: Lucianus, Justus, Ebrulfus (»O decus belvacensium«), usw. Auf den Stand des Bestellers weist das viermal in der Brodüre eingetragene Wappen (Bl. 1^{r} · 35^{r} · 35^{v}): ein silberner Schild mit drei schwarzen Sternen, unterteilt durch roten Winkelbalken, wird nach oben durch einen blauen Balken mit drei goldenen Lilien und durch einen Abts- oder Bischofsstab abgeschlossen. Der Codex ist mit 9 ganzseitigen Miniaturen und 29 kleineren, golden eingerahmten Heiligenbildern ausgestattet. Neben den semiliturgischen, vom Bischof vor der Messe zu leistenden Gebeten enthält das Stundenbuch ein stereotypes, gegen Ende des Mittelalters für den Kleriker wie den frommen Laien schon beinahe zur Pflichtübung geratenes Gebetsrepertoire – wie es auch die französische Rubrik Bl. 52^{r} darstellt: »Oraisons et requestres qui a toute personne ayant entendement sont necessoires«. Dazu gehören die Passionserzählungen, die Evangelienperikopen, kurze Dreifaltigkeits-, Morgen- und Abendgebete teilweise Anselm zugeschrieben, ein Gebet für alle Verstorbenen auf dem Friedhof zu beten (»Avete omnes animae«), die Gregormesse, die acht Verse Bernhards, Mariengebete (»O intemerata«, usw.). Bemerkenswert für die spätmittelalterliche Frömmigkeit ist das Sonderoffizium zu Ehren der Unbefleckten Empfängnis Mariä, dem das hier aufgeschlagene Andachtsbild Bl. 58^{v} von der Begegnung der Eltern Marias, Anna und Joachim, vor der Goldenen Pforte beigegeben ist. Wie die Legenda aurea berichtet, war Joachim öffentlich seine Unfruchtbarkeit vorgeworfen worden. Aus Scham hierüber trennte er sich von Anna; doch ein Engel verhieß dem Ehepaar die Geburt einer Tochter. So treffen sich beide, wie im Traum angekündigt, vor der sogenannten goldenen Pforte der Stadt Jerusalem. Das wuchtige Stadttor im Stil der Renaissancezeit bildet gleichsam einen Schutzwall für diese beiden Menschen, die nicht durch eine betriebsame Menschenmenge gestört werden sollen. Individuell und einfühlsam hat der Künstler das eminent christliche Thema der Begegnung (vgl. z. B. Mariä Verkündigung und Heimsuchung) in Gestik und Mimik gestaltet. Der Betrachter blickt auf die Szene wie durch das Fenster einer Gartenlaube, um deren Gitter sich rot-grünes Rankenwerk auf Goldgrund schlingt. Unten läuft – man sieht noch den Maler mit den Augen zwinkern – ein kleiner Amor als Bestätigung des Engelwortes.

Rose Nr. 727.

87

Lateinisches Stundenbuch

Frankreich, um 1510 · Pergament, 77 Bl., 17,5 x 10 cm
Kunstbibliothek, Gris. 8
Tafel 26 (s. Seite 131)

Die Handschrift enthält die Stundengebete, geschrieben in einer kleinen Bastarda. Das ungewöhnlich schmale Format des Buches ist wohl bestimmt durch die monumentale Renaissancebordüre, die die 11 großen Miniaturen umrahmt. Die Miniaturen beruhen auf Vorlagen des frühen Bourdichon und sind der »Schule von Rouen« zuzuordnen. Besonders charakteristisch für diesen Stil sind die Heimsuchung (18^v) und Hiob auf dem Misthaufen (64^v). Den sieben Bußpsalmen dieses Stundenbuches ist eine ganzseitige Miniatur Davids – nach mittelalterlicher Auffassung der Dichter der Psalmen – beigegeben (Bl. 42^v). David in der zur ikonographischen Tradition gehörigen spätantiken, »königlichen« Hirtentracht (Tunika, Hosen, Stiefel) und Krone sitzt harfespielend auf einer Truhe. Die individuellen Gesichtszüge sind von fast erschreckender Ausdruckskraft, sie verraten einen Menschen, der schwer die Last seiner Sünden trägt. David büßt die vom Propheten Nathan angekündigte Strafe für seinen Ehebruch mit Batscheba und den Mord an ihrem Mann Urija. Der Sohn aus seiner Verbindung mit Batscheba ist todkrank; vergebens hat David Gott durch Fasten umzustimmen versucht, im Hintergrund stehen schon seine Hofbeamten, um ihm den Tod des Kindes zu melden (vgl. Sam. 12, 15–19). In das aufwendig mit Monats- und Tierkreisbildern ausgestattete, abwechselnd rot und blau geschriebene Kalendarium sind aus optischen Gründen, um keine Zeile leer zu lassen, nach französischer Manier fiktive Heilige eingefügt. Der rosa-rote Samteinband stammt aus dem 18. Jahrhundert.

Kat. Kunstbibl. S. 22. 23, 25 · Zimelien Nr. 162 · W. Hansen, Kalenderminiaturen der Stundenbücher, München 1984, S. 196–97. Lit.: Plotzek, Andachtsbücher S. 148–49.

88

Lateinisch-spanisches Stundenbuch

Spanien, Anfang des 16. Jhs · Pergament, 234 Bl., 18 x 12,5 cm
Staatsbibliothek, Ms. theol. lat. oct. 80
Tafel 27 (s. Seite 132)

Die Herkunft der noch wenig bekannten Handschrift aus Spanien bezeugen die spanischen Gebete Bl. 186^v–191^r, 217^v–232^r und die spanischen Überschriften der Kommunion- und Ablaßgebete. Auf den Zisterzienserorden deuten die zahlreichen Zisterzienserheiligen im Kalendarium und die Litanei sowie die Marienhoren und die Fürbittgebete, die, wie in den Überschriften vermerkt, nach dem Gebrauch des Zisterzienserordens gebetet werden. Auftraggeberin war die Zisterziensernonne Ines, die sich in einem Gebet an die Hl. Dreifaltigkeit Bl. 198^v selbst nennt. Eventuell war sie in dem Zisterzienserkloster Santa Maria la Real de las Huelgas bei Burgos beheimatet. Für ihre Herkunft aus einer adligen, gebildeten Familie spricht die kostbare Ausstattung und die sorgfältige Auswahl der Texte. Neben den üblichen Texten eines Stundenbuches enthält die Handschrift noch die speziellen Stundengebete der Hl. Dreifaltigkeit, des Leichnams Christi und der Empfängnis Mariä, außerdem zahlreiche unsystematisch aufgeführte Gebete, vor allem an Maria. Das Andachtsbuch ist mit zwölf ganzseitigen und fünf kleineren Miniaturen sowie Bordüren mit Streublumen, Insekten, Vögeln und Akanthuswedeln im spanischen Stil der Zeit um 1520 illuminiert. Unverkennbar ist jedoch der stilistische Einfluß aus Flandern, das in dieser Zeit zusammen mit Spanien schon unter gemeinsamer habsburgischer Herrschaft stand. Aufgeschlagen Bl. 39^v, das übliche Bild zur Sext der Tageszeiten der Jungfrau Maria: die Anbetung der Weisen aus dem Morgenland (Matth. 2,1–12), umrahmt von einem vornehmen Marmorportal im Renaissancestil. Die Weisen wurden noch im 4. Jh. nach Psalm 71, 20 und Jesaia 60,1–4 mit Königen, im hohen Mittelalter dann mit den symbolischen Vertretern der damals bekannten drei Erdteile Europa, Asien und Afrika identifiziert, die sich Christus unterwerfen. Daher ist auch ein König als Neger dargestellt. Die Pracht und Exotik seiner Erscheinung wird noch durch die hohe phrygische Mütze und die Schaftstiefel unterstrichen. Der spanische Einband ist um 1500 angefertigt.

89

Elsässisches Gebet- und Andachtsbuch

Straßburg (?), um 1440–50 · Papier, 248 Bl., 10 x 7 cm
Staatsbibliothek, Ms. germ. oct. 53

Die Staatsbibliothek besitzt aus dem Nachlaß des bekannten Schülers von Kaspar Schwenckfeld, des geistlichen Liederdichters und Sammlers insbesonders mystischer Literatur des Mittelalters, Daniel Sudermann (1550 – um 1630) auch sieben Gebetbuchhandschriften des 15. Jhs aus oberrheinischen Frauenklöstern. Sie zeigen den Einfluß der beiden Dominikaner Tauler und Seuse wie auch der Straßburger Gottesfreunde auf die Frömmigkeit von Schwestern und Laien. Ein typisches Beispiel solcher Gebet- und Andachtssammlungen bietet vorliegende Handschrift, die nach aller Wahrscheinlichkeit aus dem Straßburger Dominikanerinnenkloster in Undis stammt (Hornung). Die Handschrift enthält neben den im Spätmittelalter üblichen Gruß- und Meßgebeten, Kommuniongebete Thomas von Aquin und Venturinus von Bergamo zugeschrieben, die 65 Artikel vom Leiden Christi, die Horen der hl. Ursula und vom Leiden Christi, 24 Ave Maria, »die Maria selbst einem frommen Mann lernte«. Dazu Gebete, Predigten und Lieder den Werken von Tauler und Seuse entnommen. Die Texte sind teilweise von einem Bruder Lienhartz geschrieben. In ihm vermutet Hornung zurecht den Lesemeister und geistlichen Ratsmann des Klosters. Charakteristisch für die neue mystische Frömmigkeit im oberrheinischen Raum sind auch die beiden Bilder, die wahrscheinlich von einer Schwester eingetragen wurden: Bl. 23^{v} (Pergamentblatt) ein Herz-Jesu-Bild; in der Mitte rot das Herz Jesu mit der Speerwunde, umgeben von den Nagelwunden; die fünf Wunden werden bezeichnet mit den Tugenden der Demut, Liebe zu Gott, Gehorsam und »Gelassenheit«; daneben steht lateinisch: Ich habe Dich geliebt, lerne zu lieben. Die kolorierte Federzeichnung Bl. 2^{v} – hier aufgeschlagen – zeigt Christus auf dem Ölberg, nach den Worten des Evangeliums Blut schwitzend; die Bluttropfen fallen vom Haupt Christi auf die unten knieende weibliche Gestalt. Dieses Bild drückt beides aus: die Betende wird durch das Blut Christi erlöst, aber sie nimmt selbst auch Anteil am Leiden Christi, sie will, nach dem entsprechenden Gebet aus der Vita Christi des Ludolph von Sachsen »tecum sudare« (mit Dir Blut schwitzen), oder wie in dem »gebet von dem öleberg« auf der gegenüberliegenden Seite (Bl. 3^{r}) zu Christus gebetet wird: »wie gar getruwe bistu uns gewesen, wie erbarmhertzeklich hestu uns besorget, do du uns geben hest den köstlichen schatz dines heiligen libes und blutes.«

Degering 3, S. 23–25 · Wegener S. 65–66 · U. Weymann, Die seusesche Mystik und ihre Wirkung auf die bildende Kunst, Berlin 1938, S. 54, 56, 122 · H. Hornung, Daniel Sudermann als Handschriftensammler. 2. Teil: Verzeichnis der mittelalterlichen Handschriften. Phil. Diss. (Maschineschr.), Tübingen 1956, S. 117–119 · E. Kiepe, Gedichte 1300–1500, München 1972, S. 98, 418 · F. O. Büttner, Imitatio pietatis, Berlin 1983, S. 208.

90

Kölner Gebetbuch

Kölner Kartause, um 1470–1475 · Papier und Pergament, 300 Bl., 12 x 8,5 cm
Staatsbibliothek, Ms. germ. oct. 451

Das Gebetbuch wurde in der Kölner Kartause St. Barbara angefertigt. Dafür spricht der Kalender der Diözese Köln, mit Nachtrag des hl. Bruno, Stifter des Kartäuserordens (kanonisiert im Jahr 1514); dazu paßt die Kölner Mundart der Texte. Die Untersuchung der Wasserzeichen deutet auf eine Entstehung um 1470/75. Auf dem Vorderspiegel hat sich ein »Broder Adam« eingetragen. Solche Gebetbücher wurden im Spätmittelalter auch besonders häufig in den Männerklöstern für die Laienbrüder und Konversen aus dem Lateinischen übersetzt und abgeschrieben. Die anspruchsvollen Texte deuten auf eine tiefere religiöse Bildung dieser Gruppe im Vergleich zu den früheren Verhältnissen in den Klöstern. Das Gebetbuch enthält systematisch angeordnete

Gebetsgruppen, wie die Morgengebete Bl. 17^{r} bis 30^{r}, zu denen auch noch die Gebete Bl. 130^{r} bis 163^{r} gehören, die falsch eingebunden sind; oder die sinnvolle Ergänzung der Horen Geert Grotes durch Horen des hl. Sakraments und der Auferstehung unter Hinzufügung von Hymnen und Gebeten, die zusammen einen Zyklus für das ganze Kirchenjahr bilden. Zum Schluß ein Marienzyklus und Totenvigil. So bietet das Gebetbuch ein Summarium aus der gesamten christlichen Gebetsfrömmigkeit, das jeden Tag des Kirchenjahres brauchbar war. Die Handschrift enthält fünf Andachtsbilder auf Pergamentblättern, die durch präzise Zeichnung und einfaches Kolorit die Andacht unterstützen sollen, wie die Pietà Bl. 281^{r}. In einem Gebetbuch aus Agnietenberg, Zwolle (Leiden UB, Letterk. 322) kommen die stilistisch gleichen Miniaturen vor. Die Staatsbibliothek erwarb die Handschrift 1911 aus der Sammlung Phillipps (Nr. 500).

Mitteilungen der Kgl. Bibliothek, Bd. 2, 1912, S. 104–113 · Wegener S. 165–166 · G. Hoffmann, Seuses Werk in deutschsprachigen Handschriften. In: Fuldaer Geschichtsblätter 45, 1969, S. 113–208 · P. R. Marks, The medieval manuscript library of the Charterhouse of St. Barbara in Cologne, Salzburg 1974, S. 162 · O. Paecht und J. U. Jenni, Die illumin. Handschriften u. Inkunabeln der Österr. Nationalbibliothek, R. 1, Bd. 3, Holländische Schule, Wien 1975/76, S. 95. J. M. Plotzek, Die Handschriften der Sammlung Ludwig. Bd. 2, Köln 1982, S. 252.

91

Kölner Gebetbuch

Köln, gegen Ende des 15. Jhs · Pergament, 185 Bl., 10,5 x 7,5 cm
Staatsbibliothek, Ms. lat. oct. 377

In einem 1. Teil enthält die Handschrift Gebete in lateinischer Sprache: einen Cursus Mariae, die 7 Bußpsalmen mit Litanei, 15 Pater Noster über die Passion Christi, das Gebet zu den Gliedern Christi (Planctus Bernardi), das Gregor-Gebet (Adoro te in cruce pendentem), das Kölner Rosenkranzgebet, ein Gebet zu den fünf Sinnesorganen Mariae (Bl. 69^{v}), einen Marienpsalter mit -litanei; zum Schluß Gebete zu den Heiligen, in denen der hl. Dominicus als »pater noster« bezeichnet (Bl. 90^{v}, s. auch Bl. 136^{v}: unse heilge vader Sent Dominicus) und die hl. Katharina von Siena besonders verehrt wird. Da auch die Allerheiligenlitanei (Bl. 33^{v}) die vornehmlich in Köln verehrten Heiligen und die Dominikanerheiligen hervorhebt, und die Gebete für eine Frau gestaltet sind, dürfte die Handschrift mit Sicherheit für ein Dominikanerinnenkloster im Kölner Raum angefertigt sein. Der 2. Teil (Bl. 97^{r}–154^{r}) besteht hauptsächlich aus Kommunion-Gebeten in Kölner Mundart. Diese Gebete sind eingeteilt in Gebete zur (acht Tage dauernden) Vorbereitung, zum Empfang der Kommunion in beiderlei Gestalt und zur Danksagung. Zwei Andachtsbilder sind mit eingebunden: Bl. 2^{v} die Verkündigung und, Bl. 68^{r} (hier aufgeschlagen) die Kreuzabnahme: Nikodemus legt den Leichnam Christi in den Schoß Mariae; die heiligen Frauen und Johannes stehen ihnen bei. Beide Miniaturen sind gute Leistungen eines Kölner Ateliers, das nach Vorbildern der Tafelmalerei arbeitete. Die prächtigen goldenen Initialbuchstaben mit Blütenknospen und Akanthusblättern im Binnenfeld haben die für Köln charakteristischen in die Ränder auslaufenden Goldranken. Der ursprüngliche Einband ist mit Blütenstempeln und den heiligen Namen Jesus, Maria, Jo(seph) verziert.

Lit.: Plotzek, Andachtsbücher S. 204–208.

92

Lateinisch-französisches Gebetbuch

Nordfrankreich, gegen Ende des 15. Jhs · Pergament, 136 Bl., 8 x 6,5 cm
Staatsbibliothek, Ms. theol. lat oct. 64

Die Handschrift enthält neben lateinischen Horen und Gebeten in kleiner Textualis auch verschiedene französische Gebete in Prosa und Versform, die in nordfranzösischer Bastarda geschrieben sind. Neben Schrift und Ausstattung weist auch der Heiligenkalender auf Nordfrankreich. Bl. 55^{v}–62^{r} erscheint das in Frankreich sehr verbreitete Gebet des Theophilus: »Glorieuse virge royne / En qui par la vertu divine / Jhesu Crist prinst humanité / Tu qui es fonteine et racine / De tous biens, mon cuer enlumine ... «(Rézeau, Répertoire, Nr. 695). Die mittelalterliche Theophiluslegende, die die Faustsage vorwegnimmt, geht zurück auf eine griechische Erzählung, die oft ins Lateinische übersetzt wurde. Theophilus sucht durch Vermittlung des Teufels sein Amt als Bistumsverwalter zurückzuerlangen. Er sollte in einem schriftlichen Vertrag Christus verleugnen. Wieder im Amt bereut er und ruft Maria 40 Tage an, bis sie ihm den Vertrag zurückverschafft, der feierlich verbrannt wird. Theophilus stirbt an der Stelle, wo Maria ihm erschienen ist. Das Gedicht in 46 Strophen ist eine flehentliche Bitte um Sündenvergebung durch die Fürsprache Mariä.

Rose Nr. 726 · P. Rézeau, Les prières aux Saints à la fin du moyen-âge, Genf 1983, S. 607 · ders., Répertoire d'incipit des prières françaises à la fin du moyen-âge, Genf 1986, S. 455.

93

Lateinisch-schwedisches Stunden- und Gebetbuch

Vadstena, 2. Hälfte des 15. Jhs · Pergament, 194 Bl., 16,1 x 11,8 cm
Staatsbibliothek, Ms. theol. lat. oct. 71
Abbildung

Die hl. Birgitta hat mit ihrer Ordensgründung (1346) und der in Visionen geschauten und von ihrem Beichtvater Petrus Olavi aufgezeichneten Klosterregel vor allem die bessere seelsorgerliche und geistige Betreuung der Klosterschwestern im Auge gehabt. Dazu diente die Organisation in Doppelklöstern für Brüder und Schwestern, die klostereigene Priester vorsah. Vor allem aber hat Birgitta durch ihr visionäres Werk, die Revelationes, die ihr als Antwort auf ihr Gebet offenbart wurden, das geistige Leben und die Ausstrahlungskraft ihres sich rasch ausbreitenden Ordens entscheidend geprägt. Mittelpunkt blieb bis zu seiner Auflösung im Jahre 1595 das Mutterkloster Vadstena in Schweden, wo durch die rege Schreib- und Übersetzungstätigkeit eine reichhaltige Bibliothek geistlicher Werke entstanden war. Entsprechend der allgemeinen Verehrung des Blutes Christi im Spätmittelalter und ihren eigenen Visionen hatte Birgitta dem Kult der fünf Wunden Christi einen

93

besonderen Rang eingeräumt, der sich schon in der Tracht der Schwestern, Krone aus drei weißen Leinenbinden mit fünf roten Punkten, ausdrückt. Davon zeugt auch das ausgestellte, zu einem Gebet auf die fünf Wunden Christi gehörige Andachtsbild mit dem sogenannten eucharistischen Schmerzensmann (Bl. 123v), der das Mysterium des Abendmahls symbolisiert. Christus, mit den Füßen an das Kreuz genagelt, spendet lebend – die Augen sind weit geöffnet – aus seinen fünf betont eingezeichneten Wunden das Blut in den Abendmahlskelch, den der kniende Engel bereit hält. Auch der Körper und das Gesicht Christi sind blutüberströmt; die wichtigsten Leidenswerkzeuge, Geißel, Nägel, Lanze, Hammer, Zange, unterstreichen die Passion. Rechts betet die Ekklesia, die als Symbolfigur der Christengemeinde die Gabe des Herrn bei der Messe empfangen wird. Das Bild ist in seiner naiv anmutenden Direktheit eine typische Klosterarbeit. Die Handschrift, die neben den lateinischen Horen ins Schwedische übertragene Gebete enthält, entstand in der 2. Hälfte des 15. Jhs in Vadstena, was durch das Kalendarium und zahlreiche Einträge erwiesen ist. Ende des 16. Jhs gehört das Buch der Nonne Kristina Persdotter in Vadstena, für die 1539 auch der noch heute erhaltene Einband mit ihren Initialen hergestellt wurde. Mit ihr gelangte die Handschrift nach Aufhebung des Klosters Vadstena 1595 ins Birgittenkloster Danzig, später in das Danziger Museum und von dort 1838 in die Königl. Bibliothek Berlin.

Index librorum ... quibus bibliotheca regia Berolinensis aucta est 1837–1838, Berlin S. XXXV, Nr. 74 · R. Geete, in: Skrifter till uppbyggelse fran medeltiden, 1904/5 (Svenska-Fornskrift-Sällskapets Samlinger). Einl. S. XXXIII–XXXVI · R. Geete, in: Svenska böner fran medeltiden, Stockholm 1907–9 (Svenska Fornskrift-Sällskapets Samlinger 38). S VII–XXII.–Lit.: T. Nyberg, Birgittinische Klostergründungen des Mittelalters. Diss. Lund 1965 (Bibliotheca Historica Lundensis. 15.)

94

Mittelniederländisches Gebet- und Andachtsbuch

Östliche Niederlande, um 1470–75 · Papier, 259 Bl., 14,5 x 10,5 cm
Staatsbibliothek, Ms. germ. oct. 29

Die von einer Hand säuberlich abgeschriebene und mit einfachem Buchschmuck (rote Initialen mit Maiglöckchenfleuronée) verzierte Handschrift ist in einem Augustinerinnenkloster im geldrischem Sprachgebiet angefertigt worden. Dies kann aus Mundart und aus der Tatsache, daß der hl. Augustin als »unser Vater« (Bl. 229^r) angerufen wird, geschlossen werden. Die Handschrift enthält viele längere Passions- und Marienandachten (»devote oefeninghen«), wie sie besonders in der 2. Hälfte des 15. Jhs für Schwestern in den vielen neu gegründeten oder reformierten Frauenklöstern abgeschrieben wurden. Voran stehen die 41 »Ontboezemingen« (Seelenergüsse) über die Passion Christi des niederländischen Franziskaner-Observanten Jan Brugman (ca. 1400–1473). Auch die Amorosa querela (»Minnentlike Clage«) des Windesheimer Augustiner-Redditen Hendrik Mande († 1431) ist in die Sammlung aufgenommen (Bl. 62^r): die »liebende Seele« klagt und bittet ihren Bräutigam Christus, sie von ihrer Gebrechlichkeit zu erlösen, damit sie seine Anwesenheit wahrnehmen könne: »Wanneer sal mi apenbaer werden die mynlicke tegenwoordicheyt?« Eine lange Litanei über das Leben und Leiden Christi hat die Mystikerin Magdalena Beutler (1408–1458), Klarissin in Freiburg, verfaßt. Es folgen noch Tagzeiten der Passion und der Auferstehung und eine Prosabearbeitung der dem hl. Augustin zugeschriebenen »Oratio Rhytmica« (Bl. 100^r, hier aufgeschlagen) und viele ähnliche Betrachtungen über die Wochentage verteilt. Unter den Marien-Andachten sind wegen ihrer großen Verbreitung besonders erwähnenswert: der »Mantel unserer lieben Frau« (Bl. 131^r) worin die Betende Maria an die Ereignisse ihres Lebens »ermahnt« (erinnert) und um die entsprechende Gnade bittet. Das »Krönlein des Lobs« enthält 23 Lobgebete auf die Glieder Mariä; die ursprünglich lateinische Fassung ist von dem Lütticher Kartäuser Jacobus von Gruitrode. Es folgen noch ein Marienpsalter, die Tagzeiten des Mitleids Mariä und die Freuden Mariä. Zum Schluß Suffragien zu den besonders verehrten Heiligen und anschließend Kommunionandachten. Im 16. Jh. war das Gebetbuch im Besitz der Schwester Magdalena Geselen. Der Codex gehörte zum Altbestand der Kurfürstlichen Bibliothek. Nach Untersuchung der Wasserzeichen ist er um 1470/75 geschrieben worden. Der alte Kalbsledereinband ist erhalten.

Degering 3, S. 10–12 · Catalogus van de fotoalbums van Middelnederlandse handschriften (collectio Titus Brandsma), Nijmegen 1968 (Nachdr. von 1938), S. 29–38 · H. Hilg, Krone Unserer Lieben Frau. In: VfL^2, 5, Sp. 389–90 · ders., Mantel Unserer Lieben Frau. In: VfL^2, 5, Sp. 1223–24 · J. Deschamps, in: De kartuizers en hun klooster te Zelem. [Ausstellungs-Kat.: Diest Stedelijk Museum], 1984, Nr. 37 · Th. Mertens, Hendrik Mande. Diss., Nijmegen 1986, S. 60, 79, 132, 157, 280.

95

Mittelniederländisches Gebet- und Andachtsbuch

Delft, um 1460–70 · Pergament, 149 Bl., 15,5 x 11 cm
Staatsbibliothek, Ms. germ. oct. 141
Abbildung

95

Das Gebetbuch ist mit Sicherheit in dem St. Barbarakloster in Delft angefertigt, das seit 1417 die Franziskanerregel für Terziarinnen übernommen hatte. Darauf weisen die besondere Verehrung der hl. Barbara und des hl. Franz von Assisi in der Litanei (Bl. 126^r und 127^r) hin. Auch stilistisch paßt die Handschrift zu dem Delfter Barbarakloster, u. a. der Vogel mit Emblem in der Bordüre (Bl. 2^r) und die sehr regelmäßige geschriebene Bastarda. Das Gebetbuch beginnt (Bl. 1^v) mit einem kurzen Gebet an Christus, den milden Pelikan, »damit durch sein geöffnetes liebendes Herz alle unsere Sündenschuld bezahlt wird«; dazu die Federzeichnung eines Pelikans, der mit dem Schnabel seine Brust öffnet, um mit seinem Herzblut die Jungen zu nähren. Schon im Physiologus wird diese Legende mit Bezug auf die Passion Christi dargestellt. Dazu paßt das Emblem auf der Gegenseite: »Niet voer wel doen/Ic moet sterven« (Ich muß nicht sterben, weil ich Gutes getan habe).

Das Gebetbuch enthält (Bl. 4^r–75^r) eine längere Andacht (»een devote oeffeningh«) über das Leben und Leiden Christi »Doe die volheit des tijts ghekomen was«. Anschließend Predigten, Glossen, Gebete über die Passion Christi, Meßgebete, ein Gebet dem hl. Franz von Assisi (»onse vader«) zugeschrieben (Bl. 109^r); zum Schluß die sieben Bußpsalmen, in der Übersetzung Geert Grotes, mit vielen Gebeten angereichert (»In der eren ende vereninge der vijf wonden«).

Degering 3, S. 57 · Wegener S. 141.

96

Mittelniederländisches Gebetbuch

Östliche Niederlande, um 1470–75 · Papier, 249 Bl., 14 x 10 cm
Staatsbibliothek, Ms. germ. oct. 404

Die Handschrift gehört zu einer Gruppe von Gebetbüchern, die im letzten Viertel des 15. Jhs in den östlichen Niederlanden, d. h. Geldern, Overijse und das niederdeutsche und westfälische Grenzgebiet, unter dem Einfluß der Devotio Moderna hauptsächlich für Schwesternklöster geschrieben wurden. Sie enthält die vollständige Abschrift der Orationes et Meditationes de Vita Christi des Thomas von Kempen in mittelniederländischer (geldrischer) Übersetzung. Das Werk besteht aus zwei Teilen zu 59 bzw. 28 Kapiteln: Gebete über das Leben und die Wohltaten Christi und Gebete über die Auferstehung Christi. Die Gebete besitzen weder die theologische Kraft des Hildegard-Gebetbuches (s. Einleitung) noch die phantasievolle Anschaulichkeit der franziskanischen Leben-Jesu-Mystik; sie sind eher Traktate in Gebetform, in die neben frommen und moralisierenden Betrachtungen auch viele konkrete Ratschläge für die religiöse Praxis der Novizen eingeflossen sind. Das Gebetbuch enthält außerdem Memento-Gebete eines unbekannten Autors über die Auferstehung (»Stand op als een notkerne der vruchtbairre erden myns gotliken wesens«), ein Gespräch zwischen Christus und einem heiligen Vater über die »Prekel der Sonderen« (Stachel der Sünder, Bl. 206^r–208^v), Betrachtungen über die Wochentage verteilt, in denen die Gaben des hl. Geistes mit den Eigenschaften von Blumen und Kräutern beschrieben werden, mit dem Titel »Een haefken van Blomen«, z. B. »Die nardus-blome der sorchvoldigen dysciplinyerynge des gemoets te trekken van ydelen gedachten, willen of meyningen«. Bl. 210r fangen die Horen der hl. Dreifaltigkeit an (hier aufgeschlagen) verziert mit einer blau-roten H-Initiale und Bl. 222r die Horen der Auferstehung. Identische Wasserzeichen bei Piccard (Fabeltiere) weisen auf Xanten: 1474; für den Teil Bl. 210–249 (Buchstabe P) auf Utrecht: 1472. Der Einband mit den Rollenstempeln des 16. Jhs trägt das Supralibros »E. W. 1597«.

Degering 3, S. 140–142 · B. Adam, Katechetische Vaterunserauslegungen, München 1976, S. 234. – Lit.: Thomas a Kempis, Orationes et meditationes de vita Christi. ed. von M. J. Pohl (Opera omnia 5), Freiburg/Br. 1902 · J. Deschamps, in: Thomas a Kempis en de Moderne Devotie [Ausstellungskat.: Brüssel KB], Brüssel 1971, S. 38.

97

Geistliches Liederbuch

Utrecht, Ende des 15. Jhs · Pergament,
186 Bl., 16,5 x 11 cm
Staatsbibliothek, Ms. germ. oct. 190

Die Privatandacht wurde auch durch den Choral und das geistliche Lied genährt. Im Laufe des 15. Jhs entstehen geistliche Liedersammlungen, oft mit musikalischem Apparat. Vorliegende Handschrift, die neben einem Lied profanen Inhalts 85 lateinische und 106 niederländische geistliche Lieder enthält, ist musikalisch und literarisch eine der ältesten Quellen mittelniederländischer Volksweisen. Außer den liturgischen Teilen dienten die meisten Lieder, Gedichte und Reimgebete der inneren Einkehr und der Betrachtung. Oft wurden die musikalischen Weisen vom profanen Liebeslied übernommen. Das Marienlied Bl. 83v ist eine Paraphrase des Ave Maria. Bl. 82v steht die einmalige Überlieferung eines mittelniederländischen Gedichts, das in Form von Sentenzen die im Spätmittelalter sehr populäre Weisheit eines Leidenden ausdrückt: »Du sollst dein Leiden niemand klagen, es sei denn den wahren Freunden, die es mit dir tragen«. Die Handschrift war für das Terziarinnenkloster St. Agnes zu Utrecht bestimmt, in dem bis 1422 Schwestern des gemeinsamen Lebens zu Hause waren, die dann die dritte Regel des hl. Franziskus annahmen. Heinrich Hoffmann von Fallersleben erwarb die Handschrift 1821 in Leiden. 1850 kam sie an die Kgl. Bibliothek.

Degering 3, S. 62 · Het geestelijk lied van Noord-Nederland in de 15e eeuw, hrsg. v. E. Bruning, M. Veldhuyzen, H. Wagenaar-Nolthenius, 1963 · K. v. Fischer, Handschriften m. mehrstimmiger Musik, 1972, S. 328–339 · Zimelien Nr. 100 · B. Stablein, Schriftbild der einstimmigen Musik, Leipzig 1975, S. 75 · K. Ameln, Die Cantio »In dulci iubilo«. In: Jahrb. f. Liturgik und Hymnologie 29, 1985, S. 23–78 (bes. S. 29).

98

Mittelniederländisches Andachtsbuch

Leven van ons liefs heren. Druck.
Den Hem bei Schoonhoven: 24. Dezember 1497;
Devote materien dienende totter salicheit van allen kersten menschen, ibidem, 1497
Staatsbibliothek, Inc. 4940

In den niederländischen Klöstern, die im Geiste der Devotio Moderna-Bewegung arbeiteten, wurden Bücher nicht nur auf Vorrat abgeschrieben, sondern auch gedruckt auf einer eigenen Presse. Beide in einem Band vereinte Andachtsbücher sind in dem Kloster der regulierten Kanoniker von Den Hem, in der Nähe von Schoonhoven gedruckt. Der 1. Druck enthält ein sogenanntes Leben Christi, das sind Andachten und Gebete für jeden Tag der Woche über das Leben Christi, beginnend mit seiner ewigen Präexistenz in der Dreifaltigkeit. Im Vorwort heißt es: »Soe oefen di selven in dat heilige leven ende bitter passie ons Heren«. Das Leben Christi »üben«: »damit man durch die Nachfolge Christi in der Liebe Christi wächst«. Das 2. Buch ist eingeteilt in ein Buch der Bekehrung der Menschen und ein Buch über »die Kunst das Sterben zu lernen« (die Konste om te leren sterven).

Campbell 1110 und 1220 · W. und L. Hellinga, The fifteenth-Century Printing Types of the Low Countries 1, Amsterdam 1966, S. 97.

Tafel 24 Die Flucht nach Ägypten (Kat. Nr. 84)

Tafel 25 Anna und Joachim vor der Goldenen Pforte (Kat. Nr. 86)

Tafel 26 Der büßende David (Kat. Nr. 87)

Tafel 27 Die Anbetung der hl. Drei Könige (Kat. Nr. 88)

99

Westfälisches Gebetbuch

Paderborn (?), um 1500 · Pergament,
156 Bl., 12,5 x 8,5 cm
Staatsbibliothek, Ms. germ. oct. 326

Das Gebetbuch in westfälischer Mundart mit Kalender der Diözese Paderborn enthält die auch aus älteren niederländischen Gebetbüchern bekannten Gebetsandachten: Passionsgebete, die Horen vom Leiden Christi, die 15 Pater Noster der hl. Birgitta und das Gebet »Anima Christi« (»O heilige sele Christi hillich mich«); hinzu kommen Meß- und Kommuniongebete, Mariengebete, der Rosenkranz, die sieben Freuden (»Bys gegroit uss gotlicher gewalt des vaders«) und die sieben Schmerzen Mariä (»Ich ermane dich der groisser verviernysse da dyn junfferlich hertze in was«). Die Initialen mit florealen Motiven zu Beginn der Haupttexte deuten auf gute Klosterarbeit. Die drei Miniaturen zeigen die im Spätmittelalter allgemein verbreiteten Andachtsbilder: Bl. 77^{v} Maria im Strahlenkranz, Bl. 125^{v} Anna Selbdritt mit Joseph und Joachim, nebenstehend ein »Sent Annen Krantze«, ein Gebet an die hll. Anna und Joachim; Bl. 40^{v}, hier aufgeschlagen, die Gregormesse mit dem Gebet zu den Waffen Christi. Christus ist auf diesem Bild als Imago pietatis, aus dem Grab sich erhebend, dargestellt, neben ihm die Leidenswerkzeuge, die Waffen Christi: das Kreuz, die Säule der Geiselung, die Köpfe der Verleugner Christi: Pilatus, Petrus, Kaiphas, Judas, der verstockte Übeltäter am Kreuz. Alle drei Andachtsbilder weisen starke Gebrauchsspuren auf. Die Gebete sind mit Ablässen der Päpste Sixtus IV. und Alexander [VI.] versehen.

Degering 3, S. 102–103 · Wegener S. 166–167.

100

Lateinisches Gebetbuch

Himmerod, um 1500 · Pergament,
138 Bl., 11 x 7,5 cm
Staatsbibliothek, Ms. lat. oct. 251

Das Gebetbuch wurde im Zisterzienserkloster Himmerod in der Eifel abgeschrieben und ist nach Art der monachalen Texthandschriften mit abwechselnd roten und blauen Initialen, roten Rubriken und rot angestrichenen Großbuchstaben versehen. Es sollte der Privatfrömmigkeit der Mönche dienen; als Besitzer hat sich ein Hubert von Deynsber eingetragen. Die Sammlung enthält die üblichen Gebete mit den ausführlichen Ablaßrubriken, wie sie auch übersetzt in vielen Schwestern- und Laiengebetbüchern vorkommen. Die Gebete werden meist bestimmten Autoren zugeschrieben, z. B. Bernhard, Thomas von Aquin, Birgitta. Bis ins 18. Jh. sind Gebete auf zugefügten Papierlagen nachgetragen. Der eingeklebte interessante Metallstich (Bl. 112 b) des Meisters S (vgl. G. K. Nagler, Die Monogrammisten nr. 3681) zeigt den hl. Hieronymus kniend vor dem Kruzifix. Die Handschrift wurde mit der Sammlung des Joseph Görres 1911 von der Staatsbibliothek übernommen.

Schillmann S. 238–240 · A. Schneider, Skriptorium und Bibliothek der Cistercienserabtei Himmerod im Rheinland. In: Bulletin of the John Rylands Library 35, 1952, S. 155–205.

101

Lateinisches Brevier

Marienboom, 1501 · Pergament, 334 Bl., 12 x 8 cm
Staatsbibliothek, Ms. theol. lat. qu. 19
Abbildung

Die Handschrift, die den Psalter mit den Cantica und das Brevier für die Marienfeste enthält, ist 1501 in dem 1460 von der Herzogin Maria von Kleve gestifteten Birgittenkloster Marienboom entstanden. Das Andachtsbild (Bl. 178^{v}) ist typische Klosterarbeit, eine naiv anmutende, auf das Wesentliche beschränkte und ein wenig grelle Darstellung der hl. Veronika, die ihr Tuch mit dem Antlitz Christi vor dem Betrachter ausbreitet. Das Bild vermischt bemerkenswert die ältere Version der Legende – Veronika erhält ihr Tuch während der öffentlichen Wirksamkeit Christi mit dem idealen Antlitz des Gottessohnes – mit der jüngeren Fassung, wonach die Heilige dem kreuztragenden Christus ihr Schweißtuch reicht, das daraufhin den Abdruck des dornenbekrönten Christushauptes zeigt. Das ideale

101

Christusantlitz mit dem riesigen, unruhig flammenden Nimbus trägt hier wie der Schmerzensmann zugleich die blutigen Spuren der Geiselhiebe als Merkmal der Passion. Diese Variante mag auf die im Birgittenorden besonders gepflegte mystische Verehrung der Wunden und des Leidens Christi zurückgehen (s. auch Nr. 93).

Rose Nr. 730 · E. Crous, Niederrheinische Handschriften in der Preußischen Staatsbibliothek. In: Die Heimat, 17, 1938, S. 360–367, Nr. 30.

102

Westfälisches Gebetbuch

Badersleben, Westfalen, um 1520 · Papier,
313 Bl., 15,5 x 10,5 cm
Staatsbibliothek, Ms. germ. oct. 278

Die Marienverehrung, die im Laufe des 12. Jhs stets neue Formen der Frömmigkeit hervorrief, hat auch das liturgische Psalmgebet mit neuen Varianten bereichert. So wurden nicht nur vor und nach den Psalmen Antiphonen eingeschaltet, sondern auch zwischen den einzelnen Versen. Die allegorische Psalmdeutung hat dazu geführt, das ganze Psalterium auf Maria umzudichten. Ein solches umgearbeitetes Psalterium mit den 150 Psalmen und den acht liturgischen Lobliedern (Cantica) wurde fälschlich dem hl. Bonaventura zugeschrieben. Man findet es in den verschiedenen Übersetzungen in der Landessprache, besonders in den Niederlanden, in Westfalen und am Niederrhein. Vorliegendes Gebetbuch in westfälischer Mundart aus dem 1479 neu gegründeten Kloster der Schwestern vom Gemeinsamen Leben Marienbeke in Badersleben/Westfalen enthält außer dem Marienpsalter (Bl. 191^r) die 65 Betrachtungen des Jordanus von Quedlinburg und die Leidensbetrachtung des »Priesters Bethlehem«, verschiedene Rosenkränze, Passions- und Auferstehungsgebete.

Degering 3, S. 94–95 · S. Bonaventura, Opera Omnia, Ed. Peltier, Bd. 8, 1868, S. 199–225 · G. Rehm, Die Schwestern vom gemeinsamen Leben im nordwestlichen Deutschland (Berliner Historische Studien Bd. 11), Berlin 1985, S. 318.

103

Lateinisches und niederdeutsches Osterorationale

Wienhausen, um 1480 · Pergament,
226 Bl., 13,5 x 10,5 cm
Staatsbibliothek, Ms. lat. oct. 270
Abbildung

Die Handschrift ist um 1480 im Zisterzienserinnenkloster Wienhausen verfaßt und geschrieben worden. Darauf weisen die niederdeutsche Mundart, die Illuminierung und die Verehrung des hl. Alexander und seiner Begleiter. Der Codex enthält vier Vollbilder: Auferstehung (Bl. 25^v), Pfingsten (Bl. 125^v), Abendmahl (Bl. 138^r), Krönung Mariae (Bl. 160^v); daneben fünf kleinere Miniaturen, unter denen die Zeichnung der drei Symboltiere Christi (Löwe, Lamm, Pelikan) auf dem Unterrand von Bl. 50^r, Jakobs Traum von der Himmelsleiter (Bl. 154r) und die Erscheinung des auferstandenen Christus vor dem Apostel Thomas, der den Finger auf Christi Seitenwunde legt – ein Zeugnis für die Herz-Jesu-Frömmigkeit der Zeit – (Bl. 86v) besonders hervorzuheben sind. Der Stil der Miniaturen, der an die aus Wienhausen bekannten Teppiche und Fresken erinnert, die reichliche Verwendung von Blattgold und der Gebrauch der Littera Textualis verrät bewußte Hinwendung zum Altertümlichen. Der Kalbsledereinband der Zeit mit Stempeln ist erhalten. Die Gebete, Hymnen und Andachten sind nach den Kirchenfesten (Ostern, Pfingsten, Fronleichnam, Marienfeste) angeordnet. Formal anknüpfend an die alte Zisterzienserliturgie ist der Inhalt dieser Texte stark inspiriert von der Zisterzienserinnenmystik des thüringischen Klosters Helfta und ihrer bekanntesten Vertreterin Mechthild von Hackeborn. Diese Verbindung von alter formaler Tradition und neuem mystischen Empfinden ist typisch für die Reformperiode von 1480–1520 der Lüneburger Zisterzienserinnenklöster Wienhausen und Medingen (s. Nr. 104). Ein Beispiel für die neuentstandene Gebetskultur ist das Gebet (Bl. 30r) zum auferstandenen Christus und seine Begegnung mit der Mutter Maria, eine nicht durch die Bibel bezeugte Episode, die im Mittelalter vielfach überliefert ist. Die vorangestellte Rubrik gibt eine Anweisung zum Gebet: »Post matutinas memorare illius novitatis vitae ammirabilis quae ille nobis in suo gloriosissimo corpore praemonstravit et quod de nostro corpore sperare debeamus post hanc vitam ...«. (Nach den Metten soll man an Christi neues, wunderbares Leben denken, das er uns vorangehend an seinem Leib offenbarte und das wir für unseren Leib nach diesem Leben hoffen sollen ...). »O du edelster Sieger, denke in welcher Freude du warst, als du deine allerliebste Mutter tröstetest und mit welch unaussprechlicher Freude sich all ihre Adern dehnten und aufschlossen und blühten, da ihr süßes Herz hüpfte und ihre heilige Seele jubilierte in der allerseligsten Zeit, da du dich ihr also frohlockend zeigtest und sie grüßtest mit diesen lieblichen Worten: Salve dilectissima mater, du allerliebste Mutter mein. Ecce quomodo refloruit caro mea

103

(Siehe wie mein Fleisch wieder erblüht), deshalb freue dich: Ich werde nimmer mehr sterben ...«. Diese Texte sind Neuschöpfungen, die in ihrer Reichhaltigkeit und Fülle die fruchtbare geistige und künstlerische Tätigkeit im Wienhausener Zisterzienserinnenkloster gegen Ende des 15. Jhs während der Amtsausübung der Äbtissin Susanna Pothstock bezeugen. Aus dem gleichen Kloster sind noch zwei weitere Gebetbücher erhalten, die Berliner Handschrift Germ. oct. 265 und die Wolfenbütteler Handschrift Ms. Helmst. 1297. Wienhausen hat die wenig spätere Medinger Gebetskultur nachhaltig beeinflußt, vgl. Nr. 104.

G. Achten, De gebedenboeken van de Cisterciënserinnenklosters Medingen en Wienhausen. In: Miscellanea Neerlandica. Opstellen voor Jan Deschamps. 3. Tl., Löwen 1987, S. 173–188. – Lit.: W. Lipphardt, Die liturgische Funktion deutscher Kirchenlieder in den Klöstern niedersächsischer Zisterzienserinnen des Mittelalters. In: Zeitschr. für Kathol. Theolog. 94, 1972, S. 158–198 · ders., Niederdeutsche Reimgedichte und Lieder des 14. Jhs. in den mittelalterlichen Orationalien von Medingen und Wienhausen. In: Jahrbuch des Vereins für niederd. Sprachforschung 95, 1972, S. 66–131.

104

104

Niederdeutsches Osterorationale

Medingen bei Lüneburg, um 1515–20 · Papier und Pergament, 313 Bl., 14 x 10,5 cm
Staatsbibliothek, Ms. germ. oct. 48
Abbildung

Walter Lipphardt hat für eine Gruppe von 20 durch Ausstattung und Inhalt eng verbundenen Handschriften mit Gebeten, Hymnen, Liedern und Andachten für das Kirchenjahr die Herkunft aus dem 1228 gegründeten Zisterzienserinnenkloster Medingen bei Lüneburg ermittelt. Vorliegende Handschrift muß dazu gerechnet werden. Dafür sprechen Mundart und Ausstattung sowie die Verehrung des hl. Mauritius als Kirchenpatron. Besonders enge stilistische und inhaltliche Verwandtschaft mit vorliegendem Codex weist ein heute im Bistumarchiv, Trier (Ms. 95/Nr. 528) befindlicher Pergamentcodex auf. Aufgrund ihres Beschreibstoffes und ihrer altertümlichen Ausstattung hat. A. Mante diese Trierer Handschrift und einige andere Medinger Pergamenthandschriften ins 14. Jh. datiert, ohne ihre stilistische und inhaltliche Einheit mit den durch die Wasserzeichen sicher in den Beginn des 16. Jhs datierten Papierhandschriften derselben Provenienz zu bemerken. Die Wasserzeichen der Papierblätter vorliegender Handschrift deuten auf eine Entstehungszeit von ca. 1515 bis 1520. Mit den wenig früheren Wienhausener Handschriften besteht eine enge Verwandtschaft. Hier wie dort sind die Texte Neuschöpfungen – ein beredtes Zeugnis für die überreiche Gebetskultur im Lüneburger Raum, von der bislang nur die Lieder eine eingehende Beachtung fanden. Als Beispiel für die bilderreiche beschwingte Sprache der Frauenmystik Anfang des 16. Jhs mag das Gebet zur Himmelfahrt Christi stehen (Bl. 253^{r}): »Sei gegrüßt, du edler Kämpe wider den Tod, Herr Jesus Christus, ich bitte dich bei dem Triumph deiner siegreichen Himmelfahrt, daß du alle meine Schwermut mit dir nehmest in den Himmel und die Bürde meiner Sünde wolltest erleichtern und mich so leicht machst in meiner Sanftmut, daß ich mit den Federn der Beschaulichkeit fliege wie eine Taube in die Male deiner Wunden und, mich dort einnistend, all meiner Sorgen vergesse ...«. – Die Handschrift ist mit einigen größeren Initialen mit reichlich Blattgold im Binnengrund und kleineren Miniaturen auf dem Blattrand geschmückt. Die aufgeschlagene Miniatur Bl. 61^{v} in der Mitte des Blattes zeigt die Gebetsgemeinschaft der Klosterschwestern (zwei in schwarzem Scapulier) mit Laien – man kann an die Familien der Schwestern denken – beim Gebet am Ostersonntag. Die Pergamentblätter der Handschrift sind Palimpseste eines älteren lateinischen liturgischen Codex, dabei hat man Bl. 79^{v} eine historisierte C-Initiale im Pariser Stil des 13. Jhs stehenlassen.

Degering 3, S. 21 · Wegener S. 141–142 · G. Achten, Die Gebedenboeken van de Cisterciënserinnenkloosters Medingen en Wienhausen, Löwen 1987. In: Miscellanea Neerlandica. Opstellen voor Jan Deschamps. 3. Tl., Löwen 1987, S. 173–188. – Lit.: W. Lipphardt, Medinger Gebetbücher. In: VfL^{2}, 6, Sp. 275–280.

105

Lateinisches Gebetbuch

Regensburg, um 1515 · 105 Bl., 14,5 x 11 cm
Kupferstichkabinett, 78 B 5

Das Gebetbuch enthält vor allem Gebete und Frömmigkeitsübungen für jeden Tag der Woche. Die Miniaturen im Renaissancestil sind von einem Meister der Donauschule teilweise nach Kupferstichen Dürers (Bl. 52^{v} Kreuzigung) und Holzschnitten des Dürer-Nachfolgers Hans Wechtlin (Bl. 11^{v} Sterbeszene) gemalt. Bl. 1^{v} hat sich der Besteller am Betpult in seinem Schlafgemach abbilden lassen. Die Textseiten sind umrahmt von Bordüren aus Blumen und Vögeln (Kraniche), nach flämischer Art à trompe l'œil auf goldgelben Fond.

Wescher S. 222–223.

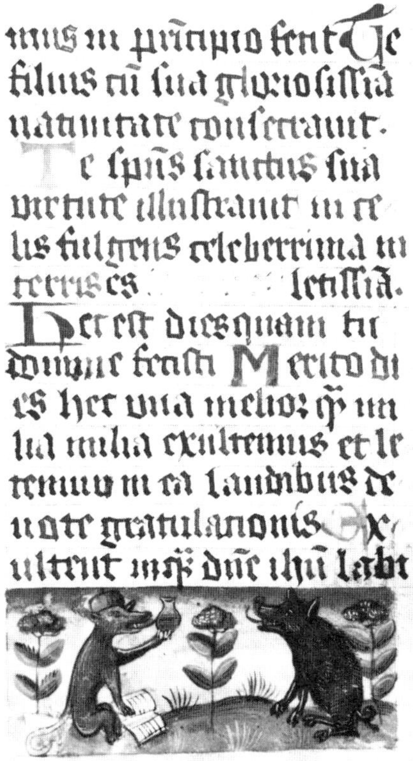

106

106

Lateinisch-Deutsches Weihnachtsorationale

Mitteldeutschland, um 1520 · Pergament,
50 Bl., 17 x 12,5 cm
Staatsbibliothek, Hdschr. 198
Abbildung

Die Handschrift enthält Lieder, Reimprosa und Gebete für Weihnachten, meist in lateinisch-deutscher Mischsprache. Solche Privatgebetbücher für die großen Feste des Kirchenjahres sind besonders aus den Lüneburger Zisterzienserinnenklöstern Medingen und Wienhausen bekannt (vgl. Nr. 103 und 104). Das vorliegende Orationale ist wahrscheinlich, wie der Dialekt nahelegt, in einem mitteldeutschen Kloster für eine Frau (adlige Nonne?) angefertigt worden. Die Handschrift ist recht aufwendig ausgestattet mit 15 Zierseiten und 24 Miniaturen auf den Unterrändern. Die Zierseiten schmücken farbige Initialen auf ziseliertem Goldgrund und kräftige Akanthusranken, in denen öfter Tiere, Vögel, Musikanten und Narren erscheinen. Die originellen Miniaturen zeigen neben zwei Pflanzendarstellungen (Bl. 2^{r}, 18^{r}) und einer Spielszene (drei vornehme Männer beim Schlagballspiel, Bl. 6^{r}) 21 Tier- und Jagdszenen, die nach dem Physiologus und anderen Bestiarien meist eine christliche Ausdeutung zulassen. So verkörpert die Hirschjagd (Bl. 10^{r}, 11^{r}) die Verfolgung Christi, der Hirsch vor der Quelle den Kampf Christi mit dem Teufel (Bl. 28^{r}), der Storch wegen seiner Kontrastfarben die Doppelnatur Christi, aber auch den vorbildlichen Menschen, der das Nest seiner Seele nie unbewacht läßt (Bl. 8^{r}. 9^{v}). Weitere Christussymbole sind der Phoenix (Bl. 9^{v}) und das Einhorn (Bl. 13^{v}). Ein Taubenpärchen versinnbildlicht menschliche Eintracht (Bl. 19^{v}), der Pfau (Bl. 9^{r}) und die brettspielenden Krebse (Bl. 12^{r}, hier aufgeschlagen) Eitelkeit und Unbeständigkeit. Der Fuchs, Symbol des Teufels, ist viermal (Bl. 6^{v}. 11^{v}. 20^{r}. 23^{v}) dargestellt, hier aufgeschlagen Bl. 11^{v} als der falsche Arzt (Christus der wahre Arzt) mit Doktorhut und Uringlas einem Eber die Diagnose stellend. Die Handschrift ist am Schluß unvollständig. Auf den letzten 10 Blättern ist der Schmuck nicht mehr aufgeführt worden, nur einige Initialen sind mit Metallstift vorgezeichnet. Auf acht Papierblättern sind im 16. und 17. Jh. Gebete nachgetragen. Bl. 1^{r} Besitzeintrag des Christophorus Juris consultus in Egelen (Egeln bei Halberstadt). Der zeitgenössische Einband ist mit Einzelstempeln (z. B. Blütenstand, Pelikan und Affe in Vierpaß mit Spitzen) in einem Doppelrahmen aus Streicheisenlinien verziert.

Auktionskatalog Hauswedell und Nolte, Hamburg, Auktion 237, 21./22.5. 1981, S. 126, Nr. 890.

107

Missale

Nürnberg, um 1525 · Pergament, 208 Bl., 26 x 18 cm
Staatsbibliothek, Ms. theol. lat. fol. 148
Abbildung

Das Missale enthält die liturgischen Meßgebete für die Hochfeste des Kirchenjahres. Der Buchmaler Nikolaus Glockendon aus Nürnberg († 1533/34) hat die Handschrift prachtvoll verziert und bei der Initiale Bl. 32^r sein Monogramm »NG« eingetragen. Den Beginn eines jeden Festes schmücken größere historisierte Initialen und bunte Ranken aus Akanthusblättern, in denen sich öfter Menschen und Tiere tummeln. Außerdem ist der Text mit vielen kleinen bunten Initialen verziert. Der Kodex ist wohl für ein Zisterzienserkloster oder einen Zisterzienserabt um 1520 angefertigt worden. Auf den Zisterzienserorden weist besonders die Verehrung des hl. Bernhard (Bl. 174^r, vgl. dasselbe Motiv wie Nr. 33, Tafel). Bl. 107^v beginnt die Votivmesse vom hl. Kreuz. Den Binnengrund der N-Initiale füllen die Leidenswerkzeuge (Waffen Christi) und eine realistische Darstellung des von der Lanze durchbohrten Herzens Jesu. Rechts unten in den Ranken der Fuchs, das Symboltier des Teufels, als Hühner-, d.h. Seelendieb. Die wachsende Bedeutung der Herz-Jesu-Verehrung im 16. Jh. nahm auch Einfluß auf ihre bildnerische Ausgestaltung. Hatte man zunächst seit der 2. Hälfte des 13. Jhs unter Einfluß der Schriften Bonaventuras (»Lignum vitae«) nur die Herzwunde abstrakt zusammen mit den Leidenswerkzeugen dargestellt, trat nun die realistische Herzzeichnung in den Mittelpunkt des Bildes. Durch die Votivmessen gelangen besonders im Spätmittelalter Elemente privater Frömmigkeit in die Liturgie – ein Trend, der an sich den ursprünglichen Sinn und Ablauf des Kirchenjahres störte,

107

jedoch von offizieller kirchlicher Seite nicht verhindert werden konnte.

Zimelien Nr. 163 · B. Daentler, Die Buchmalerei Albrecht Glockendons und die Rahmengestaltung der Dürernachfolge (tuduv-Studien/Reihe Kunstgeschichte. Bd. 12) München 1984, S. 301.

108

Psalterium Mariae

Druck. Ulm: Konrad Dinckmut, 15. 3. 1483
Staatsbibliothek, Inc. 2646

Das Rosenkranzgebet bringt das oft wiederholte Ave Maria in Verbindung mit kurzen Sätzen aus dem Leben Jesu, den sogenannten Rosenkranzgeheimnissen. Da die Wiederholungen des Ave sich nach der Anzahl der biblischen Psalmen (150) richten, spricht man auch vom Marienpsalter. »Erfunden« hat diese Gebetspraxis zu

Beginn des 15. Jhs der Kartäuser Dominikus von Preußen unter Anleitung des Adolf von Essen, des Priors der Kartause in Trier. Der Dominikaner Alanus de Rupe (1428–75) propagierte dann zusammen mit seinen Schülern, den Kölner Dominikanern Jakob Sprenger und Michael von Lille, das Rosenkranzbeten als Gemeinschaft von Laien unter Führung eines Priesters, den Rosenkranzbruderschaften. Jakob Sprenger gründete 1475 die erste deutsche Rosenkranzbruderschaft in Köln, die 1481 schon 100.000 Mitglieder im ganzen Reich, darunter auch Kaiser Friedrich III. und seinen Sohn Maximilian, zählte. Jakob Sprenger berief sich zwar stets auf die Werke seines Lehrers Alanus, doch waren diese wegen ihres Umfangs und ihrer Unverständlichkeit nur durch einen handlichen Auszug des Michael von Lille vermittelbar. Auf diesem Auszug fußte auch der vorliegende älteste Druck eines deutschen Rosenkranzgebetbuches, das sich gleichwohl an mehreren Stellen als direkter Auszug der Schriften des Alanus versteht: »Dise nachfolgende Materi ist gezogen auß ainem biechlin [Büchlein], welches gemacht hatt maister Alanus«. 15 Rosenkranzgeheimnisse, die man nach ihrem Inhalt den freudenreichen, den schmerzhaften und den glorreichen Rosenkranz nennt, sind mit kolorierten Holzschnitten versehen. Das aufgeschlagenen Titelbild gibt der Rosenkranzbruderschaft bildlichen Ausdruck: Die thronende Madonna betet mit einem vor ihr knienden Dominikanermönch (Alanus?) und einem Ehepaar den Rosenkranz.

Hain 14036 · Voulliéme S. 132 · 500 Jahre Rosenkranz 1475 Köln 1975. Kunst und Frömmigkeit im Spätmittelalter und ihr Weiterleben. [Ausstellungs-Katalog: Erzbischöfliches Diozesan-Museum Köln], Köln 1975, Nr. A 37 · Karl J. Klinkhammer, Alanus de Rupe. In: VfL^2, 1, 1978, Sp. 102–106 · ders., Marienpsalter und Rosenkranz. In: VfL^2, 6, 1985, Sp. 42–50. – Lit.: G. G. Meersseman, Ordo fraternitatis. Confraternite e pietà dei laici nel medioevo, Bd. 3 (Italia Sacra 25), Rom 1977, S. 1144–1232.

109

Nicolaus Salicetus

Liber meditationum ac orationum devotarum qui anthidotarius animae dicitur. Druck. Delft: Christian Snellaert, 14. 4. 1495
Staatsbibliothek, Inc. 4822

Im Zisterzienserorden wurde zuerst die Errungenschaft des 15. Jhs, die Druckkunst, zur Förderung des Frömmigkeitslebens eingesetzt. 1489 ließ Nicolaus Salicetus, ehemals Arzt und seit 1482 Abt des Klosters Baumgarten in der Diözese Straßburg, sein Gebetbuch »Antidotarius animae«, Seelenheilmittel, bei Johann Grüninger in Straßburg drucken. Seinem Beruf als Arzt entsprechend hat er das Gebetbuch wie ein Handbuch der Seelenheilkunde aufgebaut: Auf die Bußgebete zur Reinigung der Seele folgen als Beruhigungsmittel die Kommuniongebete und schließlich zur Stärkung die Wandlungs-, Passions- und Mariengebete. Die Texte sind der Überlieferung entnommen, wobei natürlich die zisterziensische, speziell die bernhardinische Tradition überwiegt. Ein zweiter Teil des Gebetbuches enthält besondere Anweisungen für Ordensgeistliche, für die es wohl auch in der Hauptsache bestimmt war. Charakteristisch für die Zeit des Spätmittelalters sind die häufig übertrieben hohen Ablässe, die für einzelne Gebete bis zu 500 Jahren betragen, und abergläubische Versprechungen, z. B. Unverwundbarkeit und Erfüllung aller erlaubten Wünsche.

Hain 14167 · Voulliéme S. 260. – Lit.: F. X. Haimerl, Mittelalterliche Frömmigkeit im Spiegel der Gebetbuchliteratur Süddeutschlands, München 1952, S. 89–96.

110

Hermann Nitzschewitz:
Psalterium novum Beatae Mariae Virginis

H. Nitzschewitz: Psalterium novum BMV de dulcissimis mirabilibus novae legis noviter ad Turci confectum. Druck. Zinna: zwischen 1489 und 1492
Staatsbibliothek, Inc. 2691
Tafel 28 (s. Seite 140)

Der Marienpsalter des kaiserlichen Kaplans und apostolischen Pronotars in Frankfurt a.O., Hermann Nitzschewitz, ist das am reichsten illustrierte Holzschnittbuch des 15. Jhs in Deutschland und gleichzeitig das erste in der Mark Brandenburg gedruckte Buch. Es wurde, wie der Autor in der Einleitung betont, mit Unterstützung Kaiser Friedrichs III. (vgl. Nr. 108) im

Dnē in hoc miraculo adoro vt anna te lucidā
stellam peperit perdito mundo

De . ¶ Ex quo vigiti ānis sancta āna erat repta steri
lis. ꝓpterea Joachī ex tēplo fuit eiectꝰ ꝛ qnqꝫ mēsibꝰ
cū suis pastoribꝰ in heremo flens māsit. apparuit āge
lus dn̄i āne in domo vigilāti ꝛ ioachī in hēmo dormiēti. dicēs
sum āgelꝰ tuus apparui etiā anne tue quā scias ex te ꝯcepisse
datū est vobis germē oriēs stella ex iacob ꝛ ꝯsurget hec stella
de isrl' nūeri xxiiij. et ei nūq̄ deerit fides patriarchaꝝ. nūq̄ spi
ritꝰ ꝓphetaꝝ nūq̄ castitas v̄ginū. nūq̄ fecūditas ꝯiugatorū
nūq̄ puritas āgeloꝝ. si ipa sola in vna statera ꝛ omēs āgeli in
altera pōderent. ipa p̄ gratie habūdātia magis pōderaēt mul
te filie ꝯgregabūt diuicias ipa supgredit' vniuersas. supgredi
tur ī gratia. supgredit' ī gl'oia. vniuersas filias. vniuersas ani
mas. vniuersas intelligētias angelicas. Bernardꝰ et postea
iuxta dictū angeli sibi inuicē in porta aurea obuiantes ad pro
pria redierūt anna ꝯcepit ꝛ peperit ꝛ noiauit filiam mariam

Zisterzienserkloster Zinna, dessen Konvent der Autor ehemals angehörte, gedruckt. Auf dem Titelholzschnitt betet der kaiserliche Geldgeber mit seinem Sohn, umgeben von den geistlichen und weltlichen Würdenträgern des Reiches, darunter dem Abt von Zinna, den Rosenkranz. Ein besonderes Anliegen des Psalters ist, wie schon der Titel verheißt, der Kampf gegen die Türken. Diese Richtung des Rosenkranzgebetes gegen den jeweiligen Feind hatte Tradition. Schon Dominikus von Preußen soll das Rosenkranzgebet gegen die Albigenser eingesetzt haben und die Kölner Rosenkranzbruderschaft entstand nach einem erfolgreichen Krieg gegen Karl den Kühnen von Burgund. Der Psalter in lateinischer Sprache ist sichtlich für Gebildete geschrieben. Neben einer fundierten Einleitung zur Mariologie und einer genauen Anweisung zum Beten des Rosenkranzes enthält er 150 Rosenkranzgeheimnisse, die durch Bild und Text ausführlich kommentiert sind. Aufgeschlagen Bl. A 3ᵛ/A 4ʳ: links das Mysterium der ewigen Auserwählung Mariä als Mutter Gottes mit dem Bild des Gnadenstuhls; rechts die Geburt Mariä, in Simultandarstellung Anna und Joachim an der goldenen Pforte. Auf den Rändern links Mitte Kaiser Friedrich, rechts sein Sohn Maximilian.

Hain 11891 · W. L. Schreiber, Handbuch der Holz- und Metallschnitte des 15. Jhs, Bd. 10, 2, 1969, S. 157 · 500 Jahre Rosenkranz 1475 Köln 1975. Kunst und Frömmigkeit im Spätmittelalter und ihr Weiterleben. [Ausstellung-Katalog: Erzbischöfliches Diozesan-Museum Köln], Köln 1975, Nr. A 40 · A. Wienand, Der Marienpsalter von Zinna, in: Die Cistercienser, hrsg. von A. Schneider u.a., 2. Aufl., Köln 1977, S. 183–191.

111

Hortulus Animae

Druck. Straßburg: Johann Grüninger 1500
Staatsbibliothek, Inc. 2307/5

Unter dem Einfluß der religiös interessierten Kreise der »Gottesfreunde« entstand in Straßburg 1498 der »Hortulus animae« oder, wie die bald (1501) erscheinenden deutschen Ausgaben hießen, das »Seelengärtlein«. Das Andachtsbuch im handlichen Kleinoktavformat bringt eine Zusammenfassung der für den Laien wichtigsten Elemente der spätmittelalterlichen Gebet- und Stundenbuchtradition: Marienoffizium, Totenoffizium, die 7 Bußpsalmen, die Allerheiligenlitanei, die Suffragien (Bittgebete) an die Heiligen, daneben Morgen- und Abendgebete, Meßgebete, Ablaßgebete und Gebete zur Verehrung der Wunden Christi, wie sie vor allem die 15 fälschlich der hl. Birgitta von Schweden (1302–72) zugeschriebenen Gebete darstellen. Die Birgittengebete sind sogenannte Memento-Gebete, in denen der Betende in Erinnerung an die – minuitiös aufgezählten – Leiden Christi für die gesamte Menschheit um persönliche Gnade und Barmherzigkeit bittet. Die kolorierten Holzschnittillustrationen verdrängen nie die Gebetstexte in ihrer Bedeutung. Dargestellt sind meist Maria oder Heilige mit ihren Attributen. Charakteristisch für die besondere Verehrung der Wunden Christi im Spätmittelalter ist auch die dreimalige Verwendung der Gregormesse (51ᵛ, 167ᵛ, 232ʳ), die hl. Veronika mit dem Schweißtuch (169ᵛ) und die Pietà (32ʳ). Eine handschriftliche Vorlage ist nicht bekannt. Die Blütezeit des Hortulus animae reicht von 1498 bis in die Reformationszeit (1523). Aus dieser Zeit sind heute 103 verschiedene Editionen erhalten, bei dem starken Gebrauch dieser Bücher könnten es jedoch erheblich mehr gewesen sein. Vorliegende Ausgabe wurde wie die 1. Ausgabe von 1498 bei J. Grüninger in Straßburg gedruckt. Gegenüber der Erstausgabe hat Grüninger ungefähr ein Drittel der 75 figürlichen Holzschnitte neu aufgenommen, so auch das hier aufgeschlagene Bild zu den Birgittengebeten. Der im intensiven Gebet versunkenen Heiligen erscheint Christus mit den Wundmalen. Neben ihr liegen Reisestab, Hut und Tasche als Zeichen ihrer Pilgerfahrt ins Heilige Land, die sie kurz vor ihrem Tode unternahm.

Seydlitz, S. 25–27 · M. C. Oldenbourg, Hortulus animae [1494] – 1523. Bibliographie und Illustration, 1973, L 3, S. 75 · P. Ochsenbein, Hortulus animae. In: VfL², Bd. 4, Sp. 147–154.

Tafel 28 Die Geburt Mariä aus den Rosenkranzgeheimnissen (Kat. Nr. 110)

112

Salus Animae

Druck auf Pergament · Nürnberg: Hieronymus Höltzel 1503 16 + 231 bedr. Bll.
Staatsbibliothek, Libri in membr. impr. oct. 43

Das Gebetbuch »Salus animae« ist nur in zwei Nürnberger Drucken von 1503 und 1520 bekannt. Inhaltlich gleicht das Andachtsbuch dem »Hortulus animae«. Bedeutsam ist der Einfluß der 65 kolorierten, Albrecht Dürer oder seiner Schule zugeschriebenen Holzschnitte der hier vorliegenden Ausgabe von 1503 auf die späteren Hortulus-Drucke. Die Salus-Holzschnitte verraten in der Darstellung der Heiligen Kaiser Heinrich und Kunigunde (Bl. CLXXXVI^{r}) und des hl. Sebald (Bl. 1^{v} u. CLXXXII^{v}) typisch Nürnbergisches Lokalkolorit, das die Hortulus-Ausgaben nicht übernahmen. Mit der zweimaligen Abbildung des Hl. Hieronymus als Einsiedler (Bl. 1^{r} u. CLXXXIV^{v}) scheint der Drucker Hieronymus Höltzel seinen Namenspatron zu verherrlichen. Ungewöhnlich und in den Hortulus-Drucken ebenfalls nicht enthalten sind die Bilder zum Morgen- und Abendgebet, die einen Mann bzw. eine Frau vor ihrem Bett betend darstellen, die Frau beim Morgengebet im Nachthemd und Nachthaube (hier aufgeschlagen Bl. VI^{v}).

M. C. Oldenbourg, Hortulus animae [1494] – 1523. Bibliographie und Illustration, Hamburg 1973, S. 208–211 · Seydlitz, S. 27–28 · J. Meder, Dürer-Katalog, Wien 1932, III, XVI, I (S. 281–282) · Albrecht Dürer 1471–1971, Ausstellung Germanisches National-Museum, Katalog Nürnberg 1971, Nr. 371 · W. L. Strauss, Albrecht Dürer, Woodcuts and Woodblocks, New York 1980, S. 244–252.

113

Französisch-lateinisches Stundenbuch

Horae secundum usum romanum. Druck. Paris: Kerver 1499 (?)
Staatsbibliothek, Inc. 4771

Gedruckte Stundenbücher wurden vornehmlich in Frankreich hergestellt, wo sich bestimmte Drucker auf die Anfertigung dieser Literaturgattung spezialisiert hatten. Das ausgestellte Exemplar wurde bei Thielmann Kerver in Paris auf Pergament gedruckt und von einem Meister mit dem Monogramm SMA mit Metallschnitten verziert. Dieser Meister löste Georg Wolf als Metallschneider ab, der bis Mitte 1499 für Kerver tätig war. Die Kolorierung ließen, wie auch bei diesem Exemplar, die Besitzer vornehmen. Das Stundenbuch wurde später von dem letzten katholischen Bischof von Naumburg-Zeitz, Julius von Pflugk (1499–1564) erworben, der auf der ersten und letzten Seite sein Wappen anbringen ließ. Aufgeschlagen Bl. f II^{v}, die Illustration zu den Bußpsalmen: David beobachtet Batscheba, die Frau seines Feldherrn Urija, im Bade.

Kostbare Handschriften und Drucke Nr. 6

114

Martin Luther: Betbüchlein

Druck auf Pergament. Augsburg: Johann Schönsperger d. J. 1522. 93 bedr. Bll.
Staatsbibliothek, Libri in membr. impr. oct. 7

In kritischer Auseinandersetzung mit den spätmittelalterlichen Gebetbüchern reduziert Luther deren verwirrende Vielfalt in seinem eigenen, zuerst 1522 erschienen »Betbüchlein« auf wenige, nur der Hl. Schrift verpflichtete Gebetstexte. Er wendet sich insbesondere gegen die mechanischen Sündenaufzählungen und Ablaßversprechungen der Spätmittelalterlichen Gebetbücher, z. B. des »Hortulus animae«. Wie er im Vorwort weiter ausführt, reichen die drei Hauptstücke des Glaubens – die 10 Gebote, die Glaubensartikel und das Vaterunser – vollkommen aus, um den Gläubigen zur Sündenerkenntnis und zum rechten Handeln und Beten zu führen. Nach Aussage des Titelblattes bilden sie, mit einer Erläuterung Luthers versehen, den Grundstock des Betbüchleins, zu dem auch noch Luthers Auslegung des Ave Maria gehört, die mit der traditionellen Glaubensvorstellung von Maria als Mittlerin der Gnade bricht. Mustergebete sind acht von Luther ausgewählte und neu übersetzte Psalmen (12, 67, 51, 103, 20, 79, 25, 10, hier noch in der alten Zählung der Vulgata) sowie das Beichtgebet Kaspar Güttels, eines mit Luther befreundeten Augustinermönchs aus

Eisleben. Der Paulusbrief aus Titus in einer vor der Septemberbibel liegenden Übersetzung Luthers ergänzt die 10 Gebote aus neutestamentlicher Sicht. Bezeichnend ist das Überwiegen des katechetischen Elements, die Texte sind eher eine Anleitung zum persönlichen Gebet. Luther hat das Gebetbuch bis 1529 viermal überarbeitet und erweitert. Er übersetzte es auch ins Lateinische, die internationale Sprache der Gelehrten. Bis zu seinem Tod 1547 sind heute 35 verschiedene Drucke bekannt. Vorliegendes Gebetbuch ist in Theuerdanktype auf Pergament gedruckt. Textgeschichtlich gehört es zur Ausgabe G der 1. Bearbeitung. Diese enthält zusätzlich das Beichtgebet Kaspar Güttels und – im Gegensatz zu den frühen Wittenberger Drucken – 9 kolorierte Holzschnitte, von denen zumindest einige dem Dürerschüler Hans Schäufelein zugeschrieben werden. Die Bilder sind einerseits noch der mittelalterlichen Tradition verhaftet, andererseits werden schon neue, typisch protestantische Motive aufgegriffen. Zu letzteren zählt auch das hier aufgeschlagene Bild zum Glaubensbekenntnis (Bl. D 7): Christus als guter Hirte mit dem verirrten Lamm auf den Schultern, ein von den protestantischen Künstlern aus der frühchristlichen Tradition übernommenes Symbol für die Errettung des sündigen Menschen allein durch den Glauben (»sola fide«), nicht durch eigene gute Werke.

Vorliegendes Exemplar ist in der Literatur nicht genannt. – J. Benzig, Luther-Bibliographie 1, Baden-Baden 1965, Nr. 1279 · Text: Martin Luther, Betbüchlein, in: Weimarer Ausg. 10,2, Weimar 1907 (Nachdr. 1966), S. 356 G · Faksimileausgabe: Ein seer gut un nützliches Bettbüchlein ym 1527 Jar, hrsg. u. komm. von E. Starke, Hamburg 1983 · M. Elze, Züge spätmittelalterlicher Frömmigkeit in Luthers Theologie. In: Zeitschr. für Theologie und Kirche, 62, 1965, S. 381–402 · Seydlitz, S. 33–34 · H. Zimmermann, Hans Schäufeleins Holzschnittfolgen für Hans Schönsperger. In: Das schwäbische Museum, 1930, S. 138–149, bes. S. 148, Nr. 5 · M. C. Oldenbourg, Die Buchholzschnitte des Hans Schäufelein, Baden-Baden 1964, L 28 · Luther und die Folgen für die Kunst. Ausstellung Hamburger Kunsthalle, Katalog hrsg. von W. Hofmann, 1983, S. 234, Nr. 107–108.

115

Deutscher Gebetpsalter

Nördlingen, um 1537 · Pergament, 209 Bl., 15 x 11,4 cm
Kupferstichkabinett, 78 B 6

Der Protestant Kaspar von Schwenckfeld hat den deutschen Psalter umgearbeitet und mit einem Vorwort versehen. Schwenckfeld, der den Pietismus nicht unwesentlich beeinflußt hat, überwarf sich 1525 mit Luther u. a. wegen seiner spiritualistischen Abendmahlslehre, die die Wandlung von Brot und Wein leugnete. Seitdem führte er ein unstetes Wanderleben; 1533–38 weilte er in Ulm. Während dieser Zeit dürfte die Bearbeitung des Psalters entstanden sein. Vorliegende Handschrift wurde um 1537 von dem Dürer-Schüler Hans Schäufelein, der von 1515 bis zu seinem Tode um 1540 in Nördlingen arbeitete, mit Andachtsbildern und Bordüren ausgestattet; Bestellerin war die Gräfin Elisabeth von Oettingen († 1560). Der Psalter blieb bis ins 18. Jh. im Besitz der protestantischen Linie der Fürsten von Oettingen-Oettingen. 1852 wurde er vom Kupferstichkabinett erworben. Aufgeschlagen Bl. 169ʳ Christus vor Pilatus, Balkonszene: Pilatus steht mit Christus auf dem Balkon, der wie der Altar einer Kirche mit violettem Tuch ausgeschlagen ist, und zeigt den Gegeißelten seinen unten versammelten jüdischen Anklägern. Diese sind in antikatholischer Tendenz als katholische Bischöfe und Kleriker gekennzeichnet. Links Bl. 168ᵛ ein Renaissancerahmen: In Fackeln auslaufende Ranken werden von weiblicher Halbfigur gehalten.

Wescher S. 228–230 · Meister um Albrecht Dürer, Ausstellung im Germanischen National-Museum, Katalog Nürnberg 1961, S. 42–43; 167–186. – J. B. Riederer, Von Georg Schmaltzings Gebetpsalter. In: J. B. Riederer, Nachrichten zur Kirchen-, Gelehrten- und Büchergeschichte. 4, Altdorf 1768, S. 309–319 · Drucke des Gebetpsalters (ab 1541 bekannt) in: Corpus Schwenckfeldianorum, Pennsylvania, Bd. 15, S. 830–849.

SIGNATURENKONKORDANZ

Staatsbibliothek		Kat. Nr.
Hdschr.	25	63
	68	13
	88	17
	93	23
	164	84
	198	106
	241	78
Libr. in membr. impr. oct.	7	114
	43	112
Ms. germ. fol.	495	22
	657	38
	1030	29
	1287	33
	1362	32
Ms. germ. qu.	18	66
	42	45
	1253	27
	1486	34
Ms. germ. oct.	6	67
	7	48
	9	85
	29	94
	48	104
	53	89
	87	71
	89	65
	141	95
	188	28
	190	97
	229	68
	270	55
	278	102
	326	99
	331	15
	352	26
	404	96
	451	90
	471	49
	489	36
	507	50
	564	83
	588	51
	648	64

Staatsbibliothek		Kat. Nr.
	672	82
	680	47
Ms. Ham.	132	1
Ms. lat. fol.	683	25
	759	3
Ms. lat. qu.	198	19
	634	14
	889	43
	920	42
Ms. lat. oct.	234	21
	251	100
	270	103
	287	58
	340	56
	341	81
	377	91
Ms. theol. lat. fol.	8	30
	58	2
	148	107
	178	35
	271	31
	283	5
	285	77
	733	4
Ms. theol. lat. qu.	2, Elfenb.	16
	3, Fragm.	7
	6	44
	8	86
	9	75
	19	101
	31	12
	102	9
	120	20
	146	62
	166	53
	194	69
	199	18
	230	6
	250	61
	324/1	40
Ms. theol. lat. oct.	1	8
	64	92
	71	93
	78	59
	79	73

Staatsbibliothek

		Kat. Nr.
	80	88
	97	72
	98	54
Inc.	1244	39
	2307/5	111
	2646	108
	2691	110
	4771	113
	4798	37
	4822	109
	4940	98
Wgdr.	70	24

Kupferstichkabinett

KdZ Nr. 8517	46
78 A 5	10
78 A 8	11
78 A 26	74
78 B 5	105
78 B 6	115
78 B 13	76
78 B 14	79
78 B 15	80
78 C 4	41
Cim. 25	70

Kunstbibliothek

		Kat. Nr.
Gris.	4	52
Gris.	7	57
Gris.	8	87
	Nr. 4005,6	60

ABGEKÜRZTE LITERATUR

Achten, G., Die theol. lat. Hss. in quarto der Staatsbibliothek Preuß. Kulturbesitz Berlin T. 1. Wiesbaden 1979. (Staatsbibl. Preuß. Kulturbesitz. Kataloge d. Handschriftenabteilung. R. 1, Bd. 1.)

Boese, H., Die lat. Hss. der Slg. Hamilton zu Berlin. Wiesbaden 1966

Degering, H., Kurzes Verzeichnis d. german. Hss. d. Preuß. Staatsbibl. Bd. 1–3. Leipzig 1925–32. Nachdr. Graz 1970

Dogaer, G., Flemish Miniature Painting in the 15th and 16th centuries. Amsterdam 1987

Jungmann, J. A., Christliches Beten in Wandel und Bestand. München 1969

Kat. Kunstbibl. - Katalog. d. mittelalterl. Hss. u. Einzelblätter in d. Kunstbibl. d. Staatl. Museen d. Stiftung Preuß. Kulturbesitz. Bearb. U. Finke. Berlin 1966

Kostbare Hss. und Drucke. Staatbibl. Preuß. Kulturbesitz. Ausstellungskatalog. Wiesbaden 1978. (Staatsbibl. Preuß. Kulturbesitz. Ausstellungskat. 9)

Lehrs, M. Geschichte und kritischer Katalog des deutschen, niederländischen und französischen Kupferstichs im 15. Jh. 9 Bde. Wien 1908–1934

Moderne Devotie. Figuren en Facetten. [Ausstellungskatal.: Nijmegen, Kathol. Universiteit, Afd. Hulpwetenschappen van de geschiedenis]. Nijmegen 1984

Panofsky, E., Early netherlandish Painting. Cambridge/Mass. 1953

Plotzek, J. M., Andachtsbücher des Mittelalters aus Privatbesitz. [Ausstellungskat.: Köln, Schnütgen-Museum], Köln 1987.

Rose, V., Die Hss. d. Kurfürstl. Bibl. und d. kurfürstlichen Lande. Bd. 1–3. Berlin 1901–05. (Verzeichnisse der lat. Hss. der Kgl. Bibl. zu Berlin. 2.)

Schillmann, F., Die Görres-Hss. Berlin 1919. (Verzeichnisse der lat. Hss. der Preuß. Staatsbibl. zu Berlin. 3.)

Schöne Hss. aus dem Besitz der Preuß. Staatsbibliothek. Ausstellung. Berlin 1931. (Verf.: A. Boeckler u. H. Wegener)

Seydlitz, W. von, Die gedruckten illustrierten Gebetbücher des 15. und 16. Jhs in Deutschland. In: Amtl. Berichte aus den Kgl. Kunstsammlungen 6, 1885, S. 22–38

VfL^2: Die deutsche Literatur des Mittelalters. Verfasserlexikon. 2. Aufl., hrsg. von K. Ruh. Bd. 1 ff. Berlin/New York. 1978 ff.

Voullième, E., Die Inkunablen der Kgl. Bibliothek und anderer Berliner Sammlungen. Leipzig 1906

Wegener, H., Beschreibendes Verzeichnis der Miniaturen u. des Initialschmuckes in den deutschen Hss. bis 1500. Leipzig 1928. (Beschreibende Verzeichnisse der Miniaturen-Hss. der Preuß. Staatsbibl. zu Berlin. 5)

Wescher, P., Beschreibendes Verzeichnis der Miniaturen-Hss. u. Einzelblätter - des Kupferstichkabinetts d. Staatl. Museen Berlin. Leipzig 1931

Wilmart, A., Auteurs spirituels et textes dévots du moyen âge latin. Paris 1932 [Reprint. Paris 1971]

Winkler, F., Die flämische Buchmalerei des XV. und XVI. Jhs. Leipzig 1925 [Reprint mit Addenda von G. Dogaer. Amsterdam 1978]

Zimelien, Abendländische Handschriften des Mittelalters aus den Sammlungen der Stiftung Preußischer Kulturbesitz Berlin, Ausstellungskatalog, bearb. von Tilo Brandis, u. a., Wiesbaden 1975

REGISTER

Zitierte Handschriften

Ikonographische Themen

Namen – Orte – Sachen